地域学習の創造

地域再生への学びを拓く

佐藤一子――［編］

東京大学出版会

Dynamics of Community-based
Learning for Social Revitalization
Katsuko Sato, Editor
University of Tokyo Press, 2015
ISBN 978-4-13-051327-2

まえがき

地域再生・地域づくりの担い手を育む教育・学習・文化活動が、多様な人と組織を通じて創出されつつある。それらは、社会教育、学校と地域の連携、環境教育、NPO・住民団体、自治体による地域づくり・課題解決学習など多様な展開をみせている。しかし多くの場合、それぞれの取り組みが個別の制度・実践領域に即してとらえられており、異なる主体間の相互理解にもとづく横断的な認識は形成されていない。とりわけ地域経済の担い手・生産者の学習活動とどう連携するかが鍵となっている。

本書では、地域の生産者・住民・青年・子どもたちが地域の過去・現在・未来をみすえ、主体的に地域の課題にとりくむ学習・文化活動・地域活動を包括的に「地域学習」という概念によってとらえ、その思想、担い手、学習の組織化の過程と学習方法論について掘り下げる。学校の「ふるさと学習」「学校・地域連携」も、地域住民の学習活動に支えられ、地域の内外を結ぶネットワークの一環に位置づけられることによって、人や地域の宝と出会うことが可能となる。教育文化施設と地域団体・NPOとの連携による新たな学習システムの構築も促されている。次世代を形成するという切実な課題をみすえつつ、地域力・人間力を育む地域学習の可能性を明らかにすることが本書のねらいである。

日本創成会議・人口減少問題検討分科会が提起した二〇四〇年の人口減少社会の構図、なかんずく消滅可能性のある自治体のリストアップにより、あらためて事態の深刻さが浮き彫りにされている。一方でこれに対する批判や疑問も表明されている。若者の農山村回帰志向や農村・都市の交流の努力など、それぞれの地域の知恵や資源を活用しながら地域再生を模索する努力が適切に評価されず、あきらめによる「農村たたみ」（小田切徳美）を加速させ、国や自治体の政策をミスリードすることも懸念されている。

本書では、地域課題にとりくむ多様な人々・地域組織・教育機関の連携によって、生活と生産の基盤であるコミュニティが再生されていく事例に注目し、地域学習の展開過程を考察する。そこでは学習の営み、人を育てる関係性、地域文化の創造的発展が大きな支えとなっている。子どもや若者の自立を支援する事業が、住民団体・NPOや社会教育・学校・福祉施設などの関心として着実に根づいていることが伺われる。学校・高等教育機関や社会教育・文化施設などの公教育機関と地域社会との新たな連携の模索の過程を探ることも本書の課題である。

コミュニティを持続的に維持することの難しさは、国境を越えて格差が広がるグローバル社会においても共有されている。民衆の相互教育・相互学習の過程を生き生きと蘇らせ、一人ひとりの命が輝き、共生・共存の関係構築へのエネルギーを生むことによって、地域再生という困難な課題が現実の可能性となる。イギリス、アメリカ、発展途上地域などで、コミュニティ・エデュケーション、コミュニティ・ラーニングという用語が学校外・地域社会の学習の場のみならず、公教育においても広く用いられつつある。エネルギー問題・地球温暖化などの国際的な協同プロジェクトにとりくむ必要性も高まっている。都市、農山漁村、国際社会を通じて、地域学習は新たな知の創生と次世代形成を促しているといえよう。

本書を構想するきっかけとなったのは、二〇一〇年五月の「コミュニティ・ラーニング研究会」の発足であった。そして、東日本大震災を通じて、「地域の再生と復興」の問題に教育学研究はどうむきあうかを厳しく問われることになった。その後、科学研究費補助金の助成を受け、フィールド調査を重ねてきた。二〇一二年には「地域と教育」をめぐる教育思想の系譜をたどるという関心から、大田堯氏、藤岡貞彦氏、北田耕也氏の三人の先学にインタビューをおこなった。「地域と教育」研究の水脈を今日的に継承する意義を再確認するうえで、三人の方々との直接的な対話は大変示唆的であった。その記録は『戦後教育思想における「地域と教育」への問い』（科学研究費研究中間報告書、二〇一三年八月）に収録されている。

「地域学習」という新たな概念の構築をめぐって、企画から刊行までの道のりは難航した。編者の法政大学定年退職の節目に本書が刊行されることになったのは、共同執筆者の方々の努力に負うところが大きい。全国各地でフィールド調査にご協力下さった皆様にも厚く御礼を申し上げる。

東京大学出版会編集部の後藤健介氏には、企画段階から私たちの試行錯誤を忍耐強く支えていただいた。長年のご支援もふくめ、心より感謝の意を表したい。

二〇一五年一月　戦後七〇年の節目に、「地域と教育」の水脈への思いを新たに

編　者　佐藤一子

地域学習の創造――地域再生への学びを拓く／目　次

Ⅰ　地域学習の歴史的水脈

Ⅱ　地域再生への学びと協同のネットワーク

Ⅲ　教育文化施設の地域展開

序章　地域学習の思想と方法

佐藤一子

はじめに――地域学習への関心の高まり

地域再生にとりくむ学習と実践が、全国に広がっている。一九九〇年代から提唱された「地元学」は、地方自治体やNPO法人、住民団体などの関心を集め、土地の名を冠した地域学・ふるさと学習として各地でとりくまれている。地域の魅力や地域独自の資源の豊かさ、価値を発見するフィールドワーク、ワークショップなどの体験的な学習方法がとりいれられ、子どもから高齢者、地元住民から「よそ者」まで幅広い参加者がある(1)。

住民グループやNPOなどによる地域づくり・まちづくり学習、行政・住民団体・地元商店会・地場産業の組合・協議体などが連携する地域再生プロジェクトの学習会やイベントの住民参加企画、子ども・若者・学校をまきこんだ世代間交流や体験的な教育プログラム、さらには農村・都市の交流やIターン・Uターンの招致など、とりくみの方法は多彩である。地域課題を分析し、共同で解決しようとする住民相互の話し合いやプロジェクトの実現にむけた創意工夫、歴史文化的資源の掘り起こし、商品開発技術や起業ノウハウの習得などを通して、地域の再生、地域文化の継承、地域の環境・歴史資源の保全と活用をめざす地域学習が創造的に展開されている。行政と住民団体の日常的な協働を基礎にしながら、自治体や県レベルで専門家集団や研究教育機関とのネットワークが構築されることも地域学習の特徴のひとつといえる。

「地域学習」という用語は、狭義には「学習指導要領」によって小中学校社会科に位置づけられている「身近な地域や市（区・町村）の学習」と理解されることが一般的である(2)。しかし国際社会では「コミュニティ教育・学習（community education and learning）」は、主に地域・学校外の学習（ノンフォーマル教育）として推進されている。ユースワークや学校・地域連携も含まれており、近年では「地域力の向上（community capacity building）」にむけて、課題解決的な学習が活発化している。居住地域の住民が主体となり、「地域で共に学ぶ」「フィールドで体験し、考える」「次世代・後継者を支援する」「他の地域（海外もふくむ）と交流する」など、参加・交流活動をともなう学びが追求されている。グローバル社会では、近隣地域・学校区や市町村などの地理的範域のコミュニティにとどまらず、貧困集積地域、移民集住地域、環境汚染地域、紛争地域、被災地域など、課題発生圏域の広がりのなかで共通の問題解決をせまられており、原発事故では国境を越えて広域的に協力し、課題にとりくむ必要性も生じているのである。

本書では、このような近年の地域学習の広がりと国際的潮流をふまえ、住民グループや地域自治組織、行政・公共機関、各段階の学校・社会教育機関、NPO・NGO・協同組合などの非営利経済・社会セクター、民間企業あるいはその社会貢献活動部門などの多様な担い手が、単独でまたは相互に連携・協働して地域再生・課題解決の方途を探り、「維持可能な地域」を追求する学びを、「地域学習（community learning）」として包括的にとらえる。序章では、その思想、歴史的・国際的な系譜、現代的な意義を明らかにする。

一　地域再生の課題にむきあう学び

1・「暮らしの視点」をとりもどす

二〇一一年三月一一日の東日本大震災と福島原発事故の勃発、急激な少子・高齢化によって疲弊する地域社会、頻発する災害、グローバル化する環境問題など、私たちの生命・健康・暮らし・生業を支える地域社会の持続性がおびやかされている。

知識基盤社会のもとでの科学技術の限界と安全神話の崩壊、安全神話を補強する権力体制と情報コントロールのなかで犠牲にされる住民が増大し、抑圧と被抑圧の社会矛盾があらわになってきた。あらためて現代の困難な地域社会の実態に深くねざし、地域の主体性、自立性にもとづく「人間性の復興」[3]と持続可能な地域社会のあり方を探求する英知を養うための教育・学習の展開が求められているのである。

岡田知弘は、関東大震災後の「帝都復興」を批判した福田徳三によりながら、「人間性の復興」こそ優先されるべきであると次のように提起している。「地域再生の担い手である経済主体（民間企業、農林漁家、協同組合、基礎自治体からなる）の個々の構成員である被災者が、たんに『生存している』だけではなく、相互に助け合いながら仕事と所得の場を再建あるいは創建しながら、地域内経済循環を再構築して、自らの生活のみにとどまらず地域社会全体として自律的な再生産活動」（傍点引用者）を実現していくことが課題である。[4]

このような「人間性の復興」は、地域社会の崩壊に警鐘をならす多くの論者に共通の視点となっている。小田切徳美は「限界集落」化が進む農山村では、①人の空洞化、②土地の空洞化、③むらの空洞化という三つの空洞化が進んでおり、そのなかで「地域住民がそこに住み続ける意味や誇りを見失いつつあること、つまり『誇りの空洞化』」が深刻化していると指摘している。したがって農山村再生の実践においては、「安心して、楽しく、豊かに、そして誇りを持って暮らす」総合的な「住民目線による『暮らしの視点』」がなによりも重要であるとされているのである。⑤

「暮らしの視点」を回復することは、被災地、農山漁村のみの課題ではない。内橋克人は都市では市場万能主義の競争経済の中で、「生きる」「働く」「暮らす」の三要素が分断されて、相互におしつぶされ、劣化しており、共生経済によってその三要素を統合し、「生き続ける町」「生き続けることのできる循環」を可能にすることが「人間復興の社会」への道であると説いている。⑥ 自然災害と人為的災害、社会経済構造があいまって、過疎・人口減少社会が農山漁村から多くの地方都市にも広がりつつあることを直視し、「暮らし」をとりもどす地域再生の可能性をさぐりあてなければならない。

2・「子どもを産み育てる」ことのできる地域社会

そもそもなぜ日本は急激な人口減少社会に突入し、なぜ北欧やフランスのように子育て支援策が成果をあげることができないのか。小田切も内橋もともに東京・首都圏への人口一極集中の構造が人口減少社会を招いている要因であるとしている。この点について人口減少社会の研究をおこなっている増田寛也は、二〇四〇年に地方が消滅し、首都圏に一極集中した「極点社会」が到来すると警告する。⑦

増田の分析で注目されるのは、二〇歳から三九歳の若年女性人口の割合、すなわち子どもの出生可能性による人口の「再生産力」を分析していることである。その結果、二〇一〇年から四〇年までに、この年齢層の女性が五割以上減少する自治体が二〇・七％、三割以上五割未満減少する自治体が六一・〇％であり、八割以上の自治体で子どもの出生が著しく低下し、急激な高齢化に見舞われるとしている。しかも人口一極集中の中心地である東京都では、二〇一〇年の合計特殊出生率が全国最低の一・〇九（沖縄一・九〇、全国平均一・三九）と低迷している。すなわち、大都市圏人口集中地域もまた人口の「再生産力」をもたず、少子・高齢化が進行すると予測されるのである。増田も小田切や内橋と同様に、「人口の大都市圏への集中という大きな流れを変えなければならない」と主張し、「『人』を視点とした政策を展開することが重要である」と提言する。[8]

人口が一極集中しているにもかかわらず、大都市東京がどの地方よりも出生率が低く、子どもを産み育てることが難しい地域となっていることをふまえると、地域再生にとりくむには、それぞれの地域の知恵や創造性の発揮をうながすだけではなく、日本社会の構造的な病理を克服しなければならないことが明らかとなる。内橋が指摘するように、都市で働く若者がワーキングプアとなっており、貧富の二極化が進む「少子・階層化社会」[9]であることの問題がより深刻である。「子どもを産み育てる」ことができる地域の暮らしをとりもどし、大都市から農山漁村にいたるまで福祉や文化をふくむ暮らしの「再生産力」を回復できるかどうか。このことが日本全体の地域再生にとって鍵となる課題である。

現代日本における地域再生にむきあう学習とは、「人間性の復興」への希望を拓き、「暮らし」をとりもどす共同の知恵と力を身につけていく生き方の追求にほかならない。

二　地域学習の思想と方法

1・コミュニティ教育・学習の国際的潮流

J・デューイ（John Dewey）は『民主主義と教育』（一九一六年）のなかで、「結局のところ、社会の生命はその存続のために教えたり学んだりすることを必要とするばかりでなく、共に生活するという過程そのものが教育を行うのである。その過程によって、経験が拡大され、啓発される、想像力が刺激され、豊かにされる」[10]と述べている。人々の共同生活の過程と教育の営みの相互連関の重要性を説き、学校を地域社会の一環に位置づけたデューイの教育観は、国際的なコミュニティ教育・学習論の思想的原点となっている。

コミュニティ教育は一九二〇年代に発祥し、イギリス、アメリカでセツルメント運動、ユースワーク、コミュニティ・カレッジ（就学困難な人々にも開かれた高等教育・成人教育機関）の設立へと広がり、さらに北欧の農民学校・民衆大学、小集団サークルなどの成人教育活動をつうじて地域にねざす学習の組織化が進められてきた。

一九七〇年代にヨーロッパで活発化した「新しい社会運動」（環境保護や女性の社会参加など）、あるいは開発途上地域の民衆の自立・解放運動を反映して、抑圧されている民衆のコミュニティ・エンパワメントやボトムアップに「人々の声を聴く」など、コミュニティ教育におけるラディカルな潮流が広がった。

ブラジルのP・フレイレ（Paulo Freire）は、知の社会的生成に民衆が参加し、民衆知を産出することをめざした「参加的研究方法（participatory research）」にもとづいて「課題提起教育（problem-posing education）」を提唱した[11]。その影響は発展途上地域のみならず、欧米諸国にも及んでいる。

P・M・カニンガム（P. M. Cunningham）が指摘するように、「指導者と学習者が水平的関係にあり、学習計画への人々の参加、問題解決がコミュニティから発している」という特徴をもつ学習方法の追求をつうじて、社会的リスクにさらされた青年や貧困地域の人々の自立をささえるコミュニティ教育の現代的な意義が広く認識されるようになった[12]。

イギリス、エジンバラ大学のL・テット（Lyn Tett）によれば、「コミュニティ教育の第一の目的は、コミュニティの中でのコミュニティのための教育である」。フォーマルな教育形態に対するノンフォーマルな新しい教育形態として発展しており、そこでは「人々の関心にもとづく学習を励まし、生活の中で学ぶこと」が中心にすえられる。「ローカルなレベルで生じる地域課題への真の選択と民主的な討議を可能にする」ことによって地域発展の可能性をもたらすとテットは定義している[13]。

イギリスのスコットランドはコミュニティ教育の活発な伝統をもつ。一九九〇年代に入り、知識の構築における個々人の能動性と指導者の支援的な役割に注目する学習論が提唱され、EUが「生涯学習（lifelong learning）」を若年層の雇用支援や移民・女性など社会的弱者の支援政策と結びつけて教育政策化したことをうけて、スコットランド行政府は二〇〇四年に「地域学習・発展（community learning and development＝CLD）」を公用語に採用した。街中での対話や討論、コミュニティ・ソーシャルワークや多様な非政府セクターの活動をうながすためのスタッフの専門性も留意されている[14]。

アメリカでは、一九六〇年代から学校の公民教育の一環として生徒・学生のサービス・ラーニング・プログラムを導入し、一九九〇年の「国家およびコミュニティ・サービス法」の制定のもと、二〇〇〇年代にはコミュニティ・カレッジをはじめ多くの高等教育機関が「地域にねざす学習（community-based learning）」を正規のカリキュラムとして実施するようになった。このプログラムは「学生とコミュニティ双方の知識の交換によって双方に有益となる」、「学生は能動的態度、批判的思考、コミュニケーション・スキル、多文化共生やグローバルな理解による相互関係性」を深め、市民性（citizenship）を身につけるのみならず、学問研究への問題意識や意欲を高める学習効果をもたらしていると評価されている[15]。地域と連携した参加的な学習は「コミュニティ・サービスの伝統、ボランタリズム、草の根の地域活動を再活性化（reenergize）する力がある[16]」とされ、地域社会の向上と次世代形成の方法としてアメリカ社会に根づいているのである。

アジア地域でも日本の公民館が「コミュニティ学習センター（community learning center＝ＣＬＣ）」として紹介され、ノンフォーマル教育におけるコミュニティ学習のとりくみが広がっている。

2・日本における「地域にねざす教育」の水脈

イギリスとアメリカでコミュニティ教育の発祥をみた一九二〇年代に、日本では地方改良運動をつうじて疲弊した農山漁村を再建する内務省の地域政策が遂行され、地域団体・教化団体の組織化が奨励された。内務官僚として地方改良運動を推進した井上友一は、自治・社会改良的政策のもとで公民の形成をうながし、社会教育行政の発足にも影響を与えた。特に地域青年団にはすぐれた指導者が輩出し、学校の主知主義とは異なる生活連帯的な学習が広がった。その後、学校の郷土教育、全村学校、農山漁村経済更正運動などの展開がみられるが、一九三〇年代後半に入ると軍国主義・国家総動員体制のもと、「全体主義下の上意下達の統制団体の方向に向かい、地域主義は実質否定されるようになる」[17]。

戦後教育改革期、リベラルな新教育思潮の広がりのもとで、教師が地域住民とともに学校づくりをすすめる「地域教育計画」が各地で試みられた。地域の自治と住民の参加、社会科の創設、地域に目をむけた問題解決学習などがとりくまれるが、一九五〇年代の教育の中央集権化、そして高度経済成長期の人材養成にむけた学力主義によって新教育の自由な空気は失われていく。「地域にねざす教育」の実践は、戦前の北方性教育の伝統をひく生活綴方教育や社会科を中心に問題解決学習を志向する生活教育実践など、自主的な教育実践・研究運動において追求されていくのである。

山形県の中学校教師無着成恭の生活綴方実践記録『山びこ学校』（一九五一年）は全国的な反響をよんだ。兵庫県の小学校教師東井義雄は、『村を育てる学力』（一九五七年）と題する実践記録を刊行した。東井は、「村の子どもが、村には見切りをつけて、都市の空に希望を描いて学ぶ、というのでは、あまりにもみじめすぎる、（中略）そういう学習も成り立つではあろうが、それによって育てられる学力は、出発点からして『村を捨てる学力』になってしまうではないか」と問いかけ、教科の論理と生活の論理を結びつけた作文的方法、学力の地域性、手をつなぎあって生きる生き方など、日々の教育実践を通じて「村を育てる学力」を追求する[18]。学校だけではなく生活のなかで育ちあう生き方と知の形成をめぐって、「地域にねざす教育」が模索されたのである。

社会教育においては、戦後から一九五〇年代にかけて、集落や村ごとの公民館活動をよりどころとして、地域社会の生活改善や経済的・文化的向上をめざす青年団や婦人会の学習が広がった。青年団における話し合い学習、小集団の共同学習が活発となり、封建的な村の近代化・民主化、村づくりがとりくまれる。ありのままの生活をリアルにみつめ、書くこと、表現することをつうじて共に話し合い、社会の矛盾について考える主体的な力を身につけるという生活記録の方法は、生活の場・仲間の中でリアルな認識と主体性を育む学習であり、日本の土壌にねざした地域学習の創出であった。しかし五〇年代末になると農村青年の都市への流出とともに共同学習は停滞し、一九六〇〜七〇年代に農業構造改善事業や大規模な地域開発によって、農村は大きな変容に直面する。

高度経済成長期以降、国・自治体の推進する開発政策や企業の公害・環境破壊を批判し、生存権や環境権を主張する当事者住民による住民運動の展開は、開発の弊害や環境汚染の実態調査を中心とする公害学習・環境学習を生み出した[19]。教師や専門家が当事者住民と共に学び、調査し、開発・公害被害から暮らしを守る抵抗運動としての「地域教育運動」、「公害学習」が組織された。一九六〇年代以降各地に広がった「農民大学」「労農大学」「住民運動」などの自主的な学習組織は、日本におけるラディカルなコミュニティ教育・学習の創生として国際動向に重なりあう意義をもつ[20]。

開発・公害問題の激発のなかで主権者意識を自覚した住民の学習をつうじて、安全性の科学が問われ、資本の論理に対抗する「価値の転換」が探求された[21]。公害学習における生存権の主張と環境権の提起は、短期間に急成長をとげた日本的産業社会の矛盾のなかで、地域の内発的発展の方向を模索する地域学習の現代的展開を促したといえる。

3・戦後教育思想における「地域と教育」への問い

地域学習の実践的展開とかかわりながら、教育思想として「地域と教育」をめぐる問いがどのように追求されてきたか、戦後教育思想を代表する宮原誠一と大田堯にその方法論の探求を見出すことができる。[22]戦後社会教育学研究の礎を築いた宮原誠一（一九〇九〜七八）は、社会それ自体がもつ人間形成の力を根底におき、教育とはその作用を「望ましい方向にむかって目的意識的に統御する」営みであるととらえ、[23]組織化の途上にある勤労大衆の学習運動の展開に注目し、社会の必要性にねざす新たな「教育の計画化」を構想し続けた教育思想家である。

「こんにち学校教育と、社会教育とはその関係を根本的に再調整されるべき段階にたちいたっている。われわれは近代的な学校教育と社会教育とを通過して、いわば異なる次元において、ふたたびかの教育の原形態としての社会教育にかえろうとしている。（中略）社会の教育的必要を総合的・系統的に計画化することが、ここにいう新しい次元における社会教育の課題である」（「社会教育本質論」一九四九年）[24]と述べて「教育の社会計画」の視座を提示している。一九六〇年に宮原自身が中心となって、農業経営の将来を模索する若い農民層の学習要求にねざした農民大学（信濃生産大学）を創設した。

イギリスの大学拡張やアメリカのコミュニティ・カレッジに関心を寄せていた宮原は、ＮＰＯの先駆ともいえる全県レベルの学習推進組織「長野県農業近代化協議会」を設立し、行政や諸団体とのパートナーシップにもとづく運営、農民との「水平的な関係」で共に学習し研究する講師集団の組織化、全県レベルと地域レベルの重層的な課題探求型の学習方法の追求など、従来の社会教育を革新する創造的な地域学習を推進した。生活の全過程が学習であるという教育観にもとづき、学習過程にコミットするアクション・リサーチの方法を用いた宮原の実践は、国際的にも特筆される地域学習の構想であった。[25]

大田堯（一九一八～　）は、教育哲学・教育史・教育実践研究の関心から「地域と教育」を問い続けてきた。大田の場合は、一貫して「地域と教育」に関心を寄せながらも、その認識方法への試行錯誤を重ねていることが注目される。一人ひとりの子ども、青年、教師、地域の住民と出会う教育実践・学習活動への参加をつうじて、制度的空間を超えて生活の場で営まれる「人間の育ち」の過程をとらえ、教育人間学的研究を深めてきた。

大田は戦地から帰還した直後、故郷広島県本郷町で地域教育計画（本郷プラン）に精力的にとりくんだ。その後、本郷プランを「〝砂上の楼閣〟とでもいうべきほかはない」と大胆に総括している。「〝国勢論的〟な教育観、教育復興意識のもとでは、（中略）一人ひとりの子どもというものが、主人公として登場してこないという、教育計画としての致命的な問題があった[26]」という反省のもとに、人々の暮らしのなかにある表現（やまと言葉）を用いて独自の教育概念の生成を試みる。農村青年サークル、生活綴方教育、地域の人々との出会いの過程を経て、「一人前になること」「選びながら発達すること」「出番をもつこと」など、「ヒトが人になる」人間の育ちと自立の過程を掘り下げていく[27]。

大田は戦後初期、アメリカのコミュニティ・スクール研究を出発点としながらも、日本の民衆の暮らしの現実をふまえ、そこに埋め込まれた「人間の育ち」をささえる関係性、生活・文化との相互作用に注目し、子どもが社会の一員として成長する過程を、地域社会の人々の暮らしに内在するしくみとして見究めている。このような研究方法の探求自体が、大田の「地域と教育」への問いであったといえる。そして生活と教育の相互関係が希薄になり、子どもが育つことの困難が顕在化する一九八〇年代以降、大田は子どもの命の輝きを尊重する社会的合意としての子どもの人権、環境破壊に対する自然と人間の共生、地域の人々が共に創り出す子育て文化活動の場づくりを提唱する。故郷の広島県本郷町に自宅敷地を寄贈して「ほんごう子ども図書館」を創設、学長をつとめた都留文科大学や居住地さいたま市見沼でフィールド・ミュージアムを構想し、人間が人間らしく生きられる場と関係性を創出する社会的実践をつうじて、「地球と生命」「種の持続」という根源的な主題にたちむかっていく。(28)

宮原と大田の教育思想は、人間の発達と学習の営みを環境との相互作用としてとらえる点で通底している。宮原が「形成」を根底にすえてそれを目的意識的に統御する営みを「教育」と規定したのに対して、大田は環境のなかで代謝活動をおこなう生命体としての人間にとって「学習は、生きてある生命の活動」「生存権の一部」であり、「その学習活動を援助し励ましていく介助役」が「教育」であるととらえている。有機農法に学んで「有機教育＝地球上の人類の生き方として」をとなえ、子どもたち、地元の大学・学生、農業者、教育者、市民とともに足元の見沼地域をさまざまな命が育まれ、関わり合う空間にしたいと行動する大田は、六〇年以上の歳月をかけて「地域教育計画」再現の可能性を見出しているといえよう。(29)

東日本大震災とその後の日本社会における「地域と教育」への問いは、「学習権は人間の生存にとって不可欠な手段である」(「ユネスコ学習権宣言」一九八五年)(30)というとらえ方にいきつく。日本における「地域と教育」の探求は、この宣言において国際的なコミュニティ教育・学習の展開と交錯し、目標を共有する段階にいたっている。

三　「地域力の向上」と現代の地域学習

1・グローバル社会における「地域力の向上」

世界保健機関（WHO）は、大気汚染を主原因とする全世界の死者が二〇一二年に推計七〇〇万人にのぼったとの報告を発表した（二〇一四年三月二五日、ロイター通信）。感染症や甚大な災害の広がりも含めて、環境保全や健康・福祉の保障という社会政策の歯止めがなければ、国際社会の経済発展はもはや成り立たない状況にたちいたっている。地域・生活・環境の「社会的回復・再生（social resilience）」を可能にする地域政策の確立が、焦眉の課題となっている。

先進産業諸国を中心とする経済開発協力機構（OECD）は、二〇〇五年に「LEEDプロジェクト（Local Economic and Employment Development＝地域経済と雇用の発展）」を発足させ、二〇〇九年に『地域力の向上――共により良い未来を創造する』と題する報告書を提案した[31]。その趣旨は、すでにイギリスなどで試みられている「地域力の向上（community capacity building）」を国際合意のもとで各国の社会政策として推進することにある。「地域力の向上」とは、「貧困な人々がスキル、コンピテンシー、知識、組織、力量を獲得し、コミュニティ及びより広い社会生活の一員としていっそう参加し、自分の生活やコミュニティへのより大きなコントロールを行使しうるようにすることである」と定義されている[32]。

イギリスの経験として注目されていることは「社会的経済（social economy）」が私的セクターと連携して「地域力の向上」をも実現している点である。貧困地域の劣悪な居住条件、人々の健康の悪化、不適切な環境が悪循環となって地域の持続性が脅かされていることが背景にある。したがって「地域力の向上」のためには包括的な社会政策が必要とされるが、そこではボトムアップの方法の有効性、地域社会がみずからのニーズを表明すること、諸セクターの連携、ソーシャル・キャピタルの活用、人々が知識・情報を駆使して参加能力を高めることなどの重要性が指摘されており、共生と自治の原理にたつ地域社会の実現と住民の参加のプロセスが重視されている㉝。

日本でも政府・総務省が「地域力創造に関する有識者会議最終とりまとめ」(二〇一〇年)にもとづき、「地域力創造」にむけた政策立案を進めている。そこでは地域活性化を担う人材育成にも力点がおかれている。二〇一四年三月には、小田切徳美を座長とする「ふるさとづくり有識者会議」最終報告も出された。各地域でとりくまれてきた地域活性化プロジェクトの成果と課題が検証され、「ふるさと」に対する誇りを回復する「ふるさと学」の推進、「ふるさとづくり」の担い手(コーディネーター)を育てること、地域の主体的なとりくみの制度的サポートの必要性が提起されている。

地域再生をめぐる全国の実践報告では、共助・協同による地域社会の維持、加工生産物の開発などのコミュニティ・ビジネス、道の駅や農家レストランの経営による交流人口の拡大など、元気なシニア層、特に女性達の創造的なとりくみが数多く発信されており、「創造農村」㉞と称されるほどの活力が生み出されている。しかし他方では、前述の増田寛也の分析、あるいは「限界集落」の概念を提起した大野晃の指摘㉟のように、自治体大規模合併と人口減少によって暮らしの「ライフミニマム」を確保すること自体がきわめて困難な現実も広がっている。二〇四〇年には二九・一%、五二三の自治体が人口一万人未満となり、八九六の市区町村が「消滅可能性」自治体となるとの試算もある㊱。高齢者を中心的な担い手とする地域再生への取り組みを若い世代へと継承し、持続可能な地域社会を追求することが、大きな課題とならざるをない。こうした状況のもと、全国知事会議は、二〇一四年七月一五日に「国家の基盤を危うくする重大な岐路」として少子化非常事態宣言を採択した。

2・地域と教育の連携による人材育成

「地域力創造」で提唱されている地域人材養成とあわせて、文部科学省が高等教育機関の地域連携を促し、「センター・オブ・コミュニティ（Center of Community = COC）」という新たな役割を要請していることが注目される。この施策では、「多くの大学が、その教育研究活動の一環として、様々な形で地域や社会の課題解決に取り組んでいる」として、①まちづくりや商店街活性化など、大学や学生が参加した地域活性化策、②防災人材のスキルアップなど、地域を担う人材の育成や社会人の学び直し支援、③金属加工の技術開発支援など、地域の企業等のニーズに応じた産学官連携のとりくみなど、地域の企業等のニーズに応じた産学官連携の取組事例をあげ、「地域の再生・活性化に大きく貢献」する大学の地域連携活動を奨励している。[37]

高等教育機関では人文社会科学、自然科学を問わず、フィールドにおける調査研究・実習が日常的に実施されている。しかし、大学の地域連携を推進するには、その理念・方法・地域との協力態勢、研究教育活動や学生の学習面での深まり、受け入れる地域・住民諸団体と大学の間の信頼関係や双方向的な研究の発展など、時間をかけた関係づくりが求められる。競争的な高校・大学進学の実態と新卒一括採用という社会システムのしばりのもとでは、学生の地域参加も形式化する。社会人の学び直しも一九八〇年代から奨励されてはいるが、実際には働き盛りの年齢層は大学で学び直しをする余裕がない。フォーマルな教育機関と地域との連携、社会人の学び直し、若年層にとっての地域学習の意義を本格的に検討する段階であるといえよう。

子どもや若者が地域の文化活動に参加し、地域学習を通じて社会的な認識を深め、高齢者や成人との共同体験をもつことは、まさに「一人前になる」「出番をもつ」という社会的な形成の過程として重要な意義をもつ。ワーキングプア、福祉の欠如、災害のリスクなどを将来の不安として感じている若者世代が、学校と地域を往復し、世代間交流を体験しながら育つという可能性を生み出していくことが問われている。

国立教育政策研究所は、人口減少社会における学校教育の今後の見通しについて二〇一四年三月に報告書をまとめた。これによると義務教育年齢の子どもの人口が、二〇一〇年と比べて二〇四〇年に半分以下となる自治体が四割以上、実数で五〇〇人未満となる市町村が三割以上という予測がだされている。過疎化のもとで学校統廃合が実施されてきたが、すでに限界状況にあり、市町村を越えた広域学区や県所管小中学校なども想定されている。長距離通学の困難によるいっそうの人口流出、少人数の生徒を少人数の教師が教えることの弊害、子どもの学力低下など、教育制度もまた持続可能性が問われているのである[38]。

歴史的に村の文化センターであった小中学校が地域社会から姿を消すなかで、県庁所在地などに立地する大学が地域の核となるという構想は、人的、組織的に大きな困難を伴う。足元の地域で育つ青少年の絶対数が激減し、大学もまた少子化のもとで存続の危機にさらされるからである。さらに、大学が「センター・オブ・コミュニティ」の機能を果たすためには、地域ごとに住民の自主的な学習組織が発展し、大学の知的資源をそれぞれの地域の必要性に即して活用する県域の学習ネットワークが創設されなければならないであろう。宮原誠一の生産大学構想や大田堯のフィールド・ミュージアム構想を思想的水脈として継承し、現代の「センター・オブ・コミュニティ」への示唆として受け止める必要がある。

高等教育への進学率上昇の一方で、農山漁村で深刻化しているのは第一次産業の後継者問題である。一九九〇年代から二〇一〇年代の約二五年間に、農業従事者数は約四六〇万人から二三〇万人に、漁業就業者数は約五〇万人から一七万人に減少し、高齢化が進んでいる。(39) 農業・漁業の生産人口の減少とともに、日本の食糧自給率は農産物三九％、水産物五八％と低下し、輸入に依存する比率が大きくなっている。世界的な食糧危機が懸念される時代に、世界第六位の広さの排他的水域に囲まれ、豊富な水産資源と農業資源をもつ日本の食糧生産力は低下の一途をたどっているのである。農林水産業はグローバル企業のように、海外の安い労働力を求めて海外流出することはできない。日本固有の地域資源を活用し、それぞれの地域の産業と生活文化を持続可能な形で次世代へ継承する抜本的な地域振興と人材育成政策が確立されないかぎり、日本の農林水産業、特に漁業は深刻な危機にいたるといっても過言ではない。

急激な人口減少、生産人口の高齢化に直面している農山村の地域再生にむけて、二〇一〇年から総務省は「地域おこし協力隊」の派遣を開始した。生活費を付与されて農山漁村に一～三年滞在し、地域おこし活動の支援や農林漁業の応援、住民の生活支援などの「地域協力活動」に従事する。二〇一四年には約一〇〇〇人の地域おこし協力隊員、三～四〇〇〇人の集落支援員が派遣されている。若年層を農山漁村に派遣し、起業にもつながる生活支援をおこなう人材育成政策であり、定住・就業にいたる可能性も少なくないという点で重要な人的政策であるが、地域の内発的発展と担い手の主体形成を視野に入れ、その発展方向を検討する必要がある。

若年層の農山漁村への就労支援を推進するためには、3Kといわれる労働環境や地域の閉鎖的な風土を変える必要がある。第一次産業は、生業としての直接的な食糧生産にとどまらず、環境、防災、文化、余暇・観光、人間発達など、全体として人間が生存するために必要な社会的空間の持続性を支える価値をもたらしている。マネー社会の労働賃金と消費物価に規定された生活水準を超えて、ひとたび喪失すれば回復不能な環境資源を守るうえで、農山漁村住民と都市住民が共に地域再生にむけて連帯して生きることを模索するような地域力の再構築が求められる。あらためて地域社会の生活の質、生活文化の豊かさを問い直し、生きづらさを克服する生活文化運動の創生が期待される。イタリアに発祥したスローフードの動向[40]、「創造都市」[41]の提唱、あるいは地域資源による自立的な経済循環をサブシステムとして発展させる「里山資本主義」の考え方などは斬新な提案として注目される[42]。

地域衰退の危機感から、学校教育でも「ふるさと教育・ふるさと学習」が奨励されている。改正教育基本法（二〇〇六年）では、第二条（目標）に新たに「わが国と郷土を愛する」という文言が挿入された。東日本大震災の経験でも明らかなように、教育においてもふるさと、絆などがあらためて重要なよりどころとなっていることはいうまでもない。しかし、他方で郷土を愛する心を狭隘な愛国心とセットにして道徳的観念として刷り込むような「ふるさと教育」への誘導は、かつてきた道にもつながる。地域の自治・自立と相互の連携・ネットワークの発展、住民の主体的な参加、そして孤立して困難をかかえた人々や子ども・若者・高齢者などが人々の連帯によって少しでも生きる喜びを実感できるように、地域の魅力を創出し、相互関係性を回復させ、課題解決をさぐる知恵と行動力を養うことにむけた地域学習の展開が求められている。社会教育研究においても、東日本大震災を機に「いのちとくらし」、「人間性回復」の視点にたつ学習活動の意義がとらえかえされている[43]。人類史的な視野をもちながら「地域にねざす教育」を創造的に継承することが課題となっているといえよう。

以下、本書では、I部で戦後地域社会の構造変容のなかで模索されてきた地域学習の歴史的展開・系譜をふりかえる。II部では、地域再生の現代的課題にそくして、東日本大震災被災地、農山村、都市の地域学習の模索と次世代形成のとりくみの過程を明らかにする。III部では、公民館、博物館、大学などの教育文化機関が地域にねざしてアウトリーチをおこない、地域学習を発展させていく可能性を分析する。そしてIV部では国際社会の動向に目をむけ、発展途上地域のノンフォーマルなコミュニティ学習、韓国の地域づくり学習、そして脱原発を選択したドイツの環境学習の展開に学び、地域学習における国際交流の可能性を展望することにしたい。

(1) 吉本哲郎『地元学をはじめよう』岩波書店、二〇〇八年。結城登美雄『地元学からの出発』農文協、二〇〇九年。『農村文化運動』一八五(地元学・地域学の現在)、農文協、二〇〇七年七月、など参照。
(2) 一九六八年および六九年の「学習指導要領」によって、従来の「郷土学習」の用語を「地域学習」に変更して小中学校社会科に位置づけられている。
(3) 岡田知弘「災害と開発からみた東北史」大門正克他『「生存」の東北史』大月書店、二〇一三年。
(4) 同右、五〜六頁。
(5) 小田切徳美『農山村再生　「限界集落」問題を超えて』岩波書店、二〇〇九年、三〜七、一八頁。
(6) 内橋克人『共生経済が始まる　人間復興の社会を求めて』朝日新聞出版、二〇一一年、九七、一〇二頁。

(7) 増田寛也・人口減少問題研究会「二〇四〇年、地方消滅。『極点社会』が到来する」『中央公論』二〇一三年一二月号（特集・壊死する地方都市）。
(8) 同右、二四〜二七、二八〜二九頁。
(9) 前掲、内橋克人、五九頁。
(10) ジョン・デューイ（松野安男訳）『民主主義と教育』（上）岩波書店、一九七五年、一八頁。
(11) パウロ・フレイレ（小沢有作他訳）『被抑圧者の教育学』亜紀書房、一九七九年、七九〜八三頁。
(12) P. M. Cunningham, "Community Education and Community Development," in *International Encyclopedia of Adult Education and Training* (A. C. Tuijnman ed.) (Second Edition), Pergamon Press, 1996, pp. 57-58.
(13) Lyn Tett, *Community Education, Learning and Development*, Dunedin Academic Press Ltd. (Third Edition), 2010, p. 1. なお、イギリス成人教育研究としてコミュニティ教育を論じた上杉孝實『地域社会教育の展開』松籟社、一九九三年、北アイルランドの「地域づくり教育」に注目した鈴木敏正『地域づくり教育の誕生』北海道大学図書刊行会、一九九八年などを参照。
(14) *Ibid.*, pp. 24-25, 34-35.
(15) Susan C. Reed, and Catherine Marienau (eds.), *Linking Adults with Community: Promoting Civic Engagement through Community Based Learning*, Jossey-Bass, 2008, pp. 18-20. 唐木清志『アメリカ公民教育におけるサービス・ラーニング』東信堂、二〇一〇年、参照。
(16) *Ibid.*, pp. 28-29.
(17) 前掲、上杉孝實、四三頁。
(18) 東井義雄『村を育てる学力』明治図書、一九五七年、三八頁。
(19) 戦後社会教育実践史刊行委員会編『戦後社会教育実践史』第一巻〜三巻、民衆社、一九七四年、参照。
(20) 国民教育研究所編『全書　国民教育』第四巻（「地域開発」政策と教育）、第六巻（公害と教育）、第七巻（地域における教育運動)、明治図書、一九六八〜七〇年。国民教育研究所編『公害学習の展開』草土文化、一九七五年。『宮原誠一教育論集』第一巻〜三巻、国土社、一九七六〜七七年、など参照。
(21) 同右『公害学習の展開』、一〇頁。庄司光・宮本憲一『恐るべき公害』岩波書店、一九六四年。武谷三男編『安全性の考え方』岩波書店、一九六七年。庄司光・宮本憲一『日本の公害』岩波書店、一九七五年、藤岡貞彦『社会教育実践と民衆意識』草土文化、一九七七年など参照。
(22) 共同インタビュー記録集『戦後教育思想における「地域と教育」への問い』科学研究費基盤研究C(研究代表者・佐藤一子)中間報告書、二〇一三年、参照。
(23) 前掲、「教育の本質」『宮原誠一教育論集』第一巻、七頁。
(24) 前掲、「社会教育の本質」『宮原誠一教育論集』第二巻、三九頁。
(25) 同右、「信濃生産大学に参加して」参照。
(26) 大田堯『教育とは何かを問い続けて』岩波書店、一九八三年、五二〜五五頁。
(27) 大田堯『大田堯自選集成』1〜4、藤原書店、二〇一三〜一四年、参照。
(28) 同右、3(生きて　思索と行動の軌跡)。
(29) 同右、二一九〜二二九頁。
(30) 第五回ユネスコ国際成人教育会議(一九八五年、パリ)で採択された「学習権宣言」には次のように明記されている。「学習権は人間の生存にとって不可欠な手段である。もし、世界の人々が、食糧の生産やその他の基本的な欲求が満たされることを望むならば、世界の人々は学習権をもたなければならない。(中略)〝学習〟こそはキーワードである。学習権なくしては、人間的発達はありえない。(中略)それは基本的権利の一つとしてとらえられなければならない。学習活動はあらゆる教育活動の中心に位置づけられ、人々をなりゆきまかせの客体から、自らの歴史をつくる主体にかえていくものである。」(国民教育研究所訳より抜粋)
(31) Antonella Noya, Emma Clarence and Gary Craig (eds.), *Community Capacity Building: Creating A Better*

Future Together, OECD, 2009.

（32）*Ibid.*, p. 163.

（33）*Ibid.*, pp. 11-14.

（34）佐々木雅幸他編『創造農村』学芸出版社、二〇一四年。松永桂子『創造的地域社会――中国山地に学ぶ超高齢社会の自立』新評論、二〇一二年、など参照。

（35）大野晃『限界集落と地域再生』信濃毎日新聞社他一二地方新聞社の共同企画、信濃毎日新聞社等刊行、二〇〇八年。

（36）増田寛也・日本創成会議・人口減少問題検討分科会「ストップ『人口急減社会』」『中央公論』二〇一四年六月号。

（37）文部科学省編『平成二四年度文部科学白書』、二〇一三年、二〇〇～二〇一頁。

（38）国立教育政策研究所　平成二五年度プロジェクト研究報告書（研究代表者、徳永保）『人口減少社会における学校制度の設計と教育形態の開発のための総合的研究』、二〇一四年三月、三七～三九頁。

（39）農林水産省『農林水産業基本データ集』（年次別）参照。

（40）カルロ・ペトリーニ（石田雅芳訳）『スローフードの奇跡』三修社、二〇〇九年など参照。

（41）佐々木雅幸『創造都市への挑戦』岩波書店、二〇〇一年。

（42）藻谷浩介・ＮＨＫ広島取材班『里山資本主義』角川書店、二〇一三年、参照。

（43）日本社会教育学会六〇周年記念出版部会編『希望への社会教育　3・11後社会のために』東洋館出版社、二〇一三年。

I　地域学習の歴史的水脈

I部では、地域学習論の歴史的探求過程を戦後の地域教育運動に即して実証的に明らかにする。ここでは大きく二つの水脈を浮き彫りにする。ひとつは、戦前軍国主義国家教育体制のもとで抵抗教育として発祥した生活綴方教育を継承した地域教育運動の系譜である。もうひとつは、高度経済成長期日本の経済優先の時代に、公害被害の実態をみつめ、人権としての生存権を希求する地域認識を構築していった公害教育運動の系譜である。学校から地域へ、農民や労働者の生活に学び、地域にねざす教育を創造していくうえで教師たちが先駆的な役割を果してきたことが注目される。

1章では、北方性教育運動を継承し、山形県を中心に組織的発展をみた地域教育運動・農民大学運動をあとづける。この実践的探求の過程で「教育」概念が「地域」概念と出会い、有機的な関連を見出していく過程を明らかにする。

2章では、一九六〇年代から七〇年代における公害教育運動・公害教育実践の展開にたちかえり、今日、環境教育として国際的に共有されている概念を再考し、公害被災地域における地域と人間の再生の歩みから汲み取るべき地域学習論の原点を問う。

1章 地域教育運動における地域学習論の構築

——北方性教育運動の展開に即して

宮崎隆志

はじめに

近代教育において地域は、必須の構成要素では必ずしもなかった。邑《むら》に不学の人をなくすと謳った明治五（一八七二）年の学制[1]は、逆に言えば、当時の邑に学的価値を認めないことを宣言した制度でもある。近代教育が近代国家の担い手たる国民を形成する任務を担うとすれば、近代化されるべき対象でしかない邑＝地域に、そのような任務を担えるはずがなかった。

ここにすでに、地域と教育をめぐる基本的な論点が現れている。地域は人々の生産・生活の営みの固有性に基づいて成り立つ空間であり、自然・文化により規定され歴史性を内在させた空間である。そこには生産・生活の経験を通して形成された歴史的文化的な知が蓄積されている。そのような地域が、その時々の国際的な関係の中で形態規定される国家にとって、どのような位置と意味を持つのか？　この問いは制度化された教育によって形成されるべき国民像の理解と密接に関わり、それゆえに当該教育が前提とする知や学習のありかたをめぐる問いとも不可分である。教育の文脈に置かれた地域は、こうした一連の問いを必然的に伴うキーワードである。

本章では、地域概念と教育概念が出会い有機的な関連を見出していく過程を民間教育運動の展開に即して辿りつつ、そこで生じた教育・学習概念の転換や発展の論理の抽出を試みる。対象事例としては北方性教育運動の拠点であった山形県の学習・教育実践を主にとり上げる。北方性教育運動は戦前の生活綴方に限定して理解されることが多いが、ここではそれを起点としつつ農民大学運動にまで展開した集団的な学習活動の全体を意味するものとして広義に用いている。この展開の全体に、日本における地域学習の生成の論理が凝集されているというのが、本章の仮説的な理解でもある。

一　綴方教育から地域教育運動へ

1・原点としての北方性教育運動

明治の近代教育は、一方では学力の剝落に、他方では地域の切り捨てに帰結した。北方性教育運動の理論的主導者の一人であった村山俊太郎は、主流の農村教育を「農村の特殊的実状に即しない画一主義教育」であり、「劣等児に対しては百姓の名をもって農村残留をすすめ、地主の子弟や優良児には村落追放令たる上級学校いりを勧誘する」ものと断じ、その「非農村性」を批判していた。フレイレに即して言えば、この帰結には銀行型教育の限界性が現れているのであるが、すでに戦前からその限界を超えるための試みが展開されていた。いわゆる新教育はその端緒をなす。

日本における新教育運動の典型は、自然主義・人文主義に支えられた大正自由教育に求められる。鈴木三重吉が主宰した『赤い鳥』に代表される児童中心主義の教育は、学習者たる子どもを、表現者という限定がつきながらも、自由な行為の主体として理解しようとした。綴方教育の淵源もここにあるが、自由主義教育の綴方は芸術的表現に解放機能を求めたものの、学習者たる子どもの生活現実に内在することはできず、世界恐慌後の農村経済の破綻の前に、その主体や自由の理解の抽象性という限界が露呈するに至る。

もう一つの新教育運動は地域の生活に着目した郷土教育である。この場合は、郷土の自然や文化の価値の意識化を図りながらも、自由な主体の形成という課題意識を欠落させたがゆえに、戦時下の全体主義に統合されていくことになった[②]。

北方性教育運動はこのような背景をもって誕生した。この運動は綴方教育の一つであるが、村山は当時の農村における綴方教育を次のように批判していた。「われわれが農村教育ないし綴方教育の新建設に当たって従来の『土の綴方』や『郷土主義綴方』や『村の綴方』と別離しなければならない根本の理由は、現代の農村社会は単に土を愛する精神や、農村の現実の写実的表現や、郷土教育的なものに支配されていては健康な農村子弟の生活意識を育てることができず、独自の農村文化形態を創造することができないからである[③]」。

村山や国分一太郎らに代表される東北・北海道の綴方教師たちは、北方の農村生活の現実性に立脚すると同時に、新たな文化創造者たる主体を形成する芸術性の統一を綴方教育の課題として設定した。そのために求められる方法はリアリズムであるという。「あるがままに描く」リアリズムは、描かれた一行一行に作家の目的意識に浸透された感情の燃焼があるために、読者は「あるがままの人生の外に、あるべき人生を感得する」。村山は、現実に即しつつ同時に「いかに生きるべきか」という問いを探究するリアリズムを、『赤い鳥』の自然主義リアリズムと区別して「生産的リアリズム」と呼んだ。こうして、綴方は生き方と世界観を探究する主体を形成する教育として定式化されるに至った。(4)

さらに村山は、このような生活の探究と創造が可能になる条件として、教師が自らの矛盾と対峙することをあげている。(5) 生活を対象化し創造する学習の援助者たる教員は、同時に子どもを生活現実から切り離し管理・統制する機構に属している。村山においては教員労働組合運動と綴方教育が連続することは、教育実践の論理に即して必然的であった。この課題は戦後になって成就されるが、それは山形県における農民大学運動の起点を形成した。

2・生活教育論争から三つの組織論へ

このような北方性教育の模索は、「社会科学としての教育科学」を志向して一九三七年に発足した教育科学研究会からの批判を受けることになった。留岡清男が生活綴方を「綴方教師の鑑賞に始まって感傷に終わる」(『教育』一九三七年一〇月号)と指摘したことは有名であるが、そのような評価の背景には、当時の生活構造の急激な変容そのものを把握する国民的教養を形成する上で綴方教育には限界があるという理解がある。(6) この指摘の延長線上には綴方教育と他教科との関連、綴方における矛盾の意識化の学習・教育実践上の厳密な位置づけと評価という論点が存在する。

しかし、これらの論点については、第一に留岡の側にあった生産力主義的傾向、第二に北方性綴方教育は当初から教育全体に関わる批判的構想であったことを踏まえて、(7) 留岡の批判の妥当性を問うことが必要である。ここでは戦後になって山形県教員組合文教部長であった剱持清一によって提起された「三つの組織論」による実践的批判に着目する。

「三つの組織論」とは、山形県教組が開催する第八次教育研究集会（一九五九年）に向けて提起された「教科組織論」「学校組織論」「教育組織論」の三つの研究課題を指す。それぞれ、教科・教育内容の構造化論、職場づくり・学校経営計画論、住民の教育要求をも包摂する地域教育論を意味していると言ってよいであろう(8)。これらが有機的な一体性をもって構成されるときに、地域教育計画が成り立つことが見通されていた。

この提起の直接的な背景は、任命制教育委員会への制度変更や教員への勤務評定制度の導入が進む下で教員の間に広がった「技術主義」的傾向、すなわち教育内容を不問に伏したまま教育の方法や技術の向上のみに関心を集中する傾向であり、またそれへの批判である(9)。その批判が、このような組織論として結実するに至った要因の一つが北方性教育運動であった(10)。

一九五〇年代の「逆コース」の下で、山形の教師たちは住民とともに地域における民主主義を守る運動に取り組んでいた。「三つの組織論」の起案者である剱持清一が県教組文教部長に就任した一九五四年の運動方針では「教育の問題は教室の中だけでは解決できない」という視点が強調され、教育国民会議の組織化が提案された。この方針は教育懇談会、労農懇談会、農村問題研究会、婦人の歩みを語る会等として具体化された。また同年には「サークルを育てよう」という方針も提起され、一九五四・五五年はサークル叢生の年になった(11)。

教育国民会議の運動は、後に剱持自身によって「たかだか「教育を守る」運動というものであった」と総括されているが（第二巻、七六頁）、その一方でサークルは、教員組合運動が地域教育・地域学習の価値を意識化する契機を生み出すことになった。サークルの担い手の多くは、一九五一年に発足した山形県児童文化研究会に所属しており、日本青年団協議会（日青協）のよびかけ以前から生活記録運動の組織化にあたっていた（第三巻、六〇頁）。このサークル活動の中から『村の一年生』（土田茂範）、『村の青年学級』（須藤克三編）等が教育研究集会に報告され、出版された。剱持は『村の〇〇〇』という発想に基づくこれらの出版は、地域社会の構造に根ざした教育実践への志向を示すものであり、「戦前からひきつがれた北方教育の伝統の広がりと深まりをしめす重要な資料」と評価し、「生活綴方、生活記録運動、さらには社会教育の新しい方向を見出した歴史的文献」であるという（第三巻、六一頁）。その「新しい方向」とは、地域への関心の集中によって、当初は「反封建」として位置づけられていたサークル運動が、「『反封建』ではなく、『近代化』という路線でもない」「より大きな矛盾に対決する人間像」の追求である（同、六五頁）。五五年以後は、サークル運動の経験が教育研究集会に持ち込まれ、職場に持ち帰られるという循環が生じるようになる。この教研集会は、「大衆の共有財産」として位置づけられ、講師団は「大学、教委、新教育協会、農文協、日青協、保健所、婦人少年室、児童相談所、放送局、農業改良課など」に広がっていたが（同、五六頁）、剱持によればこのことも「民衆運動、サークル運動と教育研究活動がふかい関連のもとにすすめられてきた大きな原動力」となったという。

このようにして、サークル活動は地域における学習と教師・学校の実践を連続させる回路を開いた。勤務評定反対闘争を契機に「教育実践の組織原理をみずからさがし出さなければならなくなった」教師たちは、その原理を見出す基盤を形成しつつあったといってよい（第二巻、一四四頁）。「わたしたちは実践、研究、運動のしめくくりをきちんとやり、一般化理論化するための方法を身に着けることが、いっそうだいじになってきている」という問題意識が（第二巻、一〇二頁）、彼らを北方性教育の再評価に向かわせ（第三巻、六五頁）、村山俊太郎の遺稿集『北方のともしび』（一九五七年）の刊行に結実した。村山の提起は、「逆コース」の下で、「民族の矛盾」を把握し、「独占段階での権力支配への抵抗」を見通すための「方法」として自覚的に継受された。剱持は一九五八年に「国民教育とは国民の自己形成過程の総体である」と述べ、「国民の学習運動は国民教育をつくる。学校教育もこの運動の中でささえられ発展する」という見通しを述べている（第二巻、一〇一頁）。これは「三つの組織論」の基本精神であると同時に、村山が模索した北方性教育論の新たな展開といってよい。

3・三つの組織論の意義

「三つの組織論」に基づく実践と研究の成果は、「生活認識の思想」を「教育のカナメ」に据えることの意識化であった。剱持は子どもの日常的な認識が、地域の生産・生活のありかたに対応した差異を持っていることに教師が着目し始めたという。例えば市場作物をつくっている部落の子どもと、米だけ生産している部落の子どもでは、物事のとらえ方（認識のしかた）が違い、このような「生活基盤の差」に基づく日常的認識の差異が、教科学習にも現れることを教師たちは意識化した（第二巻、一三四頁）。この指摘は、ピエール・ブルデュー（Pierre Bourdieu）のハビトゥス論やマイケル・コール（Michael Cole）の文化心理学におけるインフォーマル学習への着目に先行するものと言ってもよいが、剱持らはさらに、この差異を踏まえつつ普遍的な認識や意識（「歴史的社会的課題をとらえる思想」）を形成することを教育実践の課題として見据え[12]、多様な生活基盤の上にある父母と教師が連携して取り組む教育実践を模索した。同時にそれは、個々の「技術」を有機的に構成する教科組織論の要点でもあった。

ここでいう「生活思想」は意識のありかたを規定する枠組みであり、自然観・人間観・社会観からなる世界観と言ってもよいであろう。そのような意味での思想や「観」の形成に迫る教育実践は、「子どもや父母の生活や地域社会の矛盾を、子どものからだとこころをとおしてよみとり、教師が負っている矛盾と同質のものとしてうけとめながら、これをみんなではねのけていくというかまえをつくりあげる」ことによって成立する。すなわち、地域社会の中で父母（保護者）・子ども・教師が抱える矛盾を、個々にではなく、相互に関連するものとして対象化するときに、個々の矛盾の差異の背後にある同質性が浮かび上がり、それが思惟の体系性（＝思想）を築くための基盤となる。この同質性は矛盾の同質性であるので、その解決が模索されざるを得ないが、何らかの解決に向けた共通の志向性（「はねのけていくというかまえ」）が成立するときに、新たな思想が形成されると言ってよいであろう。さらに、ここではそのような対象化や発見のための方法として、「子どものからだとこころをとおしてよみと」ることが提起されていることにも着目する必要がある。言うまでもなく子どもは未来の象徴であり、時間軸をもたらす契機である。未来の地域社会に向けた省察、新たな地域生活を創造する生活という視点からの省察が、矛盾の連鎖を読み解き新たな思想を形成するための学習方法上の要点として指摘されていると理解すべきであろう。

また、生活認識の思想の形成は、親の学習課題としても理解されていた。剱持は、「生活認識の思想が形成されたときに、はじめて父母の真実の要求が出てくる」と述べ、「親のねがいをほりおこすためには、子どもたちの物事のとらえかた（認識のしかた）を具象的につかまえて親たちの世界観とつきあわせてみることがだいじ」であるという（第二巻、一六三頁）。農村や都市の生産・労働の現実と、学校で教えられている労働観・社会観・世界観の食い違いを突き合わせることにより「父母が生産や生活の矛盾に気づき、教育のおかれている位置を知り、矛盾を克服するための手だてを考えあうことができるように」なる(同)。つまり父母が自分たちの生活の矛盾に気づくことと、その解決の一環としての教育への要求を顕在化させることが、地域教育計画の要点として理解されている。[13] ここには学校教育、社会教育の区別はない。ただし、「学校教育でたりないことは、父母が要求する世界観の教育にはほとんど手をつけていないということ」であったとしても(第二巻、一六三頁)、どのような世界観なのかが当然問われる。父母が自らの生産・生活の中から築き上げる世界観に立脚してのみ、このような教育内容の編成に踏み込めるのであろう。

4・三つの組織論から農民大学へ

このような教員運動の展開は、一九六〇年代以後に成立した新たな学習運動としての農民大学運動の嚆矢となった。各地に生まれたサークル活動の経験を交流し、つなぐ場の必要性が意識され、五五年には児童文化研究協議会(主催、山形県児童文化研究会・山形県教員組合)が開催された。また、青年婦人文化会議、母親大会も青年、女性、労働者、農民と教師を結びつける場としての役割を果たしていた。[14] さらにサークルを結ぶ運動誌として五九年には『北方地帯』が刊行され、「新しい北方教育運動を展開する」ことが宣言された。

これらの取り組みは、「三つの組織論」に基づく地域教育計画を作るために、子どもや住民、教師が直面する困難を明らかにするものであったが、同時に地域で叢生してきた学習実践そのものを対象化し、省察する機能をも担った。第八次教研集会に向けた提起の中で剱持は、それまでの実践では「運動と研究がバラバラにとらえられており、その経験が教室にいかされないという欠陥」があり、「これまで発生した民衆運動の成果と欠陥を点検し、その発展のすじみちをつかむことが、第八次教育研究活動の重要な課題」であると指摘している。その上で、「教師や青年、婦人、労組などの運動や、サークルの歴史が研究の対象としてとり上げられ、その研究が交流される必要がある。これは、国民の自己形成の過程を明らかにするためのだいじなしごとである」と述べている（第二巻、一一九〜一二〇頁）。運動を通した自己形成過程を対象化し、統御するための固有の研究＝学習の場が、三つの組織論を有機化・構造化するためには不可欠であることが意識されていたとみてよいであろう。「大衆運動の教育的側面」（枚方テーゼ）としての社会教育は、それを対象化する固有の学びなくしては、偶然的で一時的な経験に留まる。生産・生活の矛盾を解決する実践に伴う学習経験そのものを対象化し、新たな実践知を創造するために要請される固有の学習活動の課題と方法を解明するという動機が、農民大学運動であれ、地域住民大学であれ、他とは区別された独自の学習実践の形態としての「大学」の成立条件である。

このような実践経験は、研究の必要性を意識させることになった。日教組の国民教育研究所はすでに一九五七年に設立されていたが、山形県教組は五九年に山形県国民教育研究所の設立方針を可決し六二年に設立した。運営委員長は農民詩人である真壁仁であった。翌六三年には北村山教育研究相談所が設立され、六五年にはそれを母体に北村山国民教育研究所が設立された。六二年に発足した村山酪農近代化協議会による学習・調査実践と価格闘争などの実践の経験と、農民による学校教育内容への批判（注（13）参照）、教組支部による自治体との交渉（牛乳給食、高校全入等）の経験を踏まえて、同研究所は農民問題研究委員会・自治体研究委員会・教育内容研究委員会および「北方の記録」編集局を設け、各々に対応した農民大学・自治体研究集会・教育内容検討集会を開催することになった。そのうち、農民大学は一九六四年に北村山地区農民大学として開催され、第四回（一九六六年）からは山形県農民大学として開催された。学長は真壁仁、事務局長は剱持清一であった。

二　地域という思想

1・上原專祿と宮原誠一

北村山地区農民大学の第五回までのテーマは「農村における学習運動をどうすすめるか」であった。この大学運動が新しい学習実践の創出を課題として意識した運動であったことがここに端的に示されているが、それは一九五〇年代末から追究されていた「生活認識の思想」を構築するための学習の内容や方法を問うものであった。

第一に、「地域」概念がその問いを深める上でのキーワードとして登場した。その直接的なきっかけとなったものが上原專祿の問題提起であった。上原は国民教育研究所の運営委員長として教研集会の基調講演を担当し、一九六一年には「民族の独立と国民教育の課題」と題する講演を行った。真壁はこの講演について「エネルギーの方向を与えるような作用」(15)をしたと評価し、ここから教育と地域との関連を意識するようになる。この上原講演は、当時の全人類的問題は民族の独立という問題に凝集されているがゆえに、民族の独立を通して人類全体の根本問題に応えていく国民を形成すること（主体形成）に教育の課題を見出す必要を説いたものであった。その後、上原は地域を民族の生活・仕事が具体的に営まれ展開される場として定義し[16]、そのような地域が地方として抽象化されることに現れる権力性を指摘した。真壁は一九六〇年代半ば以後、民族の自立と地域の自立を一体の過程として把握し、地方化される地域が抱える矛盾を民族としての具体的な生産・生活との関連で把握することを一貫して試みている。方言や手職、芸能、祝祭等への着目は、このような地域概念の理解を前提としている。農民大学は、以上のような意味で地域の自立と民族の自立を担う主体を形成する学習の場として位置づけられた。

第二に、信濃生産大学に具体化した宮原誠一の理論が大きな影響を与えた。真壁は、信濃生産大学を農民の学習の典型形態として評価し、その理由として「現実のたしかな認識に基礎を置いたこと、理論研究を実践的課題に化し、実践によって理論をふかめる学習の原則をうちだしたこと」および「具体的な現実から法則的認識に到達する、認識の方法論」が確立されたことをあげている。それは「多様な形であらわれてくる政策の本質を村の暮らしと生産の場で感知する方法」であり、「地域現実の認識がそのまま世界認識となる学習」である。このような学習方法を身につけることで、農民は「階級矛盾の総体の把握と、矛盾をとりのぞく視点を持つことができるようになる」（続、一六八～一六九頁）。これは東北各地に広がった農民大学の担い手の姿を踏まえた感想であった。

このように、少なくとも山形県においては、信濃生産大学の経験は上原の提起の具体化と軌を一にするものとして理解され、農民大学運動の指針となった。しかし、農民大学運動の意義は、単に上原や宮原の理論が具体化された点にあるというよりも、それを通して独自の理論創造の場を構築したことにある。真壁は「学習のすすむところ、状況への対応、対決をこえて、状況の創出とプログラムの作成、その実践へと向けられるのでなければならない」と述べているが、新たな状況を構想し、それを実現することを可能にする学習の成立可能性を農民大学に見ていた。これは、全体としての世界・社会を認識するのみならず、それらを変革するための学習の内容と方法を展開することが次の課題として浮上していたことを意味する。すでに第二回山形県農民大学（一九六六年）で宮原誠一は、地域性という魂を失いかけている地域で「われわれの地域」としての「地域を作りだす」という視点の重要性を指摘していた[17]。そして、このような地域変革に向けた実践を展望する上で、「学習が決定的な一つの役割を果たすに相違ない。そういう場合に、直接の経済闘争や政治闘争から相対的に独立した学習運動というものの独自性が一つの役割を果たす。この独自性ということをどういうふうにとらえていくのか、信州あたりでもまだ十分に解明されているとはいえないというふうに思っております」と述べている。信濃生産大学では、農民の主体性や主権者としての農民の形成が学習活動の目的とされていたことに鑑みれば、個々の農民の主体形成（生産活動の主体の形成）に焦点が置かれた信濃生産大学に対し、山形県農民大学では地域（生産・生活活動からなる社会システム）を変革し創造する学習という新たな学習論の彫琢が課題となっていたように思われる。もとより信濃生産大学に即しても、労働者の参加と連帯による労農大学への発展が課題として指摘されており、それは地域問題自体が要請している方向性であるとされている[18]。つまり、地域の創造を担う集団的主体の形成を見通す学習実践の必要性が意識されていたと見てよいであろう。しかし、その課題に見合う固有の学習論を実践的に構築するには至らないままに、信濃生産大学は解散を余儀なくされた。教育労働者や自治体労働者をも基盤に成立した山形県農民大学はその課題を引き継ぎ、実践的な展開を試みる位置にあったと言えるであろう。

2・地域概念の深化

この点に関わって、宮原は第二回山形県農民大学において、「地域大衆とともに作り出していく地域は、孤立した地域ではない」こと、および「地域を作り出していくというときは、地域の自然を大切にしなければならない」という二点に言及している。前者は上原につながる提起であるが、後者は「あるがままの自然環境としての自然を大事にしていく考え方を、地域に作り出していく」ことを意味している。このような地域概念の構成には、地域創造としての三島沼津の石油コンビナート反対闘争の経験が反映されている。この二つの視点は地域創造の必須要件である。なぜなら、前者なき後者は農本主義・自然主義・郷土主義に舞い戻り、批判としての有効性さえ欠いてしまうからであり、後者なき前者は、政治主義的解決に留まり、自然の再生産過程に埋め込まれた生産・生活のリアリティに支えられず、したがって持続可能性も保障されないからである。

三島沼津の経験は真壁や劔持ら山形県農民大学のリーダーにも共有されていた。一九七〇年代に入ると山形県農民大学の学習課題は、開発思想そのものの批判的超克に向けられていった。真壁は「カルチャーとしての文化は、実は自然の中に原点があり、原型がある」といい（上巻、一九四頁）、地域に育まれる民族の文化の根源に自然とのかかわりを見出す。そのような視点からすれば、「技術というのは、たえず欠乏の方向、飢餓の方向に向かって、あるいは極地に向かってすすむというような志向をもってすすむ」がゆえに「東北というのは、すすんだ文化が求められ、それに答えるために闘ってきた歴史である」ことになる（上巻、一四〇～一四一頁）。開発主義の視点から「辺境」（＝未開）として位置づけられた東北は、自然の厳しさのゆえにその制約を超える技術と文化を生み出す「先進地」として意味転換された（第一回全国農民大学交流集会記念講演、一九七五年）。真壁は、この意味転換を「開発という考え方の中にある残忍な侵略性、凶暴な思想とのたたかい」であり、「人間の存在の深い意味なり自然と人間の関係の正しい調和といったものを土台にしっかりと据えて」いくことが求められるという（上、四三〜四四頁）。

このような地域認識を形成した真壁は、地域を風土と呼び、さらに野と呼ぶようになる。風土とは「それ自体、法則をもって自律する客観的な存在、あるいは現象としての自然が、人間の精神的、物質的生活および生産活動ときりむすんだ生活空間」であり（下、一七四頁）、野とは「絶対に踏みかためてはならず、膨軟な土と、無数の地中動物が見えないところで生きて働いて、自然の生態系につながっている歴史的で人間的な空間」である（上、二八頁）。このような地域概念の深化は、自然と人間と社会を切り離したうえで権力的に統合しようとする開発主義を総体的に批判し、代替的な社会を構築するための根源的な視座を確かなものにするために、不可欠であったといってよいであろう。一九七〇年代の農民大学運動の到達点をここに見ることができる。

三　地域創造への学び

1・農民大学の新段階

一九七五年には山形市で第一回全国農民大学交流集会が開催され、八〇年代に入っても岩手・高知・鹿児島などで新たに農民大学が発足するなど、農民大学は全国的な広がりを見せるに至ったと言われている。

確かに「大学」の名を冠する学習運動は量的に拡大したが、実践に埋め込まれた学習論にはどのような質的発展があったのであろうか。

信濃生産大学以来の関わりを持つ美土路達雄は、木村純の指摘を踏まえつつ八〇年代農民大学の特質として、①労働者（特に農協・生協労働者・教育研究労働者）・女性・住民へ広がった学習主体、②県段階と同時に各地・各集落での自主的小学習の併進、③生活文化・平和問題まで広がった学習内容、の三点を挙げている[19]。美土路はこの特質を踏まえて、農民大学運動の組織的基盤が地域の学習サークルから農協労働組合等に移動し、学習と実践あるいは運動との関連の「透徹した実践的確認」が必要な局面に入ったと指摘し、同時にその局面とは、農民大学が、労働者の生活問題ともなった食料・農業問題に焦点化しつつ、再び地域農業・日本農業再建を課題化していく局面として整理している。

この指摘は、例えばＴＰＰ問題を突き付けられている現代の状況に照らせば依然として重要であるが、これだけでは一九八〇年代以後の学習実践の特質の半面を指摘したに留まる。残りの半面を検討するためには、美土路による次の指摘が重要である。美土路は八〇年代の「実践」概念が個別的経営実践から、農協のありかた、地域課題の解決、さらには経済・政治運動に至るまで多岐にわたるようになった結果、信濃生産大学の「実践と学習の統一の原則」に照らせば、実践概念の種差を明らかにした上での学習の種差の検討、さらには三重構造に代表される学習組織の再検討の必要が生じているという。

これまでに確認したように、信濃生産大学における実践課題は主権者としての農民という学習主体＝実践主体の形成に設定されていた。それに対し、山形県農民大学の取組を通して浮上してきたのは、自然と人間の関わりの中で形成される文化性と歴史性をもった地域（風土・野）を対象化し、構築する実践であった。美土路の指摘に即するならば、このような実践に見合う固有の学習の方法や内容、組織は何かを問う必要がある。それは労働組合運動が課題とする全国的な経済的政治的実践に対応する学習実践のありかたとは相対的な区別が可能であるし、地域学習論の精緻化のためにはこの解明が必要である。地域の構築という実践に対応する学習実践はおのずから特質の第二点として示された「各地・各集落での自主的小学習」という形態をとるであろう。地域創造の実践の場に学習実践が埋め込まれることは必然的な発展方向であった。

2・新たな生産・生活システムの創造へ

地域の変革と創造に至る学習は、①対象としての地域を総体的に把握しつつ、②地方化される地域の矛盾を地域内在的に解決する論理（方法）を創出すると同時に、③その変革と創造の実践を展開する集団的主体を形成すること、を最低限の構成要件とするはずである。

ここで問われるべきは、現存地域の矛盾の内部からその矛盾を解決する実践的なビジョンを構築し、それを実現する実践に対応した学習の特質である。農民大学運動の延長線上に展開した山形県高畠町と北海道別海町の実践は、この問いに答えるものである。

置賜《おきたま》地区農民大学（一九七〇年）の経験を有する高畠町では、農業近代化のありかたそのものへの疑問を経て、新たな農法としての有機農業への挑戦が開始された。七三年に二〇歳代の四〇人の農民によって高畠町有機農業研究会が組織され、八〇年代には産直提携による消費者との連帯が本格化し、八〇年代後半には有機農業に取り組む村ぐるみの営農集団を結成するに至った。リゾート開発の波が押し寄せたバブル期には星寛治が和田懇談会を組織し、産業経済・教育文化・福祉保健の部会をもつ〝村づくり勝手連〟(星)の活動が始まった。九〇年からは「たかはた共生塾」という地域づくりをテーマとする学習組織が結成され、その担い手は農民のみならず町職員、教員等と多様に広がっている[20]。

北海道別海町《べつかいちょう》はパイロットファームや新酪農村の建設など、国家的な酪農近代化プロジェクトが進められた地域である。その矢臼別《やうすべつ》地区八四戸の開拓農家の土地二万ヘクタールを買収して建設された陸上自衛隊演習場を農民に返還することを求める労農運動が組織され、この運動が母体になって一九七一年に別海労農学習会が開始された。酪農民は「ゴールなき規模拡大」という酪農近代化路線に振り回される経営から自分のペースで営農すること(=マイペース酪農)をめざした経営技術の研究を進め、八六年からは別海酪農の未来を考える学習会が年一回開催されるようになった。九一年の三友盛行の講演を契機に、「風土に生かされたマイペース酪農」の姿が浮かびあがり、月一回のマイペース酪農交流会を通して、規模を縮小し放牧中心に切り替えた新しい酪農経営の探究と普及が試みられている。

この両者に共通する特徴は次の五点である。紙幅の都合によりここでは結論的に言及する。第一に、生産・生活のジレンマの意識化を通して、実践の前提を省察する学習が誕生したことである。農業の近代化は、化学化・機械化により省力化と収量の増加と安定をもたらし、また農民を労苦と貧困から解放しつつ国民への食糧供給の責務を担うことを可能にするとされていた。しかし、農薬の被害を受けつつ汚染された農業生産物を提供する農民は、被害者であると同時に加害者でもある。高畠町の有機農法への挑戦はこの深刻なジレンマを意識化することにより生まれている。マイペース酪農の場合は、近代化装置であるバルク・クーラーの設置をめぐって階層間で賛否が分かれた際に、「反対か、賛成か」という二項対立図式に基づく運動は、農民の間に対立と分断を生み出すこと、およびそのジレンマは運動が近代化という「相手の土俵の中の相撲[21]」であったことに起因することが反省され、そこから学習運動は政策に振り回されない農民の主体性の模索を開始した[22]。社会システムに包摂された運動や実践が抱える矛盾（ジレンマ／ダブルバインド）の意識化を通して、政策や市場という社会システムそのものを対象化し、同時にその矛盾の解決を自己の課題として引き受ける主体の形成が目指された。

第二に、その矛盾を解決する新しい農法の探究と構築が課題となった。有機農法もマイペース酪農も土・草・牛・人間という自然と人間の循環およびそれに支えられた社会関係の構築に向けた挑戦である。矛盾を解決する思想の形成に留まらず、それを実際の仕組みとして創造する学習と実践に踏み出している。

第三に、そのような創造的実践の展開条件は、現代社会の限界を対象化する思想との出会いであった。高畠町では有吉佐和子の『複合汚染』（一九七五年、新潮社）が、星たちが直面したジレンマを実践的に読み解く道具となり、また栗原彬を介して水俣の経験との同一直線上に自らの実践を位置づけて理解することが可能になった。別海町では、主人公は風土であり農民はその営みを促すに過ぎないという三友の「風土に生かされた酪農」という農業哲学に参加者たちは感銘と衝撃を受けた。これらの思想は、創造的実践の道具であると同時に新たな農法に基づく集団的実践を通してさらに彫琢される産物でもある。

第四に、実践の検証・研究と普遍化のための学習が地域に密着しつつ組織化されていることがある。マイペース酪農交流会を例にとれば、その内容は技術・経営はもとより、子育てや教育、福祉、文化、政策、思想等に広がっている。このような学習内容の拡張が地域の産業振興や福祉、教育等をも視野に入れた地域づくり実践を必然化させた。

第五に、両実践ともに都市部からの新規参入者に象徴されるように、外部のアクターの共感を呼んでいる。高畠町では産直提携のような実践的ネットワークを生み出し、別海町でも学習実践に関わる外部連携が進んでおり、都市・農村の枠を超えた集団的な主体の形成の可能性をここに見てよいであろう。

おわりに

北方性教育運動は生活の思想を構築する教育実践であったが、その思想は、地域の地方化という矛盾を生産・生活の主体としての自己が抱えるジレンマと統一的に把握し、既存の社会システムの総体を対象化しつつ、それらの矛盾を解決する新たな地域を創造することによって、はじめて形成される。一九八〇年代以後はその実践的思想を構築する学習が生成している局面と言える。三友は、マイペース酪農交流会をとおして農民が自分自身の言葉を持ち始めたという。それは農民が「自分たちの思考法、営農の方法、暮らし、生き方、夢をもつことを意味」する。[23]

ここに至り、地域は新たな社会システムの総体を見通し創造するためのモデル（ミクロ・コスモス）として位置づけられるであろう。それは創造的学習の必須要素であり、その学習の支援としての地域教育にとっても不可欠である。このような意味で、教育の構成概念として地域を位置づけることが可能な地平に私たちはついに到達したと言ってよい。

（1）　正確には「邑ニ不学ノ戸ナク家ニ不学ノ人ナカラシメン」。

（2）宮原誠一は郷土教育を「文部省が官許し、奨励した唯一の『新教育』」と評している。宮原誠一『教育史』東洋経済新報社、一九六三年、二七七頁。

（3）村山俊太郎「農村・教育・綴方」（初出一九三四年）、『村山俊太郎著作集』第二巻、百合出版、一九六七年、一六〜一七頁。

（4）「私たちが生活綴方を、人間性という場においておし進めようとすることをもっと砕いていえば、横に現実的な生活実践性を、縦に浪漫的な生活の理想を、発展的に把握するその結び目に、生活をおし進める人間的な方法を発見することだということができる。……即ち生活を描くことは生活を観るためであり、生活を発見し、よりたかい生活をつくりあげていくためにのみ意義がある」（村山「生活綴方への反省――ヒューマニズム・批判精神と綴方の問題」（初出一九三七年）『村山俊太郎著作集』第三巻、百合出版、一九六八年、三七頁）。

（5）「子どもの生活から夢を奪ってしまった現実の学校教育―生活教育の動脈硬化症を解決することなしに、子どもに子どもらしく生ききる夢を持たせることは不可能のように思われる。（中略）子ども自身の問題は、即ち教師われら自身のヒューマニズムの問題にかかわる。薄っぺらな現実主義や、意欲のない実証主義の生活綴方が克服されるためには、このような世代の苦悶を子どもとともに悩み、教室を社会にかよわせ、より高い人間性の開発をめざすことから、子どもの生活に正しい夢と意欲をかよわせることから実践されなければならないのだ」（同上）。

（6）「生活綴方は従来生活描写の方法によって生活能力を涵養しようとしたのであるが、併しながら、描写の対象たる生活そのものが大きく揺らぎ出し、且つまたその揺らぎ方そのものが如何に帰趨するかが大きな問題となったのであるから、生活の描写よりも、描写される生活そのものが、問題の対象としてとりあげられなければならなくなった」（留岡清男『生活教育論』西村書店、一九四〇年、一四〜一五頁）。なお、留岡による批判の評価については、海老原治善「民間教育運動の抵抗と行きづまり」柳久雄・川合章編著『現代日本の教育思想　戦前編』黎明書房、一九六二年、および海後勝男による『村山俊太郎著作集』第三巻の解題も参照されたい。剱持清一による留岡らへの批判は、剱持清一教育論集第一巻、一九七三年、民衆社、八四〜八六頁。剱持はそこで、留岡らの近代主義を「国家権力によりかかりながら、カリキュラムを改造しようという構想」として批判している。

(7) 一九三五年に村山は「農村的綴方」の独自の形態として、農民の思想・感情のみならず自然や社会に対する認識や関心の形成に言及し(村山俊太郎著作集第二巻、一七頁)、一九三八年一月の綴方指導案にもその構想が示されている(同第三巻、九六頁)。

(8) 剱持清一「三つの組織論」『わたしの教師像――剱持清一教育論集第二巻』一九七三年、民衆社、一二三〜一五二頁。以下、同論集からの引用は本文中に巻数と頁のみを記す。

(9) 「わたしたちの教育研究は、技術主義・職能主義とのたたかいであった」(同右、一〇六頁)。

(10) もう一つの条件は、剱持が大石田小学校に赴任していた当時に同僚と創り上げた「大石田プラン」である。これは大田堯の豊田村調査に参加して、それとは異なる独自の方法を模索しつつまとめられたもので、家庭訪問の際の「世間話」の調査の記録と生活綴方を資料としている。剱持清一『北方の地平に立って　若き教師に語る』山形県民教連、一九九九年、七八〜九六頁。

(11) 剱持は「リュックに文集を背負って『作文教育を語る会』をひらいてあるいた」が(第三巻、五八頁)、これもサークルづくりのための大きな刺激になったという。

(12) 「地域社会の労働の質が規制する子どもの社会と自然の認識を、どうきりひらき高めるか」(第二巻、一三四頁)

(13) その一つの事例が教科書での出稼ぎ問題の取り扱いである。「教科書に出稼ぎはひまだからとあるが、生活がささえられなくなったから出ていくのだ。機械化で能率は上がったとあるが、そのために生活が圧迫されているとは、書かれていない。(中略)教科書で書いてあることは一面からだけ見て書いてある場合が多い。農村の姿をありのままに教えてもらいたい。自分たちの歩んできた歴史を子どもたちに伝えることが大切だ」(第一巻、二四五頁)。ただし、これは剱持が組合専従を退いた後のエピソードである。

(14) そのうち、青年婦人文化会議については剱持が次のように紹介している。「第一回の会議は一九五六年四月二八日に山形市の福祉会館でひらかれ、約七〇のサークルの代表二〇〇名が、お母さんの部屋、生活記録、学習サークルの部屋、演劇、コーラスの部屋にわかれて話し合った（第二巻、七三頁）。「こんどの青婦文化会議では教師、青年、母親などのサークルの経験交流とむすびつきをねがったものであった。須藤克三、真壁仁、五十嵐明などの諸先生が、よびかけを行っている」（第三巻、六一頁）、「地区ごとのサークルの連絡提携のための青年婦人文化会議は、西置賜でも開かれ、宮原誠一氏も参加した」（第二巻、八三頁）。

(15) 真壁仁『野の教育論（下巻）』民衆社、一九七六年、一〇九頁、以下、『野の教育論』からの引用は本文中に巻数のみを記す。

(16)『上原専祿著作集一四』評論社、一九八九年、三五八頁。

(17) 宮原誠一「地域と教育」『宮原誠一教育論集』第二巻、国土社、一九七七年、三三四～三四一頁。

(18)「信濃生産大学解散声明書」同上、三六八～三六九頁。

(19) 美土路達雄『農民教育・生活教育論』筑波書房、一九九四年、第二章、七六～一二三頁。

(20) 星寛治『有機農業の力』創森社、二〇〇〇年

(21) 鈴木文熹「農民大学学習運動に見る真壁農業論」『真壁仁研究』七号、東北芸術工科大学東北文化研究センター、二〇〇七年、七三頁。

(22) この間の経緯については、山田定市「農民学習運動の現段階的意義」『社会教育研究』一二号、一九九二年を参照されたい。

(23) 三友盛行『マイペース酪農』農文協、二〇〇〇年、六頁。

2章　「公害教育から環境教育へ」再考

安藤聡彦

はじめに

前章では、「地域概念と教育概念が出会い有機的な関連を見出していく過程」を北方性教育運動の歴史的展開に即して検討した。そこで明らかになったことは、一九六〇年代から七〇年代にかけて「地域概念の深化」が生じたことである。宮崎が述べているように、その「深化」には高度経済成長に伴って全国で噴出した公害・環境問題が深く影響している。いったいその影響とはどのようなものであったのだろうか。戦後における地域学習の歩みを捉えるためには、そのプロセスの検討が欠かせない。そこで本章では「公害」ならびに「環境」という概念がどのような経緯を経て教育および学習と結びつけて捉えられるようになったのかを跡づけてみることにしよう。

イギリスの環境教育研究者J・A・パルマー（J. A. Palmer）が指摘しているように、環境教育の歴史は「多くの支流を有する川の流れ（a stream with many tributaries）」である[1]。戦後日本においては、一九五〇年代後半以降「公害問題」が噴出したため、「公害教育」というきわめてユニークな実践が登場し、全国各地でその運動が展開された。だが、八〇年代末以降「環境教育」という用語が普及していくにつれ「公害教育」をめぐる実践や議論は周辺化され、後者は前者の「前史」として封印されていくことになった。いま、公害教育の歴史をたどることができる一般書はほとんど見当たらない。だが、そのような事態は三・一一以降の今日問い直されねばならない。[2] 本章では「公害教育から環境教育へ」[3] の展開を辿り直し、戦後日本における環境教育の歴史の捉え返しを行ってみたい。

あらかじめ「公害教育」と「環境教育」という二つの用語[4]について述べれば、以下の二点においてこの両者は対称的な性格を有している。

① 環境教育（environmental education）は一九四〇年代後半に英語圏で用いられはじめ六〇年代後半から七〇年代にかけて世界的に普及した——ただし上述のように日本における普及は八〇年代末以降——概念であるのに対し、公害教育は六〇年代後半から七〇年代にかけて生みだされ普及した日本独自の概念であること。[5]

② 環境教育という概念に注目し普及した人々が教育関係者というより環境問題に取り組む実践者や研究者であったのに対し、公害教育は教師や教育研究者などの教育関係者を中心として用いられるようになったこと。

本章では、「公害教育から環境教育へ」の展開とは何がどう変化したことであったのか、それによって何が深まり、また何が見失われたのか、そしてこれから私たちはどこへ向かうべきなのか、を検討する。

一　公害教育の成立と展開

1・公害反対住民運動の展開と教師の参加

日本社会にとって公害は戦後の新しい現象ではない。すでに江戸時代には鉱毒問題が発生していたし、明治時代以降は足尾鉱毒事件をはじめ、深刻な大気汚染や水質汚濁などの環境破壊が引き起こされてきた。それらに対しては各地で告発の運動も展開されてきた。だが、公害が社会問題化し、組織化された大規模な住民運動が展開されるようになるのは、高度経済成長期に入ってからのことである。「高度経済成長期以降、公害は事件であるというよりは日常の生活侵害となり、住民は陳情ではなく運動で問題の解決を考えるようになった(6)」と宮本憲一は指摘している。多くの場合それらの運動には地域の学校で働く教師たちが参加していた。公害教育はそうした教師たちが参加する公害反対住民運動のなかで成立することになる(7)。

公害教育の成立において大きな役割を果たしたのは、一九六三年一二月から六四年一〇月にかけて静岡県三島市、沼津市、清水町の二市一町において展開された石油化学コンビナート進出反対住民運動である。四日市をモデルとしたこの大規模コンビナート計画は、地域のあらゆる階層を巻き込んだ広範な反対運動によって計画発表から一年経たないうちに白紙撤回に追い込まれる。それは「産業間の利益をこえた生活者の論理による最初の住民運動」であり、「新しい住民による内発的な地域開発(8)」であったとされる。

この運動の特長は徹底して学習を重視した点にある。運動の中枢を担った地元の高校教師たちは、郷土研究部等のクラブ活動において高校生とともに地域調査を行い、コンビナート計画の問題性を明らかにし、それを文化祭等の場で発表していった。同時に彼ら教師は、自分たちで行った四日市調査等の結果をもとにスライドや資料集を作成し、それをもとに地域のあらゆる場所で数百回にわたる学習会を開催し、計画の問題性に関する認識を住民たちと共有していったのだった。[9]

沼津工業高校の理科教師であった西岡昭夫は、その学習会について以下のようにふりかえっている。

こうした学習会の中で、筆者が心がけたことは、対比と回想ということである。前者は主として科学的な認識に、後者は歴史的な認識に関係するものと思えたからである。そして、こうした二つの認識方法が、人々の中に同時に確立されていくときに、科学は力となると思えたからである。具体的な手法としては、数多くのスライドを使用した。グラフであれ、図表であれ、数値の表であれ、公害地の災害状況のものであれ、沼津三島地域の美しい風景であれ、すべてこの考えのもとに並べられ説明していった。身近な生活経験が、学習会の場で掘りおこされるとき、荒けずりではあるが鋭い、重厚ではあるが微をうがつ科学として形成されていったように思えてならない。そして学者や為政者が、住民が生活する場の科学や歴史性について考えることもなく、地域開発と称する計画を押しつけようとしたが、こういう方法を具体的な場で打ち破っていったのである。一人一人の住民が、たとえ地域概念の差異はあったにせよ、生活に根ざした科学と地域性を発揮して、運動の力と形態を整えていったからである。[10]

ここで西岡の言う「対比」と「回想」とは、地域生活者としての当事者性を有する批判的な科学的認識の形成を求めるものであり、この後一九七〇年代にかけて全国で展開される「地域に根ざす教育運動」で求められた「科学と生活の結合」の思想を先取りしたものであった。また、この運動で用いられた学習方法は、「三島・沼津方式」として全国各地の公害反対住民運動で用いられることになる。

公害教育は、こうして成立したのである。

2・公害教育課程の自主編成

三島・沼津・清水町の運動を嚆矢として、一九六〇年代半ば以降全国各地で公害や大規模開発に反対する運動が展開され、多くの教師たちがそこに参加していった。彼ら／彼女らは、問題告発のための調査や資料作成を担い、住民の学習活動を支えながら、さらにそこで得た知見を教育課程として編成し、公害教育の授業を実践していくことになった。

四日市市では、「公害に負けない体力づくり」の研究や四日市市立教育研究所による「公害に関する学習」研究の時代を経て、一九六七年頃から教師たちによる公害教育の実践および研究がスタートしている⑪。川崎市では、法政二高の教師であった宮崎一郎らが「身の回りの公害調査」を含む公害教育実践を同じく一九六七年に開始している⑫。福島県では、中学校教師の大和田秀文らが福島第二原子力発電所建設阻止のための学習会組織化に六八年から取り組み始め、やがては社会科における「産業公害学習」を「原子力発電所をかかえている地域の学習」として自主編成し実践するに至っている⑬。

とくによく知られているのが、熊本市竜南中学校の社会科教師・田中裕一が一九六八年一一月に実施した「日本の公害、水俣病の授業」である。田中は石牟礼道子の依頼を受け六〇年代初めに熊本市中心部のデパートで桑原史成の写真展を開催するなど、早くから水俣病事件に関心を有し、その授業化の可能性を模索していた。

そうした［自分自身が水俣病の授業を実践するしかないという——引用者注］思いの中で、私は水俣病に関する資料を集め始めた。知れば知るほど、私の思いはつのっていった。そうした時、宇井純氏の「公害の政治学」が出版された。この本は、それまでの、岩波新書の庄司・宮本氏の「日本の公害」[『恐るべき公害』か――引用者]とはまた別に異様とでもいうべき水俣病の全貌が、コンパクトにまとめられていた。(中略)その宇井純氏の本の、猫四〇〇号実験の秘密に接した時、私は授業の方法を決めた。チッソが、原因を知りながら次の非道に踏みこんでゆく――ここに私の授業への、大きな啓示があった。⑭

田中自身によるフィールドワーク⑮を土台に宇井らによる最新の水俣病研究と上原専祿から摂取した「地域の地方化」をめぐる社会科学的な視点とが組み合わされることによって「水俣病の授業」が誕生する。それは次のような明確な目標に貫かれた教育実践であった。

① 経済成長下の日本の公害の実情を理解させる。
② 熊本の公害として水俣病の問題を摘出させる。
㋑水俣病の悲惨な実態を考えさせる。
㋺原因究明の努力と漁民と会社と市民との関係を考えさせる。
③ 水俣病の問題にある公害の責任と処理方法を究明させる。
㋑どこに責任があったのか。
㋺どのように処理されるべきか。⑯

公開の研究授業としてなされたこの実践に対し、参観した大学教授や指導主事からは厳しい批判が寄せられた。だが、一方賞賛する声も強かった。ヨーロッパ留学中の宇井純はブダペストから「この記録は、石牟礼さんの本や、細川先生の努力と同じように、私を力づけてくれます」と私信を送っている。[17]藤岡貞彦は「公害をめぐる教育実践の現時点での一つの達成水準[18]」と指摘し、真壁仁も「地域認識がすぐれて教育的でありうるという実証をあたえてくれた[19]」と高く評価した。

「現地水俣」において水俣病の授業がなされるまでにはもう数年の時間を要することになる。突破口を開いたのは、水俣病対策市民会議（一九六八年設立）の創設メンバーの一人でもあった小学校教師・廣瀬武である。一九七一年二月、廣瀬は五年生社会科授業に患者・浜元二徳を招き、水俣病学習を実施した。

浜元さんは、不自由な体のふるえる手でチョークを持ち、たたみかけるようにゆっくり、ゆっくり話し、黒板に「公害・水俣病」と書いた。[20]

日本のみならず、世界の環境教育の生成史のなかで、公害被害者本人が教室のなかで子どもたちに語りかけたおそらく最も初期の事例としてこの授業は記録されるべきだろう。この廣瀬の授業を皮切りに水俣では水俣病学習が積み重ねられ、一九七六年には「水俣芦北公害研究サークル」が発足、七九年には『水俣病・授業実践のために』という資料集を編集・刊行し、実践の深化・拡大を担うことになった。

3・公害に取り組む教師たちのネットワーク

このような公害に取り組む教師たちの基盤となったのは教職員組合運動であった。一九六〇年代半ば以降、公害反対住民運動が展開した地域ではしばしば教職員組合の支部単位で「公害対策委員会」が設置され運動の支援がなされるとともに、公害教育にかかわる取り組みが教育研究集会に持ち込まれ、地域を越えた交流がなされるようになった。

一九七一年一月、東京で開催された日教組・日高教教育研究全国集会において「公害と教育」分科会が設置され、公害教育にかかわる各地の実践を集中的に議論する場が設置される。さらにその分科会参加者有志によって同年夏には「公害と教育」研究会という自主的研究団体が次のような目的を掲げて設立されている。

この会は、公害から子どもを守り、公害のない国土をよみがえらせるための教育をすすめる全国の教師や市民によってつくられる。この会は、教研活動と結合しながら、なによりも、地域にたち現れている公害の諸実態を科学的に明らかにしつつ、地域に根ざす教育をめざして研究し実践することを目的とする。(21)

こうして公害教育に取り組む教師たちの全国的なネットワークが確立された。そこにおいて公害教育とは、「公害から子どもを守り、公害のない国土をよみがえらせるための」「地域に根ざす教育」であり、「教育の全面的な変革を迫っていく、新しい教育の方向を作り出していく」(22)ものと捉えられていたのである。

4・公害と向き合う成人の学びの場

いっぽう成人の学習についても、公害や地域開発に対抗する住民運動における学習会のみならず、公害にかかわる学びの場を様々な形で意図的に設置する試みがなされるようになる。

先駆的な取り組みとなったのは、北九州市戸畑区三六公民館における婦人学級である。八幡製鉄戸畑製造所をはじめとする巨大工場群に隣接する三六町は長く大気汚染に悩まされ続けてきていたが、一九六三年になって社会教育主事の林栄代はその問題を婦人学級で取り上げることを提案、以後二年間にわたって組織的な公害学習が繰り広げられていった。

なぜこんなに苦しまなければならないのか。これから先の自分たちの生活はどうなるのかといった疑問が学級の中で出てきたことは不思議ではない。ではどうした手順で、どのような内容で学習するかが問題になった。そこでまったく新しい方法で学習しようではないかということで、従来の〝承り学習〟をいっさいやめて、公害の事実をみんなで探り出す〝事実を知る学習〟がはじめられた。

それぞれの役割分担を決めて、小さいグループにわけ、学級生一人一人に学習の主体性をもたせ、教材づくりをはじめた。新聞の切りぬきのグループは徹底して公害関係の記事を集め、市役所のグループは公害課で資料づくり、公害の実態をカメラで記録する者はカメラの上手な者があたった。そして、布切れを屋外と屋内に干してよごれ具合をみるグループ。ワイシャツの箱を屋外と屋内に置いて一ヶ月間でどれだけの降じん量があるかを測定して試験管にとったり、それぞれのグループごとに資料をまとめて全体学習で発表した。[23]

この学習は、一九六五年以降戸畑区婦人会協議会公害問題専門委員会の調査活動としてさらに展開し、やがて行政や企業に公害対策を求める運動へと発展していくことになる。

四日市では、生活記録運動に携わってきた澤井余志郎が一九六八年から『記録「公害」』を出し始め、さらに六九年からは「公害市民学校」を開始している。[24] 水俣では、水俣病センター相思社（一九七四年設立）の若き世話人・柳田耕一が七六年に「水俣実践学校」を、八二年には「水俣生活学校」をそれぞれ始めている。[25]

成人の公害学習という意味でいまひとつ重要なのは、宇井純を中心とする「自主講座公害原論」の取り組みである。東大工学部の教室を用いて一九七〇年一〇月から開始されたこの夜間自主講座は、宇井自身による日本と世界の公害の歴史と現状に関する概論からスタートして、以後公害運動の担い手や研究者、さらに政党の公害政策担当者など多様な講師を招き続け、一五年間にわたって展開されたのである。この講座の「開講のことば」で宇井は次のように述べている。

立身出世のためには役立たない学問、そして生きるために必要な学問の一つとして、公害原論が存在する。この学問を潜在的被害者であるわれわれが共有する一つの方法として、たまたま空いている教室を利用し、公開自主講座を開くこととした。この講座は、教師と学生の間に本質的な区別はない。修了による特権もない。あるものは、自由な相互批判と、学問の原型への模索のみである。この目標のもとに、多数の参加をよびかける。[26]

宇井にとってこの講座は、もうひとつの大学の創造であった。

5・公害教育の自己規定

一九七五年秋に京都で開催された国際環境保全科学者会議での報告で、藤岡貞彦は「日本の環境教育は、六〇年代半ばに環境破壊に抗する教育、あるいは公害教育として出発した」とし、その「視点」を以下の四点に整理している。

① 環境破壊の現実を事実にもとづいて教え、自然と社会のノーマルな運行のメカニズムがいかに人間生活にとっ

て重要であるかを子どもたちに自覚させる。人間が自然をいかに尊重しつつ、その恩恵に浴し自然を利用してきたかの歴史を伝え、環境と自然を尊重する社会という人間生活の目標を把握させる。この教授過程は、あくまで六〇年代の日本の環境破壊の現実と対比させて行われる。

② 生命・健康の重要性を教え、人間尊重の態度を養う。環境破壊は、まず人間の健康破壊となって現われ、次第にヒューマン・ネーチュア（人間的自然）の破壊へと深まっていくことを認識し、いかなる産業開発の進展といえども、人間尊重の原理をふみにじることは許されないことを把握させる。四大公害裁判はこのことを明示したが、公害判決の法理と思想の教育的読み替え＝教材化が求められる。

③ 近代社会・現代社会における環境問題の意味を明らかにし、近代工業社会、とくに明治時代以降の日本における工業化・近代化の展開と環境問題の関係を社会史として教え、環境権が主張され自覚されていく過程を認識させる。

④ 良好な環境を保持し、あるいは再建していく力はどこにあるのか。だれによって環境は守られるのか。それは民主的な地域住民の、地方自治の思想と権利によってである。開発の適否を決めるのも、環境権の具体化としての地域計画を決めるのも、地域住民自身である。この論理を歴史的に裏打ちして認識させる。したがって環境教育は、当然に良好な環境を守りつくりあげていく主体を育てる市民教育でなければならない。(27)

このように述べたうえで藤岡は、「以上、四つの点をなお簡略化していえば、日本における環境教育は、公害の歴史と現実を事実に即して教えることによって、学問上の範疇によれば、自然史（自然科学史）、社会史（歴史学）、人間尊重の歴史（法学）、市民形成の教育（社会学・教育学）、の四者を総合して教育することを目標にしている、といえるであろう」(28)と指摘していた。ここで藤岡が「公害の歴史と現実を事実に即して教える」と強調しているのは、彼が公害教育を「日本の教師の世界で戦前から定着してきた

『教育におけるリアリズム』の思想」、すなわち生活綴方教育の延長上にあるものとして捉えていることを示している。[29] このように公害教育論は、生活綴方教育の系譜を引く批判的リアリズムの立場に立つ総合学習＝「環境破壊に抗する教育」論として誕生したのである。

6・変動の兆し

だが、変動の兆しはすでに一九七〇年代半ばに現れていた。

右の国際環境保全科学者会議が開かれた数カ月後に開催された全国教研集会の「公害と教育」分科会の報告を執筆した藤岡貞彦と福島達夫は、「従来四大公害地を中心に提起されてきた公害学習に対して環境学習・自然学習のこれからの方向をしめす実践がふえてきた」という状況認識にもとづき、最終節を「環境問題と教育」（傍点引用者）としたうえで、次のようにまとめていた。

> 環境問題に取り組む先駆的事例は、いうまでもなく公害先進地の教師集団の実験の中にあった。しかし、今日の環境問題はよりふかくよりひろく、先進・後進をこえてとらえられなくてはならない。本分科会の最終日、環境学習をめぐって、「あくまで水俣を原点として、公害教育をすすめよ」とする熊本の発言と、「ひろく自然学習をもふくめた学習を」とする東北地域の発言が論争風に展開されたことは、まさに今日の状況の反映にほかならない。論争はより生産的に継続され、発展されなくてはならない。
>
> もとより、私たちは、公害をしゃ断し、公害教育の時代は終わったとする官製環境教育の提唱に十分な警戒をはらいつつ、公害反対教育運動の流れを再確認し、その系譜のうえに、よりひろい〈教育における環境問題〉をとらえる視野を切りひらくべき秋にきているのではないか。今回の分科会で、環境調査の報告が多く提出されたこと、

「地域の自然と歴史」について多くのことが語られたこと、官製環境教育批判に立って自然学習をもふまえた環境学習の実践が山形、青森等から提起されたことに注目しておきたいのである。

七〇年代後半、「公害と教育」分科会が教育における環境問題・環境権問題を射程距離のうちにおさめはじめたことは特記されてよいであろう。それは、教材内容編成全体の視点にかかわると同時に、教育の地域への根ざし方にかかわってくるであろうからである。(30)

「公害教育から環境教育へ」という変動の兆しはすでに一九七〇年代半ばに生じていた。

二 「公害教育から環境教育へ」

一九八〇年代半ば以降、「公害教育」という用語の使用頻度は下がり、替わって「環境教育」というそれ以前には専門家の間でしか流布していなかった用語が普及していくことになる。いったいこうした用語の転換とともに何が生じたのであろうか。ここではそれを「新たな主体の登場」と「環境教育推進体制の構築」という二つの面からおさえ、さらに新たに登場した「環境教育」の性格を検討してみることにしたい。

1・新たな主体の登場

「公害教育から環境教育へ」の転換は、何よりもそれらの教育活動の担い手の転換として現れた。

先述のように、公害教育は公害反対住民運動を中軸に、学校におけるそれについては、とりわけその運動への各地の教職員組合運動のコミットメントによって支えられていた。それに対して、一九七〇年代後半から八〇年代にかけて公害反対住民運動自身が変容していくとともに、教職員組合運動の側からのコミットメントも後退し、公害教育への関心が徐々に後退していくことになった。一方、八〇年代から九〇年代にかけて、都市アメニティの保全や子どもの自然体験の充実など、人間と環境との関係の再構築を求める多様な市民活動やNGO活動が台頭し、そこから環境教育という用語を用いて積極的に自らの活動を位置づけアピールする動きが生じてくる。公害教育の担い手が減少し、環境教育を求める人々が澎湃として登場してくるなかで、「公害教育から環境教育へ」という展開が生じた。

2・環境教育推進体制の構築

「公害教育から環境教育へ」という展開のもうひとつのフェーズは、環境教育推進体制の構築である。これは一九八〇年代後半以降、とりわけ環境省中心になされてきた。環境庁（当時）に置かれた環境教育懇談会による報告書『「みんなで築くよりよい環境」を求めて』の発表（一九八八年）、「国は、環境の保全に関する教育及び学習の振興並びに環境の保全に関する広報活動の充実により事業者及び国民が環境の保全についての理解を深めるとともにこれらの者の環境の保全に関する活動を行う意欲が増進されるようにするため、必要な措置を講ずるものとする」という規定（第二五条）を含む環境基本法の制定（一九九三年）、中央環境審議会答申『これからの環境教育・環境学習、持続可能な社会をめざして』の発表（一九九八年）、がその中心的な流れである。それに対して文科省も、『環境教育指導資料』の発行（一九九一～九五年）、第一五期中央教育審議会『二一世紀を見通した我が国の教育の在り方について』第一次答申における「環境教育の改善・充実」提言（一九九六年）、などを通して一定の対応をはかることになる。九〇年代から二〇〇〇年代にかけての環境教育は、環境基本法体制と「総合的な学習の時間」導入とを梃子として学校内外において広がっていった。

3・多様な実践の模索

この時期、環境教育という概念のもとで、人間と環境とのかかわりについてのきわめて多様な実践が取り組まれることになった。自然体験学習、まちづくり学習、森林環境教育、エネルギー環境教育など、教育（学習）活動に組み込まれる環境の切り取り方によって概念も多様化し、環境教育は言わば特殊環境教育の集合体として理解されるようになる。

一九八〇年代前半以前の公害教育と比較したとき、この時期の環境教育には以下の三つの特色が見られる。

① パートナーシップの重視――主体が公害問題を告発する住民運動団体から多様な市民活動団体へと移行することによって、企業や行政等のステークホルダーとのパートナーシップを基調とする実践が増大した。それは学習者の当事者性を重視し、その参加を促進する学習を際立たせるものとなる[31]。

② 体験活動の重視――公害教育においては批判的リアリズムに立つ認識の形成に主眼が置かれていたが、環境教育においては総じて体験活動が重視されることになった。その背後には、人間と環境との関係性の切断そのものを問題とし、その回復をめざす志向がある[32]。

③ 地球環境へのまなざしの広がり――オゾン層破壊や温暖化現象などの地球環境問題がにわかに注目

され、地域環境から地球環境へのまなざしの広がりが模索された[33]。さらに、海外の環境教育活動との交流がさかんとなり、それらのプログラムや方法が積極的に紹介されるようになった[34]こともこの時期の環境教育を理解するうえでは見落とせないだろう。

4・問われる実践の脱政治化

このような環境教育の広がりの一方で、制度化され脱政治化されていくそのあり方に対する批判が一九九〇年代末以降、表明されるようになっていった。原子栄一郎は、「環境教育の制度化につきまとう危うさ」について「私は、それを環境教育の言葉・実践・組織化のレベルのすみずみにまで浸透した技術家主義的理性に求める[35]」と指摘し、新田和宏も「今日では『環境教育＝自然体験学習』という図式が確立している」がその自然体験学習が「脱環境問題化」している、と批判した[36]。こうした批判の背景には、日本の環境教育が八〇年代以降の新自由主義国家への移行過程に組み込まれた形で制度化されたことに伴う矛盾があった。「略奪による蓄積」（D・ハーヴェイ）は、社会的格差と地域的不均等を拡大し、環境を悪化させ、同時に人々の学習する権利をも奪っていくのだが、プログラム化された環境教育はそうした現実に向き合うことができない[37]。二〇〇三年に制定された環境教育推進法や〇六年に改正された教育基本法――その第二条「教育の目的」には「生命を尊び、自然を大切にし、環境の保全に寄与する態度を養うこと」という項目が挿入された――は、そうした矛盾をむしろ覆い隠す役割を果たしてきた[38]。

三　環境正義の教育へ

三・一一以後、公害教育の経験に学び直し、環境教育を捉えなおす動きが徐々に広がっている。井上有一は、既存の環境教育の脱政治化されたあり方を批判し、「ラディカルさ、底を破ること」が必要であり、そのためには公害教育の経験から学ぶことが不可欠であると示唆している。[39] 二〇一三年には、公害教育の実践や教材開発に取り組んできた大阪市の公益財団法人公害地域再生センターなどが中心となって、公害を伝える活動をしている各地の資料館と組み「公害資料館連携ネットワーク」を立ち上げている。[40] 文科省の提示する「放射線教育」の枠組を問い直し、福島原発事故を独自の視点で学習すべく各地で編集されている副読本づくりにも、[41] 公害教育の新たな展開への志向を読み取ることができる。

では、いま環境教育を捉えなおすうえで不可欠の視点とは何であろうか。その点を考えるうえで、原田正純が提唱した水俣学構想は示唆深い。原田は、「水俣病が公害の原点であり、人類史上初めての経験であるならば、そこに新しい学問のあり方が生まれるかもしれない」として、あるべき「水俣学」の性格を次のように表現した。

(a)いのちを大切にする学問、弱者のための学問であることを明確にすべきである。たとえば、新潟では胎児性水俣病の患者を出さないために妊婦に産まないように指導した。水俣病はいのちを抹殺するための研究ではなかったはずである。

(b)狭い医学に閉じこもってしまった教訓や「素人」の指摘がしばしば正しかったことから考えれば、バリアフリーの学問、専門の枠組を超える学問、そして「素人」「専門家」の枠組を越えた市民参加の開かれた学問であるべきだろう。

（c）水俣病事件は単にチッソの企業体質から起ったという単純なものではないことは明らかである。現代のシステム（装置）が引き起こした構造的な事件である。したがって、そういった装置を変革、破壊する学問でなければならない。

（d）研究者が現場から離れることがいかに事実を見失うかを経験した。現場は豊富な事実がある宝の山である。足元の現実に根ざした学問を大切にしなければならない。[42]

重要なことは、原田にとってこの水俣学構想がもっぱら新たな知の創出の問題であったのではなく、水俣地域の真の意味での「再生」を担う「人づくり（人材育成）」や「当事者の参加」と不可分一体の問題として捉えられていた点である。

「公害都市」からの再生にとって箱ものやスローガンよりも大切なことは、人づくり（人材育成）にある。再生の成否は人である。（中略）水俣における再生とは、長きにわたる被害者の人権侵害からの回復であり、それを担う人づくりである。それを果たしたときに初めて、責任を果たしたことになりはしないか。（中略）

遠回りのようであるが、即効的な解決はない。被害者と痛みを共有することもまた、「水俣学」である。そのような実践的な学問を通じて、再生に必要な人材が生まれることを期待している。[43]

水俣学構想とは原田が次世代に託した環境教育論だったのである。

この原田の主張は、今日各国で求められ始めている「環境正義のための教育」（education for environmental justice）と深く共鳴し合う。カナダの環境教育研究者R・ハルザ－ディレイ（R. Halza-Delay）は、「環境正義は環境問題が特定のグループに対して他のグループに対して以上に過剰に影響を与えている事態とその理由をつまびらかにする」のだが、「環境教育はそれをもっぱら無視し続けてきた[44]」と批判する。

環境正義のための教育は、人々が世界を構築し、批判し、よりいっそう公正かつ持続可能な方法で転換することを援助する過程である。環境正義のための教育は、環境教育の理論と実践と研究の中心とならねばならない[45]。

日本の環境教育は、この四半世紀の間、それ以前の歩みを「前史」として自らと切り離し歩んできた。いま、その歩みそのものを捉え返し、公害教育の蓄積に学び直し、「環境正義のための教育」として公害教育の再生、その「創造的継承[46]」を図っていかねばならない。

本章では、戦後における地域学習の展開を地域教育運動における地域学習論の構築過程と「公害教育から環境教育へ」という過程の再考とを通して考察してきた。それは、地域学習の創造という課題にむけて、私たちが先行世代から受け継いできた理論的・実践的ストックをあらためて吟味する作業であった。地域再生に向けた地域学習を創造しようとする者にとって、それらは汲めども尽きぬ泉のごときものであり続けるに違いない。

（1） Palmer, J. A., *Environmental Education in the 21st Century: Theory, Practice, Progress and Promise*, Routlege Falmer, 1998, p. 22.

(2) 安藤聡彦「公害教育の現代性——苦しみと向き合う」『三・一一を契機に子どもの教育を問う——理科教育・公害教育・環境教育・ESDから』、創風社、二〇一三年、所収。

(3) 福島達夫『環境教育の成立と発展』、国土社、一九九三年、一四頁。

(4) 一九六〇年代以降の日本における環境教育の生成史のなかでは、「公害教育」「環境教育」はしばしば「公害学習」「環境学習」とも呼ばれてきた。本章では文脈に応じて適宜「公害学習」「環境学習」という用語も用いていく。

(5) K・S・ウィーラーによれば、今日的な意味での環境教育概念を最も早く提起したのは、アメリカの建築家P&Pグッドマン兄弟(P. & P. Goodman, 1947)であった。Wheeler, K. S., 'International Environmental Education: A historical perspective,' *Environmental Education and Information*, Vol. 4, No. 2, 1985, pp. 154-155.

(6) 宮本憲一『戦後日本公害史論』、岩波書店、二〇一四年、八頁。

(7) 戦前の公害問題と教育との関係史については、管見の限りほとんど明らかにされていない。例えば、川崎市ではすでに一九一七年以降浅野セメント川崎工場の降灰問題が地元田島村の「死活問題」となっていたが(神奈川県立川崎図書館編『京浜工業地帯公害史資料集——明治四三年～昭和一六年』、有隣堂、一九七二年)、それは一九二〇年代以来山崎博校長のもとで体験教育・郷土教育の実践を積み重ねていた「田島体験小学校」の教育課程には反映していない(例えば、山崎博『新時代の郷土教育』、明治図書、一九三一年、を参照)。こうした経緯を解き明かしていくことも日本の環境教育生成史の理解を深めていくうえで不可欠の作業となるはずである。

(8) 宮本憲一、前掲書、一六八、一八四頁。

(9) この運動における教師の役割に最も早く注目し追究したのは福島達夫(「沼津・三島コンビナートと市民運動」『歴史地理教育』一九六五年一一月号)である。沼津・三島の運動のほか、姫路石油コンビナート反対運動、南島町原発阻止運動を取材して福島がまとめた『地域開発闘争と教師』(明治図書、一九六八年)は初期公害教育運動史に関する貴重なモノグラフである。

(10) 西岡昭夫「科学と地域と生活、沼津・三島石油化学コンビナート建設反対運動の中で考える」、『月刊社会教育』一九七一年三月号、一六頁。

(11) 三重県教職員組合三泗支部編『四日市の公害と教育、教育実践と地域実践』第1集、三重県教職員組合三泗支部、一九七一年、「5・四日市における公害教育の歴史と分析」を参照。

(12) 宮崎一郎『環境・公害教育に生きる――生徒・父母・市民とともに歩みつづけて』、高文研、一九九六年、「III 生徒たちが活躍した公害調査」を参照。

(13) 大和田秀文「原発基地反対運動と住民の学習」『月刊社会教育』一九七三年五月号、三〇～三七頁、および同「地域開発と産業公害学習」『歴史地理教育』一九七八年八月号、九二～九三頁。なお、大和田は前者の論稿の末尾において、「人知のおよばないおそるべき自然破壊（放射能公害、温廃水、廃棄物の未処理現象等々）」への注視を求めたうえで、「ここでとどめなければ、人類滅亡の日が早急におとずれるものと思わざるをえない憂慮すべき事態が、日一日と深刻にせまって来ていることを認識するとともに、われわれの今までの思考における発想の転換が必要であると思われる」（三七頁）と指摘していた。

(14) 田中裕一『石の叫ぶとき――環境・教育・人間　その原点からの問い』、未来を創る会出版局、一九九〇年、二三八頁。

(15) 田中の未亡人である田中千勇子氏によると、田中は一九六〇年代半ばから――ときに生徒を伴って――精力的に水俣を訪問し、患者やその家族との交流を積み重ねていた、という（二〇一四年六月二五日、熊本市内の田中宅における聞き取り）。

(16) 熊本県国民教育研究所教師の思想研究部会編『水俣病とその授業研究』熊本県国民教育研究所、一九六九年、二六頁。

(17) 宇井純「ブダペストからの便り」、田中裕一、前掲書、一七〇頁。

(18) 藤岡貞彦「公害をめぐる地域実践と教育実践」、国民教育研究所編『全書・国民教育6　公害と教育』、明治図書、一九七〇年、三一二頁。

(19) 真壁仁「地域論・地域運動と教育」、森田俊男編『教育実践と地域共闘』、明治図書、一九七一年、三〇頁。

(20) 廣瀬武「私にとっての水俣病」『部落解放研究くまもと』二七号、熊本県部落解放研究会、一九九四年、三頁。

(21)「『公害と教育』研究会規約」、「公害と教育」研究会編『「公害と教育」実践――富士市一九七一年八月「公害と教育」研究全国集会報告』、明治図書、一九七二年、二三八頁。

(22) 福島達夫「基調報告」、同右、一七頁。

(23) 林えいだい「北九州市民の公害学習」、国民教育研究所編、前掲書、一七二頁。なお、林栄代『八幡の公害』(朝日新聞社、一九七二年)はこの実践のさらに詳細な記録である。

(24) 澤井余志郎『ガリ切りの記――生活記録運動と四日市公害』、影書房、二〇一二年。

(25) 栁田耕一『水俣そしてチェルノブイリ――わたしの同時代ノート』、径書房、一九八八年。

(26)「自主講座公害原論　開講のことば」、宇井純『公害自主講座一五年』、亜紀書房、一九九一年、二頁。

(27) Fujioka, S. 'Background of Education against Environmental Disruption in Japan,' *Science for Better Environment: Proceedings of the International Congress on the Human Development*, Asahi Evening News, 1976, pp. 949-950. なお、藤岡はこの報告に加筆修正し「日本における環境学習の成立と展開」として福島要一編『環境教育の理論と実践』(あゆみ出版、一九八五年)に収録している。ここでの訳文はその日本語論文での藤岡自身による訳を用いている。

(28) *Ibid.*, p. 950(藤岡「日本における環境学習の成立と展開」、一四四頁)。なお、傍点は原著者。

(29) *Ibid.*, p. 948(藤岡、同右、一三八頁)。なお、この捉え方は、中内敏夫によっても共有されている。中内「教育課程研究と住民運動(下)」、『教育』三五一号、一九七七年、国土社、七三頁。

(30) 藤岡貞彦・福島達夫「一九七五年度　公害と教育」、『日本の教育』二五集、一ツ橋書房、一九七六年、四七六頁。

(31) 住宅総合研究財団住教育委員会編『まちは子どものワンダーランド――これからの環境学習』(風土社、一九九八年)、大森享『小学校環境教育実践試論――子どもを行動主体に育てるために』(創風社、二〇〇四年)、など。

(32) 吉田三男『われら野生の証明』、あゆみ出版、一九八四年、清里環境教育フォーラム実行委員会編『日本型環境教育の「提案」――自然との共生をめざして』、小学館、一九九二年、など。

(33) 満川尚美『環境学習――地球と私たち』、国土社、一九九四年、西村俊一・木俣美樹男『地球環境と教育』、創友社、一九九六年、など。

(34) コーネル『ネイチャーゲーム』(柏書房、一九八七年)、アダムス『まちワーク――地域とすすめる「校庭&まちづくり」総合学習』、風土社、二〇〇〇年、今泉みね子他『森の幼稚園――シュテルンバルトがくれたすてきなお話』、合同出版、二〇〇三年、など。

(35) 原子栄一郎「今日の環境教育制度化をめぐる危うさ」、『教育』一九九八年一二月号、二七頁。

(36) 新田和宏「持続可能な社会を創る環境教育」、山田かおり編『持続可能な開発のための学び』、開発教育協会、二〇〇三年、二五頁。

(37) 原田正純は、水俣において「環境の復元や再生、再出発」が言われるときには、必ず「水俣病は終わった」「解決した」とする言説がセットで表明されてきたことに注意を促し、「水俣病をすでに過去のものとして歴史のなかに閉じ込めようとした」動きのひとつとして、「義務教育における水俣病学習の奨励」を挙げていた(原田「水俣がかかえる再生の困難性――水俣病の歴史と現実から」、淡路剛久監修『地域再生の環境学』、東京大学出版会、二〇〇六年、一五頁)。緒方正人は同じ状況を「水俣病問題の環境教育化」と表現している(緒方正人他「今私たちはどこにいるのか」、水俣病センター相思社編『今　水俣がよびかける　水俣病センター相思社三〇周年記念座談会の記録』、相思社、二〇〇四年、一〇八頁)。水俣市教育委員会が二〇一一年に発行した『水俣市環境学習資料集――郷土水俣を誇れる子どもを育成する学習プログラム』は、原田や緒方の指摘する視点からの批判的吟味が必要である。

(38) 二〇〇〇年代以降の環境教育をめぐる制度の現状については、安藤聡彦「〈自己変革〉としての環境教育――

「水俣」から「福島」へ、そして次の世代へ」、細金恒男他編『講座・教育実践と教育学の再生』四巻、かもがわ出版、二〇一三年、一一〇～一一四頁を参照。

(39) 井上有一「環境教育の『底抜き』をはかる」、井上有一・今村光章編『環境教育学――社会的公正と存在の豊かさ』、法律文化社、二〇一三年、二八～三〇頁。

(40) 清水万由子「公害資料館連携ネットワークの可能性」『りべら』一三二号、公益財団法人公害地域再生センター、二〇一四年、三～四頁。

(41) 例えば、『原発・放射線をどう教えるか』、京都教職員組合、二〇一二年、『放射線と被ばくの問題を考えるための副読本――〝減思力〟を防ぎ、判断力・批判力を育むために』、福島大学放射線副読本研究会、二〇一二年、など。

(42) 原田正純「水俣の教訓から新しい学問への模索」、原田正純・花田昌宣編『水俣学研究序説』、藤原書店、二〇〇四年、二六頁。

(43) 原田正純「水俣がかかえる再生の困難性――水俣病の歴史と現実から」、二一～二二、二九～三〇頁。

(44) Halza-Delay, R., 'Educating for Environmental Justice,' R. A. Stevenson et al. eds., *International Handbook of Research on Environmental Education*, Routledge, 2013, p. 394.

(45) *Ibid.*, p. 400.

(46) 関啓子「環境教育の課題」、御代川貴久夫・関啓子編『環境教育を学ぶ人のために』、世界思想社、二〇〇九年、三二頁。

II　地域再生への学びと協同のネットワーク

II部では、東日本大震災被災地、少子高齢化が進展する農山村地域、コミュニティが空洞化し社会的に疎外される人々が増大する都市地域など、それぞれに困難な課題をかかえている地域における住民の学習と子育て・子育ちの協働の展開を検討する。地域住民団体、NPOや労働者協同組合、子育てネットワークなどが公共セクターをふくむ新たな協働形態を模索するなかで、地域再生にむけた住民の自立と主体性の回復、異なる価値の発見による交流と文化創造、創造的な事業展開と人材育成、世代を越えた関係性の構築などの課題が問われている。

3章では、東日本大震災被災地において住民が激変した生活世界の中で苦闘し、相互の絆を回復させながら、自立への道程を切り開く学習を通じて復興を模索する実態に迫る。

4章では、農山村地域において、都市住民・若者もまきこんだ対話的交流的な文化運動が根づき、農山村と都市が共生する可能性を生みだしている状況を考察する。

5章では、労働者協同組合（ワーカーズコープ）の事業起こしが地域再生の力となり、人間らしい生き方、福祉と文化のまちづくりへの希望を見出していく筋道を検証する。

6章では、貧困と格差によって孤立しがちな親たちが、児童館や非営利組織を核に地域ネットワークを形成し、子育て・子育ちの共同性と協働・相互支援の地域づくりを実現していく過程に注目する。

3章　東日本大震災と地域学習

石井山竜平

一　当事者の生活世界との関係で学習の意味をとらえる

本章では、東日本大震災被災地の住民が、その後の生活世界を生き抜くために、いかなる学習を行ってきたのか、その諸相を考察する。

つくりだされた学習の意味は、当事者の「生活世界」との関係ではじめて理解されるものである。このことを、本章の冒頭にあたり、震災発生時における社会教育施設の関係者の言説の一端を紹介しながら、確認しておくこととする。

二〇一一年三月の東日本大震災発生時、被災地の社会教育施設の多くは、帰宅難民や、余震が怖くて自宅で安心して過ごせない人々の避難場所と化した。その後、ライフラインや物流、交通網の復旧が進み、帰宅難民が去った後は、戻る場所を失った人々のための集約避難所や、学校など他の施設の代替、他都市の応援職員の宿泊場所などと、様々な役割を果たしてきた。ただそれは、緊急時対応のための別の役割を果たしてきた、ということであって、それと引き替えに、社会教育の機能は基本的に停止していたということに他ならない。以下は、震災発生から数日後、施設が避難所と化すなかでの、ある社会教育施設職員の述懐である。

こういう時だからこそ、今、何ができるのか、これまで活動してきたことをどう活かすのか、普段利用している市民センターが避難所になったことをどう受け止めるのか、閉館していても「集いたい」「何かをしたい」という溢れ出る思いを持った方と、避難されてきている方を結ぶことはできなかったのだろうか？　同じ地域に住む者同士、ともに考え、気づき、行動に移すという過程の大切さを謳ってきた市民センターはどこに行ってしまったのか……。行動を起こそうとした市民の後押しもできず、いつになったら市民センターは開館できるのか……利用者でなくても、職員のだれもがそう思い、閉館中の市民センターを尻目に、次の活動場所を求めて素早い行動を起こした市民に取り残された、私たち市民センター職員がいた。①

震災から数か月が経過すると、住民の立場からも、社会教育の停止への懸念の声が少なからず現れ始めた。たとえば、発災から約半年の間、地区公民館が集約避難所となっていた某地区からは、「高齢者のなかには、公民館が開かないことで、家の中に閉じこもり、化粧をしたり、よそ行きの服を着たりする日常を失った人たちが少なくない。ひきこもった期間を長くとると、高齢者は体や頭が衰えてしまう。今にして思えば公民館は、高齢者の健康維持のための大事な場だった」との声が聞かれた。②

これらの発言で注目すべきは、一つには、社会教育施設の停止という経験は、社会教育施設の本来的役割を再確認する重要な契機となっていた、ということである。そして二つには、こうした施設機能の停止をめぐる問題の指摘が、「学習者の生活世界にとっていかなる意味をもっていたのか」という観点から語られている、ということである。

さて、以下では、甚大被災地において、被災当事者がいかなる学習を自らに課していたのか、いかなる学習の場をつくろうとしてきたのか、それはなぜかを公的社会教育の外側からとらえていく。発災後の極限状態において、生き抜くことで精一杯であった多くの被災者にとってみれば、学習という営みは二の次のものであったかもしれない。しかし、そうした極限状態にありながらも、あえて学習を求めた人々は少なからずいる。そして、その「生活世界」を理解しながら読み解けば、その学習が、当時の当事者にとって、従来の日常を失った世界を生き抜くうえで、いかに切実なものであったのかが見て取れる。

二　現実の厳しさに耐えるために学ぶ

宮城県の最南端の山元町に、震災一〇日後という異例のスピードで開局した災害臨時FM局、「りんごラジオ」がある。被災前の人口に占める震災による死亡率が県下二番目という甚大な被害を受けた山元町であるが、山元町を含む県南地域は、発災当初、現地の情報がきわめて乏しく、支援の手は手薄であった。そうしたなか、この放送局が開所し、現地の状況を伝え、また、被災当事者にとって必要な情報を発信し続けた、その貢献には計り知れないものがある。

開局当初は、給水車の巡回スケジュール、電気などのライフラインの復旧状況、行方不明者の名前の読み上げ、エコノミークラス症候群予防の体操の音楽などが、主な放送内容であり、そうした情報が、放送局の開所と並行的に集められた支援物資のラジオによって、避難所の住民に届けられた。以来この放送局は「乗り越える力」をテーマに、数多くの山元町民、そして山元町の支援に訪れた数多くの人々にマイクを向け、その声を地域に発信し続けてきた。その積み重ねは、これからの山元町の復興に、さまざまな形となって生かされていくに違いない。

「りんごラジオ」の代表、高橋厚は、宮城県の東北放送のアナウンサーを定年退職後、山元町に移り住み、以来、公民館主催の話し方教室の講師や、町内の中学校などで話し方の授業を担うなど、積極的に町の取り組みにかかわり、自らの経験や技術の後人への伝達に取り組んできた。高橋の「震災前からのこうした公民館や町とのかかわりの積み重ねが、この非常時に瞬時に判断がなされ、町を動かし、一〇日で開局という荒業が成し遂げられた要因の一つだと思われます」と語るアナウンサー・ボランティアの齋藤緑もまた、かつてカルチャーセンターで高橋から話し方を学んだ教え子の一人であった。

震災後、一年以上もの間ほとんど休みのない日々を送ってきた齋藤だが、むしろ「りんごラジオ」があることで自らが「救われた」と語る。以下は、震災から一年弱を経た段階での齋藤の手記である。

……私にとってはそっちの方が救われるのです。何もせずに家にいることは、大変な被災をした方に、申し訳ないような気がするのです。……自宅や身内が流されずに済んだ私が、それを悲観することははばかられる感じがするのです。私は幼少期、志津川（現南三陸町）に八年間住んでいました。その時に住んでいた地区は水没しました。また、以前勤めていた山元町内の幼稚園は大変な被災をしました。私のかつての教え子やその家族、親戚・友人・知人、たくさんの方が犠牲になりました。まだそのお一人お一人に思いを馳せる勇気がありません。精神的に耐えられるか不安なのです。なので、時間が「ある」のが怖いのです。休みの日でも行くところがあり、やれることがあることが私の精神的な大きな支えになっています。

りんごラジオとともにある今の生活は、情報を伝えるときの注意点や伝え方の難しさなどをめぐって、毎日が学びの日々です。また、町内の様々な方にラジオに出演していただくことで、この町内には様々な知識や力を持った方がいることに気づかされ、大きく被災はしていても、復興につながる力があるということを再認識する日々となっています。(3)

「りんごラジオ」にかかわることで新たな学びを日常に組み込むことは、当時の斎藤にとって、受け入れきれない悲惨な現実にさらされすぎないための、いわば正気を保つための工夫ともいえるものであった。そうした月日を経て、彼女は現在、震災で大勢の命が失われたかつての職場である幼稚園の職員となり、当初むきあいきれなかった現実にむきあうに至っている。

三　被災から得た教訓を未来に生かすために学びあう

二〇一一年の年の瀬の某日、仙台市広瀬市民センターでは、「きずなカフェ」という名の講座の一環として、澤村範子ら住民有志による学習会「ガイガーカウンターの正しい使い方」が行われていた。福島第一原子力発電所からは約一〇〇キロの距離にある仙台は、事故当時の風向きに遮られ、今となっては放射能による被災は軽微であったといえるが、当時は、放射能の計測に公的な対応が追いつかず、市民による計測で放射線量の高いスポットが発見されることもままあった時期であった。会場には、そうした不安感から、インターネット通販で出回り始めたガイガーカウンターを購入したが、その正しい使い方を知りたい人など、多くの人であふれていた。そこには赤ん坊を背負った母親が、家族の命と健康を守りたいとの思いからであろう、懸命にメモを取る姿もあった。

なぜ澤村は、このような学習と交流の場づくりに踏み出したのか。以下は当時の澤村の、「あまりにも多くのことが失われ、世界が変わってしまった」ことを受けての述懐である。

……福島、原発立地帯に故郷を持つ者の言葉として許してほしいが、原発事故、放射能は、「生活を壊しただけでなく、土地の歴史と文化を破壊した」と言わせてほしい。原発建設から四〇年以上たち、確かに人口も増え、生活も以前より少しだけ潤ったかもしれない。しかし、古くからここに生きてきた人々は、歴史の中に根づく生活、文化とともにあった。土地とともに生きてきた。自然を敬って生きてきた。それは、便利に暮らす私たちの生活とまた違った豊かさがあった。

私たちは、そうした豊かさを失ったことに気付くべきなのではないか。電気が欲しいがゆえに、もう魂を売り渡すような愚挙はしてはならないと思う。それは、宮城沿岸部でも同じ。大切なものを守ってきた人々が、どう再生していくのか、一緒に学ばなくてはならないのではないか。

「非常食」「情報の共有」「放射能問題」……しゃべりたいことは山のようにあったはずだ。だから、まず話しやすいテーマから話してもらおう。そして、同じことが繰り返されないように、学ぼう。学びあい、話し合い、つながった絆はきっと強い。絆は最大の守り、そう信じている。(4)

ここにみられるのは、この震災から得た教訓をこれからに活かすためには、人と人とが「学びあう」ことでつながることが不可欠であるという確信である。

澤村は、こうした確信と、学習の場を地域で組み立てる方法を、仙台市の社会教育事業である「社会学級」から得てきた。社会学級とは、社会教育法制定時の昭和二〇年代において、成人の一般教養のために学校を利用して行われていた事業で、当時は全国的に取り組まれていたが、仙台市ではそれが開始から六

○年以上を経た今日にまで継続されており、全小学校区で、成人の学級生を募り、話し合いながら学習会を企画、実施するという活動が取り組まれている。

ＮＰＯ法人「イコールネット仙台」は、震災を機に顕わになった社会の弱さを克服するための女性リーダーを育成する取り組みで注目されるが、その代表を務める宗片恵美子もまた、社会学級の活動経験を自らの活動の原点とする一人である。

「イコールネット仙台」では、二〇一四年より「女性のための防災リーダー養成講座」を開始。学習（①仙台市の防災計画、②地震と津波のメカニズム、③震災で起きていること――ドメスティック・バイオレンス（ＤＶ）と児童虐待、④障害の特性、⑤災害時の対応ワークショップ）と、実践（①地域課題を知る、②避難所ワークショップ、③避難所マニュアルづくり――トイレ設営／ジャッキ・パール使用法／コミュニケーションスキルなど）から構成された講座は、期を重ね、前期講座修了者が次期講座の運営の担い手に位置づくというサイクルが駆動し始めている。

「イコールネット仙台」では、東日本大震災以前から、災害発生時に女性が弱者になりがちである問題に注目し、災害弱者の問題をめぐって先行被災地を調査し、それをもとに行政へ提言を行ってきた経緯がある。東日本大震災発生後は、各地の仮設住宅でサロン活動を展開するとともに、調査[5]に取り組み、震災発生時に大多数の避難所が男性主導で運営されたために女性への配慮が乏しかった問題や、女性が復興の担い手として力を発揮する仕組みが不十分であるという問題などを浮き彫りにし、国や自治体への提言活動を重ねてきた。

それに加えて、災害発生時に地域で活躍できる女性リーダーの不在という問題の克服に自ら乗り出そうと開始したのが先の養成講座である。その内容面でも、「障がいの特性と対応を知る」ことや、限界状態で起きがちなＤＶや児童虐待の問題など、従来の防災教育で見落とされがちであった問題の学習が大事にされている点は注目に値しよう。

こうした行動性の背景には、それ以前に、地域で学習を組み立てる経験と、そのことの大事さについての確信を得る機会が、地域で長年にわたり保障されてきたことがあることを見落としてはならない。

四　被災当事者が創る交流と学びの場

1・あたたかな食事を提供する安らぎの場からのスタート

東日本大震災で津波による壊滅的な被災を受けた地域では、家屋を失い、分散して暮らさざるを得ない被災者当事者が集える居場所づくりが、多様な団体によって取り組まれてきた。それらの大部分が、ＮＧＯなどの外部の力の主導で整備されたのに対し、宮城県亘理町に設立されたＮＰＯ法人「亘理いちごっこ」（以下、「いちごっこ」）は、発足当初から地元の女性たちによって運営され、その後、地域内外に仲間を広げながら、事業体として地域に根を張りつつある取り組みである。

かつてはホッキ貝とイチゴの主要産地であった亘理町もまた、甚大な被害をうけた自治体の一つである。町の半分が津波にえぐられ、農業、水産業は共に壊滅した。その町の避難所の食糧をめぐる混乱を見かねた町民の一人、馬場照子が、「被災者と支援者がしっかりとした食事がとれる環境を用意しよう」と、被災当事者の女性たちから有志を募り、町の集会所を借りて開所したのが発端であった。発災当初の混乱を、馬場は以下のように振り返る。

あまりもの被害の大きさ、思うように食べることができない避難所に集まる人たちのおびただしい数に、私たちが届けたいくばくかの食料は何の役に立つものでもありませんでした。一度は受け取って貰ったものの、上に通せば処理に困ったものでしかすぎなかったのです。

行政の平等の原理が震災直後からすでに働いていました。同じものを同じ数だけ渡すことができなければ平等を欠いてしまう。争いが起こる。

確かにその通り、おなかをすかせた人々は自分がもらえず、隣人が食べていようものならその不満のはけ口を行政にぶつけていました。行政の平等の原理も致し方がない方策だったのでしょう。だからといってこのままでいいはずがありません。

……お勤めにでられる方は一〇時に配給される朝ご飯を食べることはできませんでした。震災の経験でくたくたになっている方たち。だからと言って仕事を休むわけにはいきません。どの職場も大変な状況でした。その仕事が終わって避難所に帰ってくれば、そこにあるのは四時に配給となった夕食でした。冷たく硬くなったおにぎりを、冷たいお味噌汁に浸して食べたのです。

……復興を叫ばれている方たちは、心身ともに疲れ切った人たちを直にご覧になっているのだろうか、何を見て自立を叫んでいるのだろうかと腹立たしさすら覚えました。がんばれがんばれとだれががんばるのだ、ここに居る人たちはすでに生死の境を越えて精根ともに使い切ってがんばってきたではないかと。……

目を移すと、ここ被災地亘理町にたくさんのボランティアが活動してくださっていました。……行政は、自己完結できる人がボランティア参加してくださいと発信していました。しかし民間ベースとしては、私たちの街の復興のために心身惜しむことなく働いてくださっている人たちに、ただありがとうの言葉だけでは済まされないものを感じました。

この方たちに温かなものを召し上がっていただきたい。そんな思いで寒い朝、ボランティアテント村におつゆや具だくさんのシチューを作っていきました。……

しかし、これも長続きするものではありません。多くの方に提供できて、持続性のある方法はないだろうかと考えました。誰に対しても一方的に提供するだけのものは継続しません。双方向、循環する仕組みを作ることができないだろうかと模索してきました。[6]

こうした思いから発足した「いちごっこ」は当初、「罹災証明をお持ちの方には無償、その他の方には五〇〇円以上の志でお食事を提供」という方針のもと、被災した住民と、外からやってきたボランティアとが、同じ場で、にこやかで穏やかな時を過ごす、くつろぎの茶の間のような空間となった。

2・外とつながりながら、コミュニティで人をつなげる

月日の経過とともに、馬場のなかで次第に大きな問題として浮上してきたのが、「浜」の被災者の生活再建は遅々として進まない一方で、ライフラインが復旧した後は何事もなく生活できる「丘」側では、震災が風化しつつある、ということであった。「同じ町民が自分のことしか見ずに本当の復興を果たすことはできない」、「人は、顔と顔を合わせることで初めて心と心が通い合います。それでは顔と顔を合わせる場を作っていかなければ」との思いから馬場は、そうした断絶を越えていく拠点に「いちごっこ」の活動の在り方を切り替えることを目指すようになる。

以来「いちごっこ」は、事態の経過に伴うサービスの変更、終了（完全無償は二〇一一年一二月に終了

など）、二度の移転など、転機に耐え、法人格の取得、助成金獲得の努力などを重ねながら、経営内容の見直しを重ねてきた。

二〇一四年七月のリニューアルを経た「いちごっこ」の拠点は、トレーラーハウス二基、プレハブ一棟、ウッドデッキという体制となった。「被災者が無償で食事をとれる場」というイメージからの脱却を目指し、リニューアル後のカフェ部門は、管理栄養士監修のヘルシーメニューをそろえ、メニューの魅力が高められた。

経営方針も当初からすると多角化された。今日の「いちごっこ」は、①中核事業としてのコミュニティ・カフェ、②仮設や現地再建家庭を一軒一軒まわり、支援物資をお分けしながらお話を聞いて回る「お話聞き隊」、③「被災した子どもたちが、将来、被災したことを言い訳にする生き方をしてほしくない」との思いから始められた仮設住宅の子どもたちへの学習支援「寺子屋いちごっこ」、の三つを主事業に、被災地発グッズの製作、再生しつつある農業の農作物を使った加工食品の開発など、多彩な事業を展開している。

さらに、二〇一一年一二月、仮設居住者と仮設外居住者が集い「心と心を通わせられる会を」との思いで実施された一大イベント「わたりHome Coming Day」は、その後も定期的に開催され、近年では、町内居住者のみならず、支援者として訪れた人々もふくめて震災後に紡がれた縁を確かめあう場となっている。

このように、紆余曲折を経ながら、所在地も経営方針も大きく変更し、今日に至っている「いちごっこ」だが、そのあゆみは、地域内外の人々と、被災当事者とが共に集える場をつくり続けるということを、状況の変化に対応しながら一貫して追求してきたといえる。

すなわち「いちごっこ」のこれまでは、①声をあげられないほど元気を失っていた人の痛みに寄り添い、彼・彼女らの心根を知る、②そうした声を地域を越えて伝え、善意とつなげ、行動を生み、それを循環させる、そうした地域学習の場をいかに継続させ、発展させるかの模索の過程であった。震災から三年目を迎えようとする段階での、以下の馬場の言葉には、そのための辛酸をくぐってきた疲れがにじみながらも、自らに課した使命を貫ぬこうとする覚悟が示されている。

緊張で乗り越えてきた三年を過ぎ、罹災や復興のために活動するそれぞれの団体に疲れがあふれ出てきているのが現状です。

体力・資金・精神面ともにハンディを背負った人々の、地域の真の復興への取り組みはこれからが正念場と言っても過言ではありません。[7]

五　被災コミュニティにおける地域調査学習

1・被災者の本音を被災者が聞く

仙台市若林区の三本塚（震災前は一〇〇世帯あまり、約三〇〇人が居住）は、海岸から約二キロ西側に位置し、津波で九割以上の住宅が流出した農村集落であるが、先祖から受け継いできた土地をあきらめない、という意志を持ち続けている地域の一つである。[8]

被災当初、三本塚は、災害危険区域（集団移転の対象地域）に指定される可能性が高いと思われていた。しかし二〇一一年一一月、仙台市が提示した震災復興計画中間案によれば、この地区は災害危険区域にならず、現地再建区域と指定された。津波への恐怖から、少しでも安全な場所へ移転したいと公的支援を期待していた人たちからは「行政に見放された」と失望の色が隠せなかった。かたや、従前地での生活（農業）再建に踏み出す人々にとっても、ただそこが住んでもよいというだけであって、地域の将来計画は見えず、そのため、これからの地域の復興が場当たり的になったり、外からの大型資本による開発が優先されるのではないかとの懸念が現れた。

こうした事態に、二〇一一年一二月より「明日の三本塚を考える会」という有志の会が立ち上がり、当時は、仮設住宅、民間借り上げ、従前地での居住と分散していた住民が、それぞれどのような再建方針を持っているのかをとらえる調査を行い、地域の意志を行政に伝えることが計画された。調査協力の依頼を受けた筆者も加わり、検討を重ねた結果、実施したのが、近年、社会教育関係者のあいだで関心が高まりつつある「状態調査」の方法を応用した調査であった。

一般に、聞き取り調査は、調査する側が「知りたいこと」を事前に定め、質問の内容や仕方を定めてそれを聞き取るというやり方をとる。それに対し、ここで提案したのは、あくまで「語り手」が「最も求めていること」「聞いてほしいと思っていること」を、話しあいながら聞きあてようとする、そうした方法である。

こうした方法は、調査方法上では、いわゆる非構造化ないしは半構造化インタビューに分類されるものということになる。しかし、状態調査を確立させた鈴木文熹（南信州地域問題研究所元所長）が述べているように、これは単なる調査方法論ではない。取り組みを通して関係者が相互発達しあう、共同学習の手法の一つととらえられる営みである。

この状態調査には、「調査」という言葉では表現しきれないものがあるように思われ、今までに何人かの人から、そういう指摘を受けてきました。事実、わたくしも「調査」という言葉に代わるいい言葉がないか探してきましたが、現在のところまだ見つかっておりません。しかし、強いて言えば「相互発達に向けた生きた学習」のような気がします。その証拠に、聴き手も話し手も調査を通して変化し、発達していきますから。⑨

重要なことは、「聞き手」になるためのトレーニングである。調査時間は一人当たり一時間半と設定されたが、それだけの長時間、はたして語り手が話をしてくれるか、初心者の場合、その確信が持てない。そこで調査の事前には、先行調査でどのような聞き取りがなされているのかを学びあい、あわせて「よい聞き手となる」ための心構え（聞き手から「学ぶ」という姿勢を持つこと／終わった後、聞き手の方から「ありがとう」と言ってもらえる傾聴を目指すこと、など）を学びあった。

聞き取り後は、それぞれの聞き取りをおよそA４判の用紙で二〜三枚程度にまとめ、それを輪読し、①複数の聞き取りを重ねることで見えてきたこと、②個別の聞き取りの中でもとくに大事に受けとめたい発言、それぞれを出し合い、まとめるという作業を行った。これらの一連の取り組みのほとんどは、当時、三本塚住民の多くが住んでいた仮設住宅の集会所で取り組まれた。

以下は、二〇一二年一月に行われた第一回調査、三月に行われた第二回調査、それぞれの報告会で報告されたまとめの原文である（傍線は原文のまま）。

1・第一回調査（二〇一二年一月）のまとめ

①この地で人がいかに共生してきたか

・明らかになったのは、ここのコミュニティの原動力となっている、地域での人の結びつき。例えケンカ相手でも、苦労を共にした人がいて、その繋がりのなかでそれぞれが生きてきた。そのことがこの調査結果では浮き彫りにされている。この繋がり（財産）をこれからどう延ばし、どう活かすかが問われている。

・三本塚だけでなく、被災した地域は農村、漁村で、家長権限がつよく、それがみえてきた。あんまり昔から家族の中で話し合うということができてなかったような家と、できてたところでは、後者の動きが早い。前々の関係がどうだったのか、ということがこんな時、問われる。

②熟年世代の強さ、若年世代の不安

・全体を通して、みなさん意外と弱音は吐かれず、前向きなお話だった。ただ、世代でだいぶトーンが違う。どちらかというと年配の方は強い。さまざまに苦労を乗り越えてきた強さもあってか、前向き。一方で若手には、そこまでの強さがみえない。経験してきた時代の厚みでずいぶん違いがある。

・子どもを持つ世代、特に奥さんに、そこに戻るのが怖いという意見が強い。子どもがいる家とそうでない家とで意見がずいぶん違うというのが、かなり明確に現れている。

③〝弱い立場〟の声

・震災の経験でも、女性はたとえば着替える場所がなかったりと、様々に女性固有の課題があり、弱い立場であったようだ。

・母子家庭の若いお母さん。ご両親も生活の基盤をなくしたために、ご両親に頼れないでお子さんと二人で生活せざるを得ない。人間関係を築くことが苦手で、次の生活が考えられない。三本塚全体が前に向かおうとするなかで、個別にお話を聞くと、こういうかたちでこぼれてしまう方がいる。こういう声が聞けたことは大きな収穫。

④これからの三本塚の復興にむけて

・「道路とバスをなんとかしてほしい」という意見が目につく。集落はなるべく大きくして残していかないと。不便な街のまま取り残され、悪循環に陥るのではという危惧。

・残りたい人は高齢世代に多くて、若い世代が残りたくないというのが浮き彫りになったような気がする。年寄りだけが残っても、未来はますます年寄りになる。若い人が戻って住みたいと思えるまちづくりをめざさなければ。

・地域で農業を本気で取り組もうとする人は数名。そこに配慮すれば、個人経営ではなく、集団化、法人化など、個人のリスクを少なくしなければ。

⑤この「聞く活動」に取り組む意味をめぐって

・ここまで個人的な情報が露わにされることに、正直びっくりした。私が聞かれる立場だったら考えてしまう。聞き取られた内容の取り扱いについては注意をしなければならないが、ここに関わっていない人、そういう声を拾っていかなければならない。

・これだけの人が人前で自分の意見を語るということ自体が、地域にとって非常に大きな経験。

・意見を交わす機会、量が、まだまだ足りてないことを実感。地域あげて、将来のコミュニティづくりを考えていく必要がある。

・仮設にいる人と、借家にいる人と、あまりにも環境が違いすぎる。両者の関わりが断ち切られている。町内会の総会も、そうした点への配慮とか、回数を増やすとか、世帯主を越えて夫婦同伴にするとか、工夫してよいように思う。

2・第二回調査のまとめ（二〇一二年三月）

（1）踏み出しをせき止めているもの

①払拭できない被災のダメージ

・「津波から逃げた。真っ黒い津波を見てから逃げた。一人でいると頭の中はそんなのばっかり。いまだ津波と一生懸命走っています。夢の中に出てくるのが一番ひどい。」

・津波の日。H小学校に避難した人たち、とくに子どもたちの傷はとっても深い。ご遺体も泥だらけ、隠す場所がない、子どもたちがそうしたところを見ている。もぞこい。そうした地域と協働の議論をするときに、特段の配慮をする必要がある。

・「流された家のために月一〇万払ってる。二重ローンの重さは、ローンを抱えている人でないとわからないと思う。ローンがあるがために動きだせない。それさえなければ、新たに家の建築にむけて、どんどん動いていると思う。」

・「アパート暮らしだから、情報が入ってこない。もう少し相談できるような場所があれば。行政の説明は、一回目は集団移転といっておきながら、二回目は堤防をつくるから残る人は残ってもいいとなって、混乱する。」

②復興政策への対応をめぐる疲弊と困難

・多様な選択肢がほしい。柔軟に。もっとじっくり考えたい。締め切りに迫られている。申請書を書くことは、何かを決断するということ。それに、考えは事態の推移とともに変化する。そう簡単に決断できない。通常の時ならともかく、この事態ではきちんと未来のことが考えられない。

・三月末までのハウス建設の助成で、農家はそれにあわせて土盛りをした。しかしその期日までに栽培に適した土を用意することができず、適さない土を用いざるを得なかったがために、土はスポンジ状態で水が抜けず。あのままでは根腐れし、作物を作れる土ではない。機械も入れない。しかし、申請期限に間に合わせてハウスを再建しようとすると、こう動かざるを得なかった。

（2）三本塚の未来への希望

①しっかりと育っている後継世代

・Sさんの自立心、平静さには感心、新しい世代（しっかりした自己をもった）の登場を実感。の子どものしつけ方に感動。やさしい。むやみにしからない。人を見下す言葉はださない。物腰、マナーも素晴らしい。

・Mさんもすごくいい人。体育館に避難していたとき、大きな体でとても配慮してくれた／これは、将来の三本塚、東六郷の財産。その就農に向けてのあらゆる努力を！

②農のある生活の意味

・被災者住宅に入って、一番最初に思ったのが、野菜がおいしくないこと。いままでは野菜は田畑のものを食べるのが当たり前だった。買うと、味が違う。スーパーのものは見栄えはよいけど、高い。

・食も含めた農業の多面的な機能をここから打ち出せるのでは。仙台の都心部に近い農地というメリットを前面に出して、農的な生活、山林的な生活といった、創造的提案ができるのでは。

・ここなら大規模な市民農園をつくって、居住者以外の農の場を提供できる。集団化にむけた支援策が増えている。これを機会に、新たに絆をつくれるのではないか。農家はいつまでも土を触りたい。みんなで土をいじれるような関係を作れるのでは。

・いまの三本塚は、多くが圃場大規模化に賛成。地元の力で大規模化し、将来的には、亘理とかの先進的な人に入ってもらって、指導を受け、お母さんたちもやるという道筋も可能では。

3・分断のリスクを越えるために

こうした取り組みの延長に、二〇一二年九月末、三本塚町内会の名義で仙台市に要望書が提出された。その骨子は以下の通りであった。

要望の第一は、「現地再建にも地区内移転にも公平な支援を行うこと」であった。三本塚が集団移転の対象から外されたことを受け、「考える会」では、住民が互いの土地を交換して低コストの地域再建の実現を目指す地区内移転計画を検討してきていた。要望書は、再建の方針は人によってそれぞれであるのだから、それぞれの再建方針を尊重すること、とりわけ、厳しさを越えて当事者が検討し、提案については、真摯にかつ積極的に受けとめていただくことを求めている。

第二は「現地の安全を確保し、住みやすい環境に改善すること」。集団移転の対象から外された三本塚の住民にとって、生活再建の第一の選択肢は現地再建だが、海風に晒され、排水整備に乏しい現地の今の状態は、あまりにも酷な環境のままにある。市が現地再建と指定した地域なのだから、市にはその地域の生活環境としての整備、少なくとも安全については責任を持ち、積極的な策を講じていただきたいという要望である。

第三は「規模の大小に関わらず、専業も兼業も多様な農業経営ができる施策をつくり支援すること」であった。小規模経営農家が生き残れる道を政策的にも用意してもらいたいとの要望である。

この要望書のポイントの一つは、方針の異なる生活再建のそれぞれを公平に支援することを求めている点である。こうしたまとめに至る背景には、以下の調査結果がある。

「考える会」では、六月一四日（木）に四名の方の聞き取りを、それぞれ一時間半ずつ行いました。四名のうち三名の方が、いま検討している地区内移転で移転候補地となっているK地区の地主さんです。主に以下のことが浮き彫りになりました。

一つには、お話を伺った地権者の方々は全員、「考える会」が地区内移転の提案に踏み出すことに賛成でした。「移転は是非とも実現してもらいたい。地域で色んな考え方はあると思うが、これからの三本塚で、こういうことが震災後にできたということが、それが現実になれば、後世に残ることだと思う。」

ただし、これから先への不安も語られました。二つに、今後の地域再建が地域の風土を壊しかねないとの意見です。「すでに従前地に住んでらっしゃる方もいる今、移転計画をどう受けとめられるかが心配。」「そのまま直して住み始めた人もいれば、これから盛土して住む家が出てくる。高さの違う家を毎日見ながら住むのは精神的につらいのでは。」

三つには、今後の圃場整備によって、兼業農家のほとんどは農業をやめるのではないかという懸念です。「機械が全部流されてしまったところから、あらためて農業を立ち上げるのは大変。大規模圃場となるとまず無理」「このまいけば農家はほとんどやめていく。兼業はなくなる。」

現在の政策が仙台平野の未来に何をもたらすかをきちんと検証・学習しつつ、私たち居住者なりの対案を出していく必要がありそうです。⑩

以上のように、この段階の調査では、生活再建の方針や時期によって、住民間に深刻な亀裂が生じかねないことが明らかとなった。ここに触れたもの以外でも、例えば、失ったものの大きさの差、残された財産（生活再建の条件）の差、現状把握の差、生活再建の方針の違い、使える公的支援の違いからくる不公平など、地域の団結を阻む要素が、被災地には多彩に生起している。要望書は、そのことへの配慮が色濃く出ている。

もう一つのポイントは、居住者の大部分が兼業農家であった三本塚でありながら、ほとんどの兼業農家が、圃場整備後の農地を担える余力がないと判断し、農業の放棄をやむなしと考えていることが明らかになったことへの対応である。協議が重ねられるなか、仙台平野の未来のためには「土地を受け継いできた者がその土地を担うことをあきらめてはならない」との思いが広がり、一人ひとりが農業再建をあきらめなくてもよいための諸条件の要望が盛り込まれるに至った。

つまり、この要望書の背景にあるのは、三本塚をなりゆきまかせにはしない、とする姿勢である。そのために、地域の連帯を壊さないことを行政には求めつつ、自分たちが地域の担い手として役割を果たせるための支援を求める内容となっている。

しかし、住民の要望はその後の施策に反映されることはなかった。また、それ以前の調査で語られていた従前地再建のビジョンも、実現の見込みは現れていない。行政が用意した方針以外のオルタナティブをひねり出そうとした三本塚であったが、その道の険しさがみえるにつけ、「考える会」の調査学習は一旦停止し、震災から三年目の現段階は、行政との対話は、より広域的なネットワーク（せんだい東部復興市民会議）で行い、それぞれが自らの過程の再建に専念する段階にある。「これから住むまちをみんなでつくる」という営みに、これまでの取り組みをいかにつなげるかが問われている。

おわりに

震災から四年が経過しようとする中、被災地が直面しているのは、今なお甚大被災地域においては、生活の再建がままならない人々が未だ数多く残されているという現実である。その一方で、多くの地域では震災体験が風化し、この社会の在り方については、教訓が生かされるどころか、ただ従前に戻ってしまったかに見える現実もある。

しかし、あきらめてはならない。被災後の世界には、大きく変質した日常を生き抜くために学び、それを行動につなげようとする人々、ないしは、この経験からの教訓を未来に生かすため、共同学習を組み立てようとする人々の存在が、少なからず現れている。

そうした主体は、多くが震災以前から、地域で共同学習の経験を蓄積してきた人々であった。こうした経験の基盤であった地域の共同ないしは協同セクターは、かつてならその担い手になるべき主体が就業に絡めとられるなどのなか、衰退しつつあるかに見えるが、しかしながら、地域で育ちあう関係は少なからず生きており、育った主体が、震災後の社会を前進させるための学習と交流と行動を進めていることがうかがえる。

ただし、そうした共同関係を、被災後のコミュニティの再構築につなげることは、極めて困難な課題である。甚大被災地においては、被災後、失ったものの差、公的支援の濃淡などを契機に、地域の中に新たな分断が広がっている。

それを越えるために、被災当事者の身近なところで選択され、試されている方法は、分断を越え、それぞれの生活世界を学びあい、取り戻すべき生活世界の価値を再確認し、つながりあうという方法である。そうした当事者の生活世界の価値の確認は、震災を機につながった外部の支援者とともに学びあうという関係で取り組まれつつある。

被災地の復興がまだ道半ばであり、こうした地域学習も、未だ試行・模索が積み重ねられている段階にある。そのことをあきらめない連帯が、今試されている。

(1) 澁谷まゆみ「震災時、社会教育施設にいた私」石井山竜平編『東日本大震災と社会教育――三・一一後の世界にむきあう学習を拓く』国土社、二〇一二年、一一五頁。
(2) 石井山竜平「東日本大震災と社会教育」『社教情報』第六五号、全国社会教育委員連合、二〇一一年。
(3) 前掲、石井山編、齋藤緑「私とりんごラジオ」一四二~一四三頁。
(4) 前掲、石井山編、澤村範子「三・一一。その日突然世界は一変した」三三~三四頁。
(5) 特定非営利活動法人イコールネット仙台編『東日本大震災に伴う「震災と女性」に関する調査報告書』二〇一二年。
(6) 前掲、石井山編、馬場照子「コミュニティは大きな家族」一二八~一三三頁。
(7) 被災地 Home Coming Day(二〇一四年二月二五日~三月二日)パンフレット、主催者挨拶。
(8) 以下、三本塚の地域調査活動についての記載は、前掲、石井山編、石井山「被災地で学ばれていること、被災地から学ぶべきこと」、および石井山「互いの存在に学ぶ方法」日本社会教育学会六〇周年記念出版部会編『希望への社会教育――三・一一後社会のために』東洋館出版社、二〇一三年に大幅に加筆したものである。

（9）鈴木文熹「聴く・学ぶ・共感する」保健婦状態調査研究会編『住民との新たな関係づくり』やどかり出版、二〇〇二年。

（10）明日の三本塚を考える会発行「三本塚まちづくりニュース」第二号。

4章　農山村に広がる交流と対話的文化運動

岡　幸江

はじめに

本章は、農山村にこの間広がってきた新たな形態の「交流」とそれに基盤をおく「対話的文化運動」の登場に着目し、地域学習の今日的段階として読み解こうとするものである。

一九八〇年代以降のグローバリゼーションと行財政合理化の波の中で、農山村地域では産業や生活基盤の衰退、結果としての人口減少が著しい。その打開策として各自治体は交流人口を増やす諸策を講じ、また実際に様々な背景から地域へ目をむける人も増えてきた。

こうした「交流」状況のひろがりを背景としながら、農山村において、対話的文化運動ともいいうる動きが広がっている。その萌芽を示しているのは、一九八〇年代後半から九〇年代にかけて広がりをみせる「地域学」であろう。「東北学」を提唱し地域学ブームのきっかけをなした一人の赤坂憲雄は、『思想の課題としての地域』として語るべきは、国家と地域という単純な図式の磁場ではなく、剝き出しの形でグローバリズムと地域が遭遇しようとしている郊外という空間の現在に象徴されるような、世界を均質化する

『グローバリズム』への抵抗としての地域」だとのべる。[1] グローバリズムの浸透により、人と人・人と自然・人と文化といった具体的かつ個別的な関わりによってなりたち、人々や地域の多様な営みや世界観を支える関係的世界としての生活上の「空間」が、争点に浮上しているといえるだろう。

本章が対象化しようとする「対話的文化運動」とは、文化運動を通して人々に対話性や多声的な言語空間を保障し、地域づくりへ展開をはかる一連の営みを指すものとする。ここには、この間農山村における課題解決学習が抵抗としての地域の生成を支えてきたものの、グローバリズム下の関係的世界の変容において、問題の把握が困難になっている現実への意識がある。対話的文化運動は、声を発しがたい人にも固有の声や感性を交わしあえる空間を保障するところから、問題を客観的対抗的にとらえる基盤を地域に創造していくものと位置付けている。

本章はこうした対話的文化運動を、学習主体の当事者性把握に新たな意味を付与するものととらえてみたいと思う。学習における当事者性の問題は、これまで主に障がい者の学習などに関して議論が進み、近年では社会的排除論に基づく生を支える関係論の視点も交え、ホームレスや困難を抱えた若者といった多様な生活困難層に視野が広がっている。[2] しかし一般に福祉的課題として把握されがちな層の排除問題にとどまらず、昨今では生活空間において学習当事者になることをめぐる排除状況が広がっていることを、赤坂の指摘は示唆しているのではないだろうか。実際、伝統的な結びつきから解放されつつ生き方において市場や法や教育への依存度を増す「個人化する社会」(ウルリッヒ・ベック)の潮流のなかで、課題に対峙する主体になることを支える基盤としての地域組織、各種組合などが日本社会においても成立・維持に厳しさを抱えつつあることは否めない。

本章は新たな排除状況とそれに対抗する地域学習に迫るために、ある農山村地域の学習運動史を浮かび上がらせたうえで、それに対話的文化運動がどのような意味をもたらしたのかに注目するという方法をとる。特に農山村に着目するのは、生活空間をめぐる問題状況は先に赤坂が指摘したように郊外や都市圏にも広がりをみせつつも、抵抗としての地域についてはは農山村の動きがいち早く一つの潮流をなしつつあると思われるためである。

具体的には、まず「交流」と「対話的文化運動」の諸相を考察したうえで、一九七〇年代より産業・文化にわたる学習運動を積み重ねてきた熊本県山都町の学習運動史を事例として考察する。なかでも「絵本カーニバル」(二〇〇五年〜)を対話的文化運動として象徴的に位置付け、それがどのような意味を付与していったか、描き出してみたい。

一　農山村住民と若者たちの出会い

1・一時的滞在から移住を伴う交流へ

二〇〇〇年代を前後し、農山村に新たな状況がみられはじめる。各地で過疎化が更に進行し、中山間地集落やそれらを多く抱える自治体の危機意識が高まりをみせた。「限界集落」[3]という言葉のその後の普及は、その意識を表すものといえよう。同時に、グローバル経済の広がりの中で、都市—地方全体をつつみこんだ地域産業の疲弊と暮らしを覆う貧困化が、「ワーキングプア」「無縁社会」といった言葉とともにひろく自覚されるようになった。なかでも「若者が社会的弱者に転落する」[4]ともいわれるように、当初「勝ち組」でありサービス産業のターゲットだった若者層については、勝ち組から現代社会の「生きづらさ」が集約・可視化されたむしろ支援を必要とする存在へと、政策的にも研究的にも大きな認識転換がおこった。

注目すべきは、こうしてともに社会のひずみのなかで困難や生きづらさを抱え込んだ「過疎地域」と「若者層・被排除層」が、ここにきてある出会いを果たしつつあることである。農山村地域に目を向ける人々の多くは「農」や「農ある暮らし」に関心をよせている。

それを促すしくみの発端は、一九八〇年代以降のリゾート開発ブームにおける交流人口への注目が、九〇年代に入り、都市部住民が農山漁村に滞在し農林漁業や地域の自然や文化や人々との交流・体験を楽しむという新たな観光形態としての滞在型余暇活動（いわゆるグリーン・ツーリズムなど）へ展開したことにあるだろう。過疎自治体には地域経済の活性化策として、都市住民・修学旅行含む子ども・若者には農村の暮らしを学び「帰りたくなる」固有の風土や人々との出会いとして、ツーリズム群は学習的要素を交え広がりを見せた。

さらに近年では、一時的滞在から「住む」交流への広がりがみられる。地域再生にむけて二〇～三〇代若者層の外部人材を派遣する制度の広がりが典型である。「緑のふるさと協力隊」（NPO法人地球緑化センター、一九九四年～［以後の各制度のモデル］）、「集落支援員」（総務省、二〇〇八年～）、「新・田舎で働き隊！」（農林水産省、二〇〇八年～）、「地域おこし協力隊」（総務省、二〇〇九年～）とたちあげが続いた。「地域おこし協力隊」は、発足時二〇〇九年の隊員数八九名が、一三年には九七八名を数えた。二～三年の任期を経て定住に至った隊員も少なくない。一一年には彼らのノウハウや活動事例を共有する村楽LLP（全国地域おこし協力隊ネットワーク）が設立されている。[5]

2・価値一元化時代における「交流」の意味

「会社にいればお金は稼げるが自分では食べものはつくり出せない」「自然農をしながら自給自足をめざしたい」「四〇をこえたら島暮らしをしたい」「子どもができて地方で子育てしたい。[6]」

地方移住や協力隊へむかう人々のそんな述懐に象徴される、暮らし方—働き方をトータルに貫いて「農ある暮らし」を求める動きを、本章はグローバル化する社会とそこでの価値一元化に対し、多元的価値を求める新たな認識と行動を示すものとして注目したい。

「農ある暮らし」を求める人の流れは、若者にとどまるものではない。子育て環境を真剣に考える子育て世帯や退職層なども大きなシェアをなしている。二〇一四年六月に実施された内閣府「農山漁村に関する世論調査」によれば、都市地域居住者の三一・六％が農山漁村地域への定住願望をもつとされ、二〇〇五年調査の二〇・六％からさらに増加している。また世代的には二〇代の三八・七％が最も高い定住意欲を示すが、四〇代三七・一％はじめ高い数値はひろく各世代にまたがっている。[7]

当初定年を控えた団塊世代に多かった移住相談層が、二〇〇八年のリーマンショック以降、さらに東日本大震災以降と段階を踏みながら、地方に仕事を求める三〇～四〇代層へうつっているとの指摘もあるように、[8]彼らが移住に意欲を示す背景には、人々の「暮らし方」「働き方」の志向性の変化はもとより、都市生活や労働状況の現状など社会的変化もふまえる必要があるだろう。その様相を一言で言い表すことは難しいが、社会的排除を示すキーワードに「生きづらさ」が浮上していることの意味を、今や問題が複雑にからみあって現象化するために要因がとらえにくく、問題の具体的認識も当事者意識も持ちにくいまま、そのようにしか表現できないものとしてとらえる必要があるのではないだろうか。個々人は自分がおかれた立ち位置を客観視することもままならないまま、その位置固有の価値観にとらわれ分断されがちである。こうして思考が多元的にひらかれがたい状況は、経済的困窮層にとどまるものではない。

一方、そうした「生きづらさ」は、地方部においても存在する。「ここには仕事がない」「島にいてもしょうがない」という言葉が地域の子ども・若者たちに対して、中山間地や離島部で多く語られる。その底流には、都市生活基準にあわせていくしか現代においては最低ラインの豊かさは保障されないという意識が流れているようである。

今日生まれつつある「交流」が、この両者を多元的価値へとひらきながら豊かさとそれを実現する社会への問いと実践へ進める契機となるとき、単なる農村や原始的生活への回帰現象とは一線を画し、新たな地域学習につながるものとなるのではないだろうか。

実際、両者の交流の意味は、都市住民のみならず農山村在住者にも意識されつつある。大学生との交流や農業体験を介しながら、小さい農業を応援する土台をつくりたいという展望をもつある地域リーダーは「[協力隊員が]おらなんだらここまでできんかったのよ。僕も企業にいていろいろやってきたつもりだけど、地元の人には地元のよさはわからない。いいところを見つけて外にPRしようとすることなどなかった」という。(9) 若さやノウハウ以上に、「外の目」からこその気づきこそが、「山間地で暮らしたいと思う若者がいるのか?」という住民の素朴な固定観念をゆるやかに揺り動かしている。地域に向き合い地域を学び直す基礎としての交流の可能性が、示されているといえるだろう。

二　対話的文化運動の登場

1・地域における多声的な言語空間の保障

社会教育論から早くに「地域学」の広がりに着目した広瀬隆人は、地域学をエリアスタディースの延長上の地域学と区別し、地域に住む人の意欲を前提とするものと論じている。[10] 地域学における当事者性を意識したこうした把握は、世界を均質化するグローバリズム下に生じている、人々がその土地に住む当事者たること自体の困難と連動するものだろう。地域学は当事者たることを支える地域社会を、アカデミズムの力を介してとりもどそうとする運動とも思われる。

さらに民俗学者らは「新しい野の学問」として暮らしの当事者性を基底におきつつ、既存アカデミズムとも一線を画すまなざしを焦点化しつつある。それを胚胎させるのは環境破壊や地域格差、高齢化やグローバリゼーションといった切実な状況、またグローバル・ポリティクスとも絡む環境思想や多文化主義、市民主体の公共性論など現代の思潮にあると指摘する。[11] 具体的に彼らは従来の聞き書きや自分史などモノローグ的な活動とは一線を画す、対話性や集団創造的な実践性に注目し、ひとつの方向として「一九九〇年代以降に新たな市民運動のなかで芽生えてきた文化運動、すなわち地元学やヒストリー・ワークショップなど」を示す。それは「多声的な言語空間での複数性を担保することが、民主的な公共性にむけた、当然の一歩だからである」という。[12] 本論はこの議論を基として、文化運動を通して人々に対話性や多声的な言語空間を保障し地域づくりへ展開をはかる一連の営みを「対話的文化運動」と位置付ける。

「農山村再生」を論じる小田切徳美もまた、一九八〇年代の内発的発展論が外部主体（補助金あるいは専門家やNPOの支援）との連携を意識していなかったことを指摘しつつ、今日では都市農村交流や地元学といった外部主体との連携交流に基づく実践から、暮らしの仕組み・カネとのその循環にならんで何より「暮らしのものさしづくり」、いわば学びあいが生まれていることに注目している。[13]

2・地元学にみる対抗的文化の創造

ではそうした対話的文化運動は、いかなる内実を持った交流をうみだし、どのような「抵抗」への力を蓄えつつあるのだろうか。農山村における対話的文化運動の代表例の一つともいえる「地元学」の特徴から考えてみたい。

北（仙台）の結城登美雄、南（水俣）の吉本哲郎をその出発点におくとされる「地元学」は、どちらも一九九〇年前後、地域解体への危機を前にした切実な状況下に、そこに住む人々自身があきらめずに地域と向き合うことを支えるものとして成立してきた。地域を知る第一の主体として想定されるのは研究者など外部者でなく地域住民であり、そこが地域学一般と異なる特徴となっている。

吉本の地元学は、定式化された「あるもの探し」のメソッドを確立し自治体研修などに広がりを見せてきた。そこには「驚いて、質問する」「意見でなくやっていることをきく」など、外の人の参加による「風の地元学」によって地元の人のあたりまえに潜む視点や力を引き出す「土の地元学」の振興への、教育的な勘所が示されている。[14]

一方結城の地元学は、メソッドより視点を重んじ、風土に基づく固有かつ現在進行形の実践的展開を重視するために定式化を拒んできた。その中核に位置づくのはむらの人々が願いも課題も抱えて人と関わり生き暮らす「おらほの世界」であり、その外からの敬意と内側からの再発見である。

僕が地元学という言葉を二〇年以上前に使い始めた理由は、当時の地域づくり・まちづくりを進めようとしていた人たちの「地域」が、実際の地域とは距離を置いたものだったからなんだ。そして地元のおじいちゃん、おばあちゃんたちに「おらほの地元ではなかなかそういうわけにいかんのだ」とか「おらほの地元ではこういうもんだ」と言われ続け、いつのまにか「おらほの地元」がいつも頭のなかを占めるようになったから。そこに生きる人たちが何を願い、何に悩んでいるのか、そのことをまず受け止め、ベースにして、おらほの地元を考えましょうというのが地元学です。(15)

とはいえ両者は相補的でもあり、宮本常一が提示した「あるくみるきく」方法を重んじていること、外の目線の役割が重視されていることなど、共通点は多い。「いわゆる学問の〝学〟ではない。〔中略〕見聞きしたことに驚き、感動し、考える感性のことをいう」(吉本(16))、「地元学は理念や抽象の学ではない。地元の暮らしに寄り添う具体の学である」「隣人が苦しいときに、他人ごとですませない村の心が地元学の原点である。その心が通じるところは、すべて「地元」である」(結城(17))と両者はいう。「学」を学問としてではなく、住民自身が本来持ちあわせる暮らしを楽しむ感性と力や生活文化の創造性への信頼を総称して用いていること、そこにともに視点や意識をおき関わりをもつ外部の力も地域として意識されていることも共通している。

この対話的文化運動においては、意図的に設定された、外との「交流」が重要な鍵を握っている。異なる文化やものの見方が出会う葛藤が学びの資源となって、地域の側に対抗的な内なる価値観や生活文化が見出され培われる。またまず歩き見ること聞くこと、そこに感性含み（驚き）で向き合い、立場を違えつつも共鳴し合う共同的かかわりのなかから、内なる価値観を見出していく方法をとる。それが価値観を均質化する外的な力や、それを浸透させる文字や情報への安易な依存に対抗し、地域の発見を促す技をなしている。

住民の側でこうした文化運動を牽引する役割を担うのは、今日のグローバル化する貨幣経済社会においては周辺におかれてきた層、すなわち貨幣価値とはある意味無関係に地域で暮らしを創造しつづけてきた女性たちや、農漁業の生業に実直にむきあってきた高齢者たちが多いことは、興味深いところである。

3・地元学フィールドワークの一事例より

大分県日田市A地区は、廃校となった学校の跡地活用を中心に、地域づくりをすすめようとしている地域である。日田市は二〇〇五年、大山・中津江など個性ある地域づくりにとりくんできた山村部自治体五町村との大合併にふみきった。同時に大胆な学校統廃合がすすめられ、人口約七万の自治体で、合併以降、旧町唯一の学校も含む市内二四校が閉校を迎えた。市の政策によりすべての廃校で跡地利用のありかたに関する地域協議が行われており、うち七校は多目的交流館など地域活性化の拠点としての模索をはじめている。地域を未来の運営主体に想定するなかで、培ってきた地域のまとまりでうまく運営する地域もあるが、自治会や自治会長依存のケースも多く、今後への展望を描くことは簡単ではない。[18] A地区は平成時の合併地区ではないが、周辺部に位置する廃校活用七地区のひとつである。

A地区の場合、地域の協議と希望により、市内では唯一職員も配置した多目的交流館として廃校跡地活用を行うことになった。二〇一二年五月の交流館オープンにむけて当面市による地域委託で運営にあたり、食事の提供も六〇歳代を中心とした地域の女性たちによって行うことになった。しかしあらゆる点で経験のない事態を迎え、地域の不安も高まっていた。

地域の新たな段階を目前にひかえたA地区に、事前モニターも兼ねた大学生による地元学フィールドワークが企画された[19]。フィールド先を求めていた大学・地域と大学生の交流を希望していた日田市公民館運営事業団が企画主体であったが、彼らの目にA地区は主体的学習への可能性を秘めた地域とうつった。これに交流館および地元自治会が協力した。

当初、交流館職員も食事提供グループも皆施設運営や食事提供には素人ばかりであり、懸命に準備はしながらも手探りで精一杯、自信もない状態だった。しかしやってきた物知りそうな学生たちはその実、「料理はできません。教えてください」「栽培植物のことは知りません。教えてください」といいながらふところに飛び込んできた。食材は各家庭からと聞きつけ、学生はともに畑も見に行った。

グループの女性たちと学生らは、ともに料理をつくり地域を歩き、互いの声に耳を傾けながら、A地区の暮らしの文化の豊かさを発見・共有していった。学生たちは脇にひっそり添えられていた手製の漬物が何より美味しいと、声を大にして女性たちに届け続けた。都会の若者を意識した唐揚げ・ハンバーグ中心の献立は、ほどなくして自家製漬物、煮物中心のメニューに様変わりした。それを支えたのは多様な声に耳を傾けて女性たちの中に芽生えた自信の存在にほかならない。女性たちの目に見える変化は、若者たちに「私たちがここに来た意味」の実感と感動をも与えた。

「日頃若者と接することなんてなかった。楽しい。」ある女性がもらしたその実感は、女性と学生の卒業後も続く手紙や手製品のやりとりにつながっている。また女性たちは交流館への宿泊客を待っていてはもったいない、と積極的な販路開拓を図りはじめる。弁当や季節商品を開発し、宣伝や配達をはじめた。また地域の人々に楽しみの機会をと感謝をこめて考え、ランチバイキングにとりくんだ。「外の目」と出会う地元学がつくりだした交流の契機が、自分たちの食文化の豊かさに気づかせ、自信を与え、何より学びながら前進し、挑戦が次の交流と学びを生み出すというサイクルの定着を促しているといえるだろう。

三　熊本県・山都町における流動化と生活空間の変容

1・都市圏へ包摂される農山村地域

次に一九七〇年代より文化運動を次々に生み出しながらまちづくりをすすめてきた熊本県山都町の事例から、対話的文化運動のもたらすものを考えてみたい。この町の文化運動において中心的役割を果たしてきたのは、一般に農山村では表に立ちにくい女性たちである。

まずみておきたいのは、グローバル化・流動化する社会の中で、今回とりあげる山都町においてもみられる、生活空間の変容である。

山都町は、二〇〇五年に矢部町、清和村、蘇陽町の山間地二町一村が合併して誕生した人口約一万七〇〇〇人[20]の町である。九州のちょうど中心に位置し、県都・熊本市から車を東に走らせ約一時間の距離にある。標高一六〇〇メートル級の山々が重なる九州中央山地と阿蘇南外輪山に挟まれた豊かな水をたたえる寒暖の差が大きい高冷山間地にあって、人々は里山の暮らしを育んできた。そのなかで専用劇場・清和文楽館を拠点に守り受け継がれている清和文楽や神楽などの農村文化、通潤橋に代表される石橋文化が花開いた。

山間地を中心としたこの地は昔から県中心部から程遠く、「谷あいに田畑が開けるが、平地農村とは違って耕地はせまく、しかも散在し、数十町歩が一個所に展望されるというような地形ではない[21]」と、農地に機械をいれることもできず多角化せざるをえない、いわば近代農業には適さない困難を長らく抱えてきた。人口は減少の一途をたどり、昭和五五年には旧三町で二万六〇〇〇人強の人口がいまや一万七〇〇〇人と三割以上減となる。二町一村合併時にかかげられていたのは、「過疎からの脱却」であった。

しかし昨今の山都町をみるにあたり、人口減少・過疎という把握だけではすまない状況がおきていることに注目する必要がある。過疎農山村に切り込む代表的論者の一人である徳野貞雄は、合併後の山都町のグランドデザインを描くために町企画振興課と研究室の共同調査として三年間をかけて『山都町地域社会調査[22]』および『山都町高校生調査』『山都町PTA母親調査』にとりくんでいる。調査は山都町民の生活様式が車社会への適応のなかでかなり都市化・近代化される一方、高校生の半数近くが熊本市に通学するなど通勤通学・買い物などで熊本都市圏との関係が強くなり、「山都町全体には若者定住政策などを求めているが、子供への教育観などをみても個人レベルでは後継者の都市流出を是認」していること、「この傾向は、えびの市など他の調査地よりも強く出ている」ことを指摘している[23]。確かに『PTA母親調査』は、子どもの将来への親の希望として、外での活躍を希望する層と近くの居住を希望する層の比率が山都町が九対一、えびの市が六対四と、明らかな有意差を示している[24]。

徳野はのちに「山都町地域社会調査の結果から最も明らかになった課題は、山都町と「熊本都市圏」との適正な関係の構築である。日常生活において、熊本都市圏との車での移動が可能な現在、その関係を切ることは不可能である。しかし、過度の依存は山都町の人口と精神の空洞化につながる恐れがある」と整理する[25]。これらの結果を見る限り、一見、都市文化から断絶された典型的な農山村地帯である山都町は、実際のところすでに、過疎地対策として税金が投じられやすいことから向上する道路事情の変化や車文化の浸透等を大きな誘因としながら、熊本都市圏に包摂されてきたといえるだろう。またより若い世代にその傾向は顕著に表れている。

これらは農山村地域の今日的状況を、都市―農山村の関係下で過疎が生じるという見方でとらえるだけでは不足であり、近隣他都市との具体的な関係下において各地個別に生じている状況においてとらえる必要を示しているのではないだろうか。山都町の場合はとくに、二〇〇六年当時五〇代が最大値を示し四〇代以下急激に減少するという人口構成の今後の変容、そして先に見た流出意識の高さに注目しておく必要があるだろう。

2・流入層増加というもう一つの流動化

ただし山都町の場合、もう一方の流動化に注目しておく必要がある。それは、上記の社会基盤の変化をともに基礎としながらも、同時にこの数十年をかけて、有機農業運動などを介してつくりあげられてきた山都町独自の農村環境が移住層をよびよせてきたという事実である。それも三・一一後、さらにそれまでとは異なる層の流入がはじまっている。

本章が注目している山都町における女性たちを中心とした動向と、この流入現象は大きく関係している。もともと山都町をなす各町村において、公の場において女性が発言しにくい状況は、他の農村地帯と同様あるいはそれ以上であった。この地に移住したある女性は、いまもＰＴＡに「母親部」があることに驚き、「わざわざそういう場をつくらないと女性に発言権がないんです」と語る。ＰＴＡ総会に集まるのはほぼ父親ばかりだが、それも父親の参加意識の高さというより、外向きは男性という文化が根強いことを意味しているという。

にもかかわらず現在山都町では、女性たちの活躍が目立っている。二〇一三年の町会選挙では、初めての女性議員が誕生した。その吉川美加(26)は一五年ほど前に子育て環境を求めて移住し、本章が中心的に注目する市民主導の「絵本カーニバル」実践を、一〇年間にわたり牽引してきた人物である。カーニバルを協働ですすめる町立図書館館長下田美鈴は、農業でお茶、米の栽培産直を営むとともに、町屈指のネットワーカーである。下田を媒介に集った女性たちは、二〇一三年冬、正式に法人格を取得し旧町の壁を超えてＮＰＯ法人「やまんまの会」をたちあげた。この会は、三・一一以後の子ども連れ家族移住者の増加をふまえ、移住母親たちが参加できる場となることを強く意識しながら、町内全域的に様々な属性の女性が集うネットワークである。またＮＰＯ法人化を契機に、具体的な新たなまちづくりへの事業とアクションをおこそうとしている。

こうした状況は、多様な背景をもつ流入層の増加という、山都町における「もうひとつの流動化」が、多様な価値や文化の葛藤も含めて、まちづくりへの資源となりつつあることを示している。それを体現する典型的な層が、女性たちだといえるだろう。

四　山都町における対話的文化運動

1・「山都町絵本カーニバル」の誕生

山都町における対話的文化運動の機運は、二〇〇五年、町村合併前後に登場する。旧町をまたぎ山都町全域にわたる市民ネットワーク、「絵本カーニバル」である。それは旧矢部町図書館を拠点とする旧三町の図書館員たちのネットワークにも連動している。

目黒実らが全国的に推進する絵本カーニバルは、「絵本を媒体としたコミュニケーションを提案し、地域における子どもの居場所をつくる活動[27]」を続けてきた。グループの一員のスタッフが旧清和村を見込み、移住後嘱託職員として図書館にかかわりはじめた吉川に相談にきたところから、山都町と絵本カーニバルの接点がうまれる。山都町絵本カーニバルは、実行委員会形式による高校生もふくめた市民活動として成立し、「単発イベントにはしない」という吉川や図書館ボランティア「ピエロの会」の思いを土台として、大学やデザイナーたちから地元中心の運営へ移行してきた。町教委の理解や資金補助も得て二〇一四年に一〇周年を迎える山都町のとりくみは、絵本カーニバルにおいても先進モデルと位置付けられている。

都会のカーニバルと違い、山都の絵本カーニバルはふんだんな緑に囲まれているのが特徴的であるという。工夫ある非日常空間で来場者は、絵本や写真集をみるだけでなく、食事をとりワークショップにでたり、一日ゆったりすごす。子どもたちはもとより、農村に生きる大人、とりわけ文化的環境を求める女性や移住者たちにとって、かけがえのない場として位置づいてきた。

吉川は、旧町から含めて町初の連続九日間のイベントは、目が飛び出るような出来事だったとふりかえっている。と同時にこのカーニバルは地域のコミュニケーションを劇的に変えたという認識を持っている。

> ここにいろんな人が集まってくるようになりました。今まで家にいた女性が図書館や学校のボランティア、その他地域へと出ていくきっかけになりました。図書館スタッフもカーニバルがきたことで結束した面もありました。カーニバルを経験した子どもたちがいま高校生ボランティアとして戻ってきて、何も言わなくても子どもの思いを察した動きをするまでに成長し、地域の支えとなっているんです。

図1　緑のなかで—— 10周年を迎えた絵本カーニバル（筆者撮影）

本章がこの絵本カーニバルを対話的文化運動として位置づけるのは、山都町における生活空間の都市圏への包摂傾向、そして自治体合併という誰にも明らかな地域変動も、この絵本カーニバルを媒介することによって、町内外の新たな交流を生み出し、流動性の高さをむしろプラス要因に転じたこと、さらに三・一一後流入層や子ども若者層といった新たな層ともつながる次のアクションへの基盤をつくっているところに理由がある。

三・一一後、山都町には母子を中心に多くの移住者がやってきた。自然環境の良さに加え、有機農業のまちとしての歴史、原発からの距離などから放射能被害をうける可能性が小さいなどの理由で、移住先としての定評があるのだという。

山都町で文化運動を続けてきた層にとって、三・一一後移住層との交流は新たな気づきを生みだした。たとえば「子どもを守るためにここまでやってくる。このエネルギーを活かさずして」（下田美鈴）という思いである。移住者もともにこの地域で歩む場をという思いから、女性グループ「やまんまの会」はたちあげられた。

当初はゆるやかなおしゃべりの場としてスタートしたが、「男文化」の真っ只中で普段は静かな商店街の一角に一日限りの「女性のためのマルシェ」を、と開催した初事業「やまんマルシェ」の成功を経て、二〇一三年一一月にはNPO法人化し、今後は雇用も擁する非営利事業にふみだす予定である。そこには障がいをもつ人も交えた「農都共生」や、中心市街地活性化からまちの人材育成を考える「まちづくりやべ」など町内の様々な人材・動きが合流するかたちで核を形成している。メンバーで最も若いのは女性がつくるまちづくり会社「じゅんぐり舎」スタッフだ。代表の高野清華は、島根県海士町のまちづくり会社「巡の環」を経て、地元に近い山都町に移住し、現在町の総合計画づくりや集落の地域資源発掘などに関与している。聞き書きを得意とする彼女は、その活動の目標を、地域をフィールドに資源を活かし、地域の人びとと共に創りあげる学校づくりだと語る。旧住民・旧移住者・三・一一移住者そして多世代をつなぐ、会代表の石井陽子も一〇年前の移住者である。同じ移住者でも三・一一後移住者の切実さは地域に望むものの質が違うと石井も感じている。女性たちは今、山都町を覆う人口減への危機感、定住対策、雇用問題などについて語りを重ねつつ、さらなるネットワークへの基盤を生み出しつつある。

2・青年団にはじまる図書館づくり運動

「絵本カーニバル」が「やまんまの会」という次なるネットワークの基盤となっていくように、対話的文化運動は、その基盤となる地域の学習運動史の流れにおいてとらえていく必要があると考える。山都町の場合特に特筆すべきものとして、青年団運動に起源をもつ女性たちの図書館づくり運動の歩み、そして有機農業運動をあげたい。

一九七〇年前後より、旧矢部町の青年団活動は隆盛を見せる。映画鑑賞、人形劇団、うたごえ、各種スポーツ活動などを展開するとともに、地域の主幹産業・農業問題にも熱心にとりくみ、青年団員が直送野菜の青空市場を熊本市内でひらく活動や意識調査（一九七一年～）は、「若者たちによる生産地と団地を結んだちょっとした「流通革命」」（熊本日日新聞）と報じられた。一九七四年以降は、政治学習としての青年議会を毎年計画実施し、町三役や各課課長と政策論議をも行った㉘。

こうしたなか、青年たちは演劇活動に着手した。演劇にも文学にも造詣深く、現在も県内で脚本家として活躍する町在住の前田和興に脚本を依頼し、作品は初挑戦で全国青年大会入賞を果たす。飽き足りない青年たちは帰郷後すぐ、前田の営む電気店三階に拠点となる「青年文庫」を生み出した。農村部には本を軽視する風潮が根強い。文化が乏しいまちに図書館を、押し入れに眠っている本を、と七〇〇〇冊が集まった。「青年文庫」で彼らは農業関係雑誌や文学書を介した読書会を行い、自分とは何か、人間として何を考えるのか、を論じあったという。

だが彼らがつきあたったのは来場者がいないという現実だった。男性メンバーがどんどん減り、今も図書運動の核を担う二人の女性が来場者を待ち続けた。打って出る方針に転換し、保育所、小児医院、歯科医院などに手配り配本を始めた彼女たちに、子ども図書館への夢が芽生えた。図書館などの文化的な問題に対して、必ずしも町民の関心が高くない農村の現実の中で、図書館誕生まで導いていったのは、「子どものしあわせ」を真ん中に行動する子育て中の女たちだったのである。

一九九三年財団の支援もうけ、家具から手づくりの「子ども図書館」が青年文庫の地にオープンする。子ども図書館で親子の集いの場を幾度も設ける中、それは親への相談を兼ねた子育て支援の場になり、何より子どもたちがまた文庫に行きたいというようになった。

子ども図書館誕生の翌年に「ボランティアと行政でつくる図書活動」への提言が出され、一九九七年ついに矢部町立図書館が誕生する。彼女たちの歩みは図書館ボランティア「ピエロの会」として図書館活動を今なお支えるとともに、町の子育て支援施策の充実にもつながっている。図書館長は初代が青年団時代からの指導者前田和興、現第二代が青年時代から図書活動を歩んできた下田美鈴と、一貫して図書運動関係者が位置づいている。

3・地域に根づくいのちへのまなざしと有機農業運動

一方、山都町には農民たちの四〇年にわたる有機農業運動が存在している。当時多くの若者が町をでていく状況のなかで、若者たちも文化活動の一方、農業の未来を模索し、都市消費者との交流にも力を注いでいた。地域に育まれたいのちや土へのまなざしは、重要な学習基盤であるとも考える。

当時県内一の過疎地帯とよばれた矢部郷は、複合経営でなければなりたちにくい農業形態を必然としていたが、化学肥料を投入し収量をあげる農業への不適合さは、有機農業を理解し推進する下地ともなった。標高差が大きく、山あり田畑ありの小さな耕地が大半である。また矢部の赤牛とよばれる牛の産地であり、どの農家も牛馬を二〜三頭は飼ってきた。

一九七〇年代、農協が有機農業推進の先陣にたつ。それが旧矢部郷を有機農業のまちとすることを決定づけた。当時農村婦人の過労と栄養不良による貧血、農薬中毒などいわゆる農夫症が問題となり、農協婦人部を中心に健康に暮らしたいという権利を要求する運動が始まっていた。そして県内では、農薬と同じ有機水銀を原因とする水俣病が発生していた。水俣を自ら訪ねた農民もいた。当時の佐藤明雄組合長は学習を重ね、農業と農協のありかたを問い直す。「多くの農薬を使った農業で、一番先に被害を受けるのは農民だ。農協は水俣のチッソのように訴えられるのではないか。今のような農薬を多く使った農業でよいのか。」そして集落座談会を開催し、有機農業を説いて回ったという。[29]

佐藤組合長は郷土の地域性にみあった農業のありかたや健康問題を考えた末、一九七四年の通常総会にこれまでの農業のありかたの反省と健康問題をうちだし「いのちと土を守るためやらねばならぬ有機農業」を問題提起した。[30]「農村における地域医療の原点は食と農から出発しなければならない」[31]という医・食・農をつなぐ「養生運動」やいのちの教育を今もすすめている竹熊宣孝医師の度重なる来訪や、新しい医療を創る会など熊本市内の消費者グループがそれを支えた。

女性、高齢者たちも含め地域の農民が田畑やあぜの虫の様子、自らの身体の異変に向き合うなかで、この運動は広がりをみせる。佐藤組合長も、保護される農民像ではなく、むしろ国民全体の健康を守る主体性ある農民像を願うようになっていた。[32]学習を介してこの地の「あるもの」としての地理条件を受け入れ根付いた有機農業運動は、のちの対話的文化運動の志向性にも流れ込むものがあるように思われる。

五　対話的文化運動が担いうること

二つの学習運動史に対話的文化運動の典型として絵本カーニバルを位置づけながら、改めて、排除状況の広がりをこえて学習当事者になることを支える空間づくりについて考えてみたい。

山都の学習運動史には、元来「文化不毛の地」ゆえに、地域の人々が日常には出会えない文化の風にふれる歓びが流れているように思われる。その歓びが生み出したのが青年文庫という空間だった。自宅を開放した前田は、暮らしのなかに「本質を問い続けること」とことばの力の重要性を伝えながら、周囲の青年たちに「外・都会・世界」の風をふかせた。彼は演劇活動が日常の図書活動へと転換した当時、青年たちに宿ったものを「文化の香りにふれたのかな」と想起している。

だがその思いを急激には変わらない農村文化のなかで継続することは極めて難しく、青年文庫は、若者を文字文化に結ぶ場から、持続への闘いに臨んだ女性たちを核として、母親たちの子育てを支える場へと変容していく。その場で交わされた交流と学びは、青年文庫から子ども文庫、そして町立図書館へと、町民が歴史や自然を含めた地域の文化に関わり直すことを支える空間を生み出してきた[33]。この土地で農薬、水俣病、自分たちの身体と農民たちが向き合い、「いのちと土」にかかわる冷徹な認識と息長い農業運動が生み出されてきたことは、ある意味必然のようにも思われる。

図書館ボランティア「ピエロの会」例会は、当時からの交流と学びの様子を今も示している[34]。個人宅で開かれる例会は、一九時にはじまり議論は深夜におよぶことも少なくない。持ち寄りの食べ物を前に、絵本のこと、その奥に広がる世界、身近な出来事や社会に感じる思いなど、解放感あふれる闊達な議論と学びが毎月交わされている。

こうした基盤のもとに「絵本カーニバル」は合併という難しい事態のなかで、行政・専門職間、また市民と彼らとの連携協働をすすめながら他地域ではみられがたいネットワークとしての展開をみせた。さらに三・一一後、新たな移住者たちがまちに増えるなかで、「有機農業のまち」への過度な消費者的期待など旧住民たちとの観点の違いを一つ一つのりこえつつ、彼らとともに歩むステージが生み出されつつある。

本論がみてきた交流や対話的文化運動は、地域学習全体をカバーするものではない。学習運動史に結びついてはじめて対話的文化運動は、価値一元化でパワーを奪われた地域に、もう一度たちあがる転機につながる気づきと空間を生み出し、自治体合併など地域の大きな転機には対話にむけた新たな基盤をつくる役割を担う、といったほうが適切だろう。

それでも農山村の厳しい状況において、そうした転機となる契機が深いところで求められていることは事実なのではないだろうか。地域学習もまたそこまでウイングをひろげてとらえていく必要があることを、本章を通じて改めて確認したいと思う。

(1) 内山節・赤坂憲雄・田口洋美「地域を生きる思想」『季刊東北学』第六号「特集・地域学のいま」東北芸術工科大学、二〇〇六年、二一～二三頁。
(2) たとえば小林繁、津田英二の各論考。後者については辻浩編著『現代の貧困と社会教育』国土社、二〇〇九年、および、鈴木敏正・姉崎洋一編『持続可能な包摂型社会への生涯学習』大月書店、二〇一〇年、など参照のこと。

（3）提唱者である大野晃が「限界集落」に関する調査をはじめてまとめたのは「山村の老齢化と限界集落」『山地農業の活性化を求めて』高知県農協中央会、一九八八年である（大野晃『限界集落と地域再生』京都新聞出版センター、二〇〇八年、三六頁）。
（4）宮本みち子『若者が『社会的弱者』に転落する』洋泉社、二〇〇二年。
（5）『季刊地域』二〇一四年夏号「特集地域おこし協力隊をむらにとりこむ」農文協、二〇一四年八月。背景として二〇〇一年に都市農山漁村交流活性化機構が発足するなど、二〇〇〇年代より都市と農山漁村の交流と地域活性化が、政策課題に浮上してきたことは注目される。
（6）前掲書および『季刊しま』二三八号「特集地域おこし協力隊」日本離島センター、二〇一四年七月。
（7）内閣府「都市と農山漁村の共生・対流に関する世論調査」（平成一七年一一月実施）が五〇代の都市農村二地域居住や移住への希望の高さを示すのに比べ、平成二六（二〇一四）年調査では全般的な層の広がりが目立つ結果となっている。
（8）ライフスタイル研究会「若者の田舎暮らしの動向――NPO法人ふるさと回帰支援センター」（講演＋インタビューシリーズ）。なお二〇〇九年までは希望地トップ一〇がすべて東日本、現在は西日本中心へシフトしたという。東日本大震災の影響は小さくないだろう。http://www.jutaku-sumai.jp/lifestyle/interview/38/vol_38_01.html
（9）同右著、一一頁。
（10）広瀬隆人「地域学・地元学の現状と展望」前掲『季刊東北学』第六号、七二頁、八五頁。
（11）菅豊『「新しい野の学問」の時代へ』岩波書店、二〇一三年、二〇六〜二一七頁。
（12）岩本通弥「民俗学と実践性をめぐる諸問題」岩本通弥、菅豊、中村淳編著『民俗学の可能性を拓く』青弓社、二〇一二年、六六頁。
（13）なお小田切がこの議論に先だって、公民館活動の再評価を行っていることは注目に値する。小田切徳美『農山村再生に挑む』岩波書店、二〇一三年、二三一〜二三二頁。

(14) 吉本哲郎『地元学をはじめよう』岩波書店、二〇〇八年。
(15) 結城登美雄「よい地域の条件とは」『月刊公民館』二〇一二年一二月号、一三頁。
(16) 吉本哲郎『わたしの地元学』NECクリエイティブ、一九九五年。
(17) 結城登美雄『地元学からの出発（シリーズ地域の再生1）』農文協、二〇〇九年、一四、一七頁。
(18) 日田市内多目的交流館四館長合同ヒヤリング、二〇一四年七月四日より。なお、このヒヤリングはJSPS科研費26381086の助成を受けて行ったものである。
(19) ここでとりあげる羽田地区における地元学フィールドワークは、結城・吉本両氏に指導をうけた森千鶴子氏を地元学講師に迎え、九州大学の学部生により、二〇一二年一月、一三年一月、一四年一月、二月の計四回行われている。本章の具体的記述は初回の二〇一二年のフィールドワークに基づく。
(20) 平成二二（二〇一〇）年国勢調査より。
(21) 平井隆「熊本県下の有機農業をめぐる動き——生産に積極的な矢部町農協と農家」『農林金融』第二八巻八号、一九七五年、三六頁。
(22)『山都町地域社会調査』（二〇〇六年）は、アンケート調査、中心市街地活性化・公共交通・農山村花嫁問題・高齢者の社会的位置に関わる四種の聞き取り調査、および徳野が過疎農山村地域構造分析のために開発した「T型集落点検調査」をもってなりたつ。
(23) 徳野貞雄「はじめに」『山都町地域社会調査』二頁。
(24) 徳野貞雄研究室『山都町PTA母親調査』二〇〇六年、七二～七二頁。
(25) 徳野貞雄、柏尾珠紀『家族・集落・女性の底力（シリーズ地域の再生一一）』農文協、二〇一四年、一七一頁。
(26) 以下すべての山都町民について敬称略にて記載する。なお関係者の各発言は、二〇一三年一二月一三～一四日、一四年五月一六～一八日、七月三一～八月一日にかけて山都町内で行った調査に基づくものである。
(27) 特定非営利法人絵本カーニバルのウェブサイトより。

(28)『矢部町史』五一三頁。
(29) 内田敬介「有機農業運動の源流を訪ねて」熊本県有機農業研究会『ゆうき』三二号、二〇〇九年五月。
(30) 佐藤明雄「矢部町農協の有機農業への取り組み／命と土を守る運動の展開」『協同組合経営研究月報』第二六六号、一九七五年一一月号。
(31) 竹熊宣孝「地域医療としての養生運動」、同右。
(32) 佐藤明雄、前掲論文。
(33) 山都町立図書館と「ピエロの会」が共同で絵本『通潤橋』(二〇一二年、熊日出版)を自主制作出版したことはまさに、子どもや大人と地域の歴史・産業・自然の関わり直しが意図された、象徴的な事業といえる。
(34) 二〇一四年五月一六日例会より。

5章　社会的企業から地域の協同へ

大高研道

一　社会的企業によるコミュニティ形成と学び

グローバル化の名のもとに世界を同一標準で市場化しようとする世界市場化やマネー資本主義の限界に多くの人びとが気づきはじめている。過剰な市場原理至上主義は人間的生活や地域の暮らしを破壊し、未来への希望をもてない多くの人びとの不安と不満を増大させている。そのような中で、真の意味での豊かさや人間的な生き方を求める試みが各地で生まれようとしている。

このような既存の社会システムの転換は、分断と対立を基本原理とする競争セクターとは異なり、参加・連帯・協同を原理とする共生セクターの成長によって支えられる新しい経済の枠組みから提起されている。社会の矛盾の解決にむけた行動そのものが適切な成長をもたらす「理念型経済」の重要性を訴える内橋克人は、それらの共生セクターを実践的に担うのがミッション意識を同じくする「第三の共同体（使命共同体）」であると指摘し、協同組合を中心とした非営利・協同組織に大きな期待をよせている。[(1)] それらの実践は、人間らしい暮らしと働き方を再構築する試みとして多様な展開をみせている。

国際的にも一九九〇年代以降、社会的使命（ミッション）を掲げる経済体を「社会的企業」（social enterprise）[2]としてとらえ、少子化や高齢化に代表される社会変動、経済のグローバル化によるリスクの個別化、社会的諸問題の深刻化・複雑化・広範化がすすむなかで、その解決を市民自身が主体的に担う取り組みに注目があつまっている。

社会的企業の発展は、大局的に見れば混合経済化をすすめる一九七〇年代以降の福祉国家再編過程において重視されてきた民間活力の導入といった一連の流れの延長線上に位置づけられる。よって、財政赤字に直面している先進資本主義諸国ではとくに、国家がフォローできない公共サービス提供や社会問題解決の担い手として「強いられた社会的企業」[3]という側面を持ち合せながら多様な展開を遂げているのが実態である。このような「福祉国家」から「福祉社会」への転換という文脈から台頭した社会的企業は、市民社会組織の社会的価値の発見には貢献しているものの、協同・連帯の価値の再発見という視点は乏しく、必ずしもその本質をえぐるような理論や実践の展開につながっているとはいえない。

そもそも社会的企業とは、人間と社会と自然のバランスのとれた社会形成や地域再生の取り組みを根本に据えた経済活動である。なかでも、その実践が挑戦してきたのは、「人づくり」（人間の生産）の土台である社会的領域に軸足を置いた国民生活構造への転換であり、その特徴は「労働の人間化」を協同労働の地域的な展開を通して追求してきた点にある。それは、社会と経済の関係性を再構築する試みともいえるが、地域の中に仕事をつくる社会的企業の取り組みに即していえば、地域の暮らしに仕事（労働）を取り戻す試みということができる。換言すれば、組織の所有や参加、事業によって形成された地域ネットワークや信頼関係の形成を通して、そこに関わる人びとが自らの暮らしの主体者として関わり、意識化するプロセスの総体から、コミュニティにとっての社会的企業の不可欠な存在意義を明らかにすることが求められている。

本章が試みようとするのは、まさに仕事（労働）とコミュニティ（暮らし）が分断されている現代において、暮らしの文脈から「働く」ことの意味をとらえなおす試みに内包される学びの諸層に着目して、その展開の可能性を探ることにある。具体的には、労働者自らが地域で仕事をおこす労働者協同組合の実践を題材に、地域とのつながりのなかで労働や生きることの意味を問い直す協同的な営みに内在する学びの契機を明らかにしたい。

二　地域総合福祉拠点づくりにむけた労働者協同組合の取り組み

1・労働者協同組合とは

労働者協同組合（ワーカーズコープ、以下、ワーカーズ）は、「働く者どうしの協同」、「利用者との協同」、「地域との協同」を三つの柱として、「雇う―雇われる」関係を超えた人間らしい働き方を追求してきた社会的企業である。その歴史は、失業者や中高年者の仕事おこしのために一九七〇年代に登場した事業団運動に始まり、以来一貫して働く者が出資して経営する主体的・協同的な働き方の実現をめざしてきた(4)。

全国組織である日本労働者協同組合（ワーカーズコープ）連合会（以下、ワーカーズ連合会）は、大別すると三つのタイプの加盟組織によって成り立っている。一つは、各地域で独自の事業を展開する単一事業体である地域労働者協同組合・事業団、二つは、高齢者の仕事おこしや福祉事業に取り組む高齢者生活協同組合、そして、三つは、モデル事業としてワーカーズ連合会が直接運営に関わっているセンター事業団である。二〇一三年度実績で、ワーカーズ連合会加盟団体の総事業高は約三一二億円、就労者数は約五万五〇〇〇人である。

公園緑化（管理）や協同組合間提携を軸とした建物管理にかかわる業務受託から始まったその事業は、今日では、介護・福祉、食と農、公共施設管理・運営、子育て支援事業（保育・学童クラブ）など、さまざまな領域に広がっている。とりわけ、働く者同士の協同を超えた利用者や地域との協同を通して地域全体の福祉力を高めていくネットワークづくりの拠点（地域総合福祉拠点）として自らを位置づけ、地域ニーズを住民と共に掘りおこし事業化する総合的・複合的事業の展開を志向している。以下では、近年の特徴的な動向を紹介したい。

2・公共サービス提供者から地域サービスの提供主体へ

一つは、準市場型の公共サービス業務の増加である。とりわけ児童館・コミュニティセンターの管理・運営や子ども・若者・障がい者支援事業分野での成長が顕著に見られる。二〇一二年三月現在、コミュニティ・公共施設の自治体関連受託実績は三二一施設（うち指定管理者業務二三〇）にのぼる。これらの事業は、指定管理者制度をはじめとした経費縮減のための「公共サービスの市場化」としての側面も強く、市民が主体となった地域的経営・社会連帯経営をめざすワーカーズにとっては、矛盾的な契機を内包しながらの模索が続いている。

ワーカーズコープ大野城《おおのじょう》事業所（福岡県大野城市）は、二〇〇八年に市の学童保育運営の業務受託から始まった。それまで業務を担っていた地元NPOから引き継いだワーカーズ大野城の出発時は、既存スタッフとの対立や協同労働という働き方への無理解・無関心のため、保護者や地域、さらには子どもと向き合うこともままならないような状態であった。「雇われる働き方」に慣れていた指導員は、一〇カ所の学童保育を三ブロックに分けて毎月実施される団会議を中心とした実践の振り返りや話し合いの積み重ねを通して、次第に受動的な働き方から主体的に自らの労働をとらえなおす協同労働の意義を実感していく。とくに実践の報告会では、ワーカーズの理念と自らの仕事との関係性を言葉で表現し文章化する作業を繰り返し行っている。話し合いや情報交換は、団会議だけでなくエリア会議、ブロック会議、全国のワーカーズとの研究交流、さらには課題別委員会や学習会等、組合員が主体となった多様な学びの機会を通して行われた。

このような開かれた会議や協同の仕組みづくりを通した働く者どうしの関係性の構築は、利用者や地域との協同への気づきにもつながっている。とくに、地域から分断され孤立している保護者の姿に接したワーカーズ大野城は、子育て相談事業や地域懇談会を開催し、保護者のみならず子どもの見守りに関わる団体や行政機関がつながる場や機会を創造・提供するようになる。そのプロセスは、背後にある家庭や地域の抱える課題への気づきの機会となるとともに、子どもとつながるすべてのものを支援するという地域の包括的な相互支援の体制を形づくっていく動きへと展開していった。

その一方で、契約更新の二〇一一年、行政からの委託は継続されなかった。行政を含めた地域からの信頼を勝ち取っていると信じていたワーカーズ大野城にとっては想像していなかった事態ではあるが、すでに三年間の実践のなかで、地域の現実とニーズから自らの事業を位置づけるようになっていた同事業所は、障がいをもつ子どもたちの居場所を保護者や地域の人びとと立ちあげ、地域に必要な事業を自分たちでおこす試みに取り組んでいる[5]。

3・若者・生活困窮者自立支援と当事者の居場所・職場づくり

二つは、生活困窮者の自立支援に関わる事業である。二〇一四年度は全国二〇カ所で若者サポートステーション事業（厚生労働省委託事業）を実施しているほか、生活困窮者の相談・職業訓練からともに働く仕事づくりにいたる総合的な自立支援事業への展開をめざしている。

二〇〇九年に若者サポートステーションの開所とともに設立された兵庫県豊岡市を拠点とする但馬地域福祉事業所は、多面的な自立就労支援と仕事づくりに取り組んでいる。まず、基金訓練社会的事業者コース「コミュニティ就労農山村地域の担い手育成科[6]」の開催を通して、廃食油回収と燃料づくりを行うＢＤＦ（バイオディーゼル燃料）事業をおこしている。第二に、兵庫県から委託を受けた公共職業訓練の受講者のうち四名が自伐林業グループ「NextGreen 但馬」を立ち上げ、手入れが行き届かず放置されている山の整備と林産物の加工販売を行っている。第三に、すぐには一般就労に結びつかない若者サポートステーション利用者の居場所として森の学校「だんだん」を立ち上げ、海岸清掃などのボランティアのほかに耕作放棄地での畑仕事、間伐材の活用事業などを通して中間的就労の場を提供している。

高齢化や若者の流失に歯止めが利かない地域での若者による農林業を中心とした仕事おこしは、高齢者を含めたさまざまな人びとがつながるきっかけとなっている。そのプロセスは、若者支援を媒介とした新しい地域を創造する試みといえるが、単なる支援ではなく、そこに関わる人びとが立場の違いを乗り越えてともに働く場の形成を通して、支援・被支援をこえた関係性がつくられつつある。「環境と経済が共鳴する町づくり——身近な価値に光を当てて」をスローガンとする同事業所の実践は、金銭換算できない価値の再発見を提起する里山資本主義の思想とも重なり合いながら、[7]全国のワーカーズの新しい取り組みとして広がりを見せている。

4・東日本大震災からの復興と仕事おこし

三つは、東日本大震災直後の二〇一一年七月に立ち上げた日本労働者協同組合センター事業団東北復興本部を中心に取り組んでいる就労支援や仕事おこしの実践である。現在、被災地に八つの事業所（岩手県大槌町・陸前高田市、宮城県気仙沼市・南三陸町・登米市・石巻市［二カ所］、亘理町）を立ち上げ、地域再生・復興に従事している。

震災直後の二〇一一年九月から地域復興と仕事おこしに取り組んできたワーカーズは、宮城県登米市で、緊急雇用創出事業登米市震災対応人材育成事業（震災復興・起業型）を契機に、一二年一一月に東北復興本部第一号として登米地域福祉事業所を設立した。同事業所は、高齢者の通所介護事業、耕作放棄地を活用した大豆・野菜栽培や豆腐・そう菜づくり・販売事業に取り組んでいる。その後、日常的に地域とつながることを通して障がい児をもつ親と出会い、障がい者の就労支援事業や放課後等デイサービスを立ち上げるなど、地域での多面的な事業へと発展しようとしている。

自ら事業をおこすことへの確信をもてないメンバーの葛藤や対立など、さまざまな問題に直面しながら、当事者を中心に位置づけ、地域とともに仕事をつくる試みに挑戦している同事業所の一つの成果が、自前事業として立ち上げた高齢者デイサービス「はっぴいデイ」である。また、委託事業も、制度の枠にとどめずに、地元の行政、生産者、障がい者家族や学校などとの多面的な協力関係の構築を通して、事業を超えた支援や地域をつなぐイベント・懇談会の開催へと発展している。地域とのつながりを通した複合的・総合的事業への展開を志向する同事業所は、世代や障がいの有無、被災者・非被災者の違いを超えた多様な人びとがつながる居場所と活動の拠点へと成長しつつある。

5・地域総合福祉拠点づくりへの挑戦

このように、ワーカーズではその地域の現状と特色にあわせて必要とする事業を立ち上げてきた。駅前スーパーの撤退によって高齢者を中心とした買い物難民の存在が問題になった長野県諏訪市ではスーパー「まるや」を立ち上げるなど、創り出した仕事も多様である。また、一人暮らしや生活保護受給者を中心とした首都圏の高齢者介護に取り組む事業所「あゆみケアサービス」（東京都墨田区）では、遺体の引き取りから葬式まで、介護を超えた生活を丸ごと支えるケアに取り組んでいる。⑧

これらの取り組みを包含した挑戦としてワーカーズが試みているのが、地域の再生・創造にむけた「総合福祉拠点」の構築である。ワーカーズは、その歴史を通して働く者や市民が協同して地域で仕事をおこす取り組みを追求してきた。そのプロセスは、困難を抱える当事者を含めた地域住民とともに地域の課題やニーズを掘り起こし、ともに支えあうケアとコミュニティの再生にむけた試みといえる。「総合福祉拠点」の構想は、地域が抱える課題やニーズから生まれた人びとの思いを複合的・総合的事業として結集し、地域住民が主体となった新しい働き方によって人間らしい暮らしを実現し、多様な組織と連携したコミュニティの再構築にむけた協同的試みを表現した言葉である。以下では、ワーカーズの実践のなかでも先導的な役割を担ってきた深谷市を中心とした埼玉北部地域の取り組みについてみていきたい。

三　埼玉北部地域でのワーカーズの仕事おこし実践

1・埼玉北部（深谷市）の概要

埼玉県北西部に位置する深谷市は、人口一四万五八五六人（二〇一四年五月一日現在）の地方都市である。東に熊谷市、西は本庄市に隣接し、北は群馬県（伊勢崎市、太田市）に接している。深谷ネギ等の野菜やチューリップ・ユリ等の花卉植木を中心とした全国有数の農業地域で、面積の約半分（四八・四％）が田畑で占められている。[9] しかしながら、全国的傾向と同様、第一次産業と第二次産業は減少傾向にある。市内の就業機会・教育機会が相対的に少ない「流出超過」地域であり、主に近隣市の熊谷市（三一％）と本庄市（一三％）への昼間の流出が多いことが指摘されている。[10]

2・ワーカーズ前史——文化協同運動

急激な都市化を成し遂げて一大消費地になった埼玉県南部との「格差」が広がりつつある北部では、少子・高齢化や商店街の衰退が地域課題となっている一方で、独自のまちづくりや文化協同の取り組みがなされてきた。とくに、一九七〇年代後半から始まる生協（埼玉北部市民生協）の食農や環境活動を中心とした消費と生産をつなぐ協同の実践、さらには組合員の自主的な文化協同活動として取り組まれた「虹の演劇鑑賞会」など、「協同のある心豊かなまちづくり」[11]の実践を重ねてきた。それらは、市民が主体となった自主的な協同実践であり、とりわけ都市住民を結集して急成長した県南の生協運動に比して組合員の拡大が容易ではなかった農村的な地域特性のため、当初から組織の枠を超えた地域的な協同を追求することで独自の生協運営スタイルを確立してきたことが特徴的である。

一九八〇年代以降に勃興しつつあった自律的な市民活動を、制度を基盤として展開される学習実践を超えるものとしての「文化協同」という理論的枠組みでとらえた佐藤一子は、生活・文化協同を「地域文化運動のなかで追求されているような新しい生活様式の価値基準をもとめ、みずからの日常生活を基盤として、自立的創造的な生き方を確立しようとする社会的連帯・協同的実践」[12]と定義し、単なる文化の享受ではなく文化創造の過程への主体的な住民参加を通した新しいコミュニティ（協同）の形成にその意義を見いだしている。[13]

その一方で、生協の合併（一九九六年四月）を契機に市民が主体となった文化活動は停滞し、持続的なコミュニティ形成を射程に入れた主体や空間の歴史的継承性の検討を通した「地域学習」モデルの構築が喫緊の課題となっている。

以下では、佐藤の提起を踏まえつつ、深谷市を中心とした埼玉県北部において、生協運動と重なり合いながら仕事づくりの実践に取り組んできたワーカーズコープを題材に、働く者の協同から出発したその実践が地域へと拓かれていく過程に着目して、その意義と課題を検討したい。[14]

3・センター事業団の全国的展開

ワーカーズ連合会の中核的な役割を担っているセンター事業団は、北海道から沖縄にいたる全国各地で約三一〇の事業所を有しており、就業者は約七四〇〇人、総事業高は約一七二億円である（二〇一三年度実績）。同組織は一九八二年に中高年雇用・福祉事業団全国協議会（現、ワーカーズ連合会）の直轄事業として出発し、八七年には現在のセンター事業団に組織再編している。

最初の事業所は病院のビルメンテナンスを行う千葉東葛地域事業団（一九八二年七月設立）であった。当時は首都圏でも現場は少なく、団員一九人、事業高六〇〇万円でのスタートであったが、一九八七年には四〇〇人、事業高八億円までに成長している。この時期には自治体からの委託事業の割合は減少し、協同組合間提携に基づいた民間受注の仕事が事業高全体の九割を占めるようになっていたが、その基盤を築いたのが生協との提携にもとづいた物流センター業務である。その最初の協同組合間提携のモデルとして八七年五月に埼玉県川本町にある埼玉北部市民生協（現さいたまコープ）の物流センター業務のために設立されたのが埼玉北部事業所である。

4・生協物流センター事業からの出発

ワーカーズが作業の一部を受託した物流センターは、生協の共同購入の商品仕分けと配送を行う施設であった。作業を受託した当時はバブルの絶頂期であったが、一九九一年のバブル経済崩壊以降は生協経営も厳しさを増す中で次第に経営の見直しや他生協との合併といった組織統合の動きが加速し、ワーカーズも九四年から四度にわたって業務縮小を余儀なくされる。このように、その運営・経営はつねに委託元である生協の事業・経営動向に大きく左右され、翻弄されてきた。

その一方で、この時期にワーカーズは働く者が主体者となった現場づくりにむけたさまざまな試みに挑戦している。ワーカーズの現場が物流センターに設立された当初、多くの労働者は生協で働くパート労働程度の意識で応募してきたという。「雇う―雇われる関係」を超えた働き方という説明には魅力を感じつつも、実際には自分たちで運営・経営に責任をもつ働き方への実感が確固として労働者のなかに根づいていたわけではなかった。労働内容・条件に関する不満も多く、とりわけ生協から直接雇われているパート職員との労働条件や賃金の格差が問題となり、その不満はセンター事業団本部にむけられていた。当時の状況を振り返ったある組合員は、「私たちはこのような状況を作っているのは本部だ。本部が悪い。自分たちの問題だと捉えずに本部の責任にしていました⑮」と述べているように、そこにあったのは労働条件・労働編成・利益の配分等を経営者制度（本部）に依存する他律的意識であり、まさに「雇われ者」意識そのものであった。

そこでワーカーズでは、現場主体の集団的な管理運営の仕組みを実質化する試みとして、全国で初めて事業所委員会をつくり、作業日報の作成や話し合いを通して、現場の労働者自身が経営の実態を把握し共有していくようにしていった。加えて、無駄をなくすための投下労働時間計算や原価計算などの会計管理、給与計算を現場労働者（パート労働者）が分担するようにしている。自分たちでお金の流れを管理・計算すると、自らの労働とその成果の関係性が見えてくる。このようなプロセスを通して、次第に事業所の経営や運営を主体的に担う意識が芽生えるようになっていった。

一九八三年に女性のパート労働者が所長に就任すると、話し合いを大切にした現場づくりはさらに徹底されるようになる。とくに、不定期な開催で十分に機能していなかった団会議を定例化し、労働者協同組合の理念を一方的に詰め込むような啓蒙的な学習活動ではなく、現場でおきたことを報告し共有する実践的な学びの場へと転換している。

埼玉北部事業所の創成期の取り組みを題材に、労働主体の形成過程について分析を試みた丸山美貴子は、働く者が労働現場の運営や経営に主体的に関わり、責任を分かち合って自立的に働く「協同労働」という働き方への実感が、知識として学ぶのではなく「全団会議での話し合いを軸とした集団的労働編成の実践を通して形成された[16]」と指摘している。こうして、労働者が協同で話し合い合意形成を進めていく労働編成過程が実質化することによって、経営と労働を統一的にとらえた協同労働や労働者が主体になって働くことの意味が意識化・共有化されていくようになった。

他方で、それらの主体的な労働観に基づく協同労働の展開は、自分たちの業務の枠内での「よい仕事」の取り組みにとどまっており、地域との結びつきや関係性の中で自らの労働をとらえるような視野と実践の広がりはまだ見せていない。

5・自主事業（豆腐事業）の立ち上げ

ワーカーズは、度重なる受託業務削減によって新たな仕事おこしの必要性が生じた頃、新聞の小さな記事で、大豆の栽培から豆腐の製造・販売までを農家の女性たちが中心になって取り組んでいる長野県北御《きたみ》牧《ま》村《き》（現東御《とうみ》市）の村おこしの取り組みを知る。早速、現場見学・交流が始まり、豆腐事業の立ち上げに向けた話し合いが急ピッチで進められていく。出資金が二〇〇万円集まった時点になって白紙撤回の声が上がるなど、さまざまな困難を乗り越えて最終的に「やれるところから出発する」という合意のもと、一九九五年六月に国産大豆、天然にがり一〇〇%の豆腐事業「とうふ工房」(現、深谷とうふ工房)がオープンする。

とうふ工房の立ち上げの直接的契機は、打ち切られた仕事を自前事業でつくることにあったが、その思いの実現には、物流センター時代に仲間との協同で良い仕事を実践していく中で自主的に労働を編成する力量と自信を獲得していったこと、さらには働くことの意味と喜びを実感していくプロセスを通して働く者一人ひとりの主体者意識が芽生えつつあったことが大きな要因として指摘できる。意見をぶつけ合い、ともに話し合い、実際に行動することを繰り返しながら、新しい仕事おこしに挑戦する体制が少しずつ整えられてきたといえる。

とうふ工房の取り組みはワーカーズ運動が地域へ展開する重要な契機にもなっている。外部との接触や地域への働きかけが少なかった物流センター時代の数少ない地域行動の一つが、一九九三年と九四年に実施した映画「病院で死ぬということ」の自主上映会であった。この自主上映会は地域の諸団体(保育所、福祉施設、病院、地元商店など)とのつながりが生まれる契機となっているが、そこで構築された関係性がまちづくりとして具体的な形になるのは豆腐事業への取り組みによってである。

「本物の味」と「安全安心」を追求する豆腐生産のためにとうふ工房が最初に着手したのは大豆づくりであるが、その作業は地元の生産者や農協の支援を受けながらすすめられた。その後、大豆生産は地元の有機栽培グループとの契約栽培に移行するが、その際には埼玉北部市民生協の産直ネットワークのつながりが生かされている。また、味噌づくりや醬油づくり等の商品開発も、外部の業者や地域の人びとの協力によって実現し、販路の確保は映画上映会でのつながりがフルに活用された。このように、地域で事業を起こし、地域で事業を成り立たせるためには、必然的に地域に出ていかざるを得なかったといえる。

六坪弱の手狭なスペースで立ち上げられた豆腐事業は翌一九九六年一二月に移転し、さらなる発展を見せるが、次にワーカーズが取り組んだのが跡地を利用した配食事業であった。すでに社会問題化していた高齢者の福祉にかかわる事業を起こすことは、自前事業の検討段階から話し合われていたことであるが、豆腐を買いに来る高齢者との会話を通して、高齢者宅への弁当の配食事業の必要性を痛感するようになる。豆腐やおからを活用した「安全、安心、手づくり」の健康弁当事業への参入は、まさに地域の暮らしとニーズを自らの目で確認し、地域の人びととのつながりが命と暮らしの連関の中で見えてきたことによって実現したものである。

6・地域福祉事業へ——資格取得から地域福祉の担い手へ

食事業を通して知り合った高齢者の姿を通して、ワーカーズは少しずつ地域の暮らしに関心をもつようになる。老夫婦世帯や独居世帯が想像していた以上に多く、豆腐を買いに来るのがその日で唯一の外出であるといった話を聞くなかで、高齢者を地域で支える仕組みをどのように創っていくかという話題が団会議にのぼるようになった。そこで、深谷市に懇談会の開催を働きかけ、地域の高齢者の状況や食の問題について話し合いの機会をもつと同時に、センター事業団の全国方針のひとつであった介護ヘルパー講座に挑戦することを決意する。

一九九八年一月、ワーカーズはヘルパー三級養成講座に取り組み、同年一一月には二級養成講座を開催している。福祉施設でもない一般市民団体がヘルパー養成講座を主催することなど考えられなかった時代

表1　埼玉北部のワーカーズ運動の展開過程

年	主な事柄
1987年	埼玉北部事業所開設（5月）　＊埼玉北部市民生協の物流現場（川本町）の委託事業
1993年	映画「病院で死ぬということ」自主上映会運動（1993-94年）
1994年	物流センター送迎業務の打ち切り（7月），同野菜セットライン業務の打ち切り（10月）
1995年	「とうふ工房」オープン（6月），物流センターライン業務の打ち切り（9月）
1996年	物流センターチラシセット業務の打ち切り（3月），埼玉北部市民生協とさいたまコープが合併（4月），とうふ工房移転（12月）
1997年	弁当事業「愛彩」オープン（2月）　＊老人給食事業への展開を検討
1998年	ヘルパー3級養成講座開催（1月），ヘルパー2級講座開催（11月）
1999年	ヘルパーステーションだんらん（深谷地域福祉事業所「だんらん」）オープン（5月）
2000年	映画「住民が選択した町の福祉」上映会および「深谷市長と羽田澄子監督のトークショウ」開催（2月），介護保険制度スタート（4月）　＊介護事業に本格的に取り組む
2001年	通所介護事業の実現を目標に事業計画を全組合員で検討（4月），「だんらん」通所介護事業開始（7月），「愛彩」深谷市配食委託開始（自前事業で初めて行政からの委託を受ける）
2002年	熊谷・妻沼地域福祉事業所「ほほえみ」（訪問介護）オープン（4月）
2003年	デイサービス「ほほえみ」オープン
2004年	深谷南地域福祉事業所「だんらん上柴」オープン（11月）　＊訪問介護，通所介護，生粋くらぶ，ナイトケア
2005年	「だんらん上柴」居宅支援事業開始（4月）
2006年	「デイサービスほほえみ」居宅支援事業開始（4月）
2007年	菜の花プロジェクト立ち上げ（9月）
2009年	本庄事業所設立（川本物流センターの移転に伴う開設），熊谷北事業所開設（さいたまコープの物流委託事業），東松山西事業所設立（さいたまコープの物流委託事業）

2010年	熊谷若者サポートステーション開所（厚生労働省認定事業），埼玉県就労支援事業アスポート事業開始（上尾事務所設立→2011年熊谷に移転）
2011年	埼玉北部事業所深谷とうふ工房七ツ梅店オープン（6月）
2012年	熊谷若者サポートステーション委託打ち切り（3月→熊谷若者サポートセンターとして自主事業で継続），深谷南地域福祉事業所「ロングデイ上柴」オープン（12月）
2013年	埼玉北部地域福祉事業所深谷若者サポートステーション開所（厚生労働省認定事業：4月），熊谷妻沼ほほえみ地域福祉事業所「地域密着型小規模多機能居宅介護施設」開所（10月）

出所）埼玉北部20周年記念誌編集事務局編（2007）『埼玉北部20周年記念誌』，日本労働者協同組合連合会センター事業団『地域福祉事業所　深谷だんらんグループ』（2005），ヒアリング調査等をもとに作成.

で、行政は真剣に受け止めてくれず、十分な協力体制もなかった。しかしながら、三〇人の定員に対し二〇〇人の応募がくるなど、予想を超える地域ニーズの多さにワーカーズ自身が驚く結果となっている。以後、ヘルパー講座は毎年開催され、延べ人数で一〇〇〇人を超えるヘルパー資格者を地域に輩出している。

ワーカーズでは、ヘルパー講座二級に取り組む際、受講者を中心にしたワーカーズ方式の事業所（ヘルパーステーション）の立ち上げを目標に掲げていた。当時は、仕事のための資格取得をめざすというよりは、親の介護などいずれ自分の役に立つだろうという意識で受講してきた人がほとんどであったという。そのような受講生に対して、その資格を後で生かすのではなく、ヘルパーステーションに登録して、どのような形でもよいから地域を支える力になってほしいという思いを受講者に伝えてきた。そして一九九九年五月、ヘルパー二級講座の第一期修了生二〇名が出資して最初のヘルパーステーション「地域福祉事業所だんらん」が設立されている。

介護保険制度が浸透していない時期から、ワーカーズでは、いざという時に自分たちの力を出せるような地域の担い手を育てたいという思いをもって介護事業に取り組んできた。それは自分たちで地域を支える人材を育て、その人たちが主体となって仕事をおこす仕組みを地域に根づかせようとする意図からであった。その後、二〇〇一年七月にはコンビニエンスストア跡地を利用した通所介護事業を開始し、同じ時期に自前事業としては初めて深谷市からの委託事業（高齢者への配食事業）を受けている。〇二年には、新たな拠点として熊谷市に熊谷・妻沼地域福祉事業所「ほほえみ」を開所（訪問介護）し、小規模地域密着型ケアの全国の先駆けとして注目される取り組みとなった。同施設は、翌〇三年六月に縫製工場跡地を利用したデイサービス「ほほえみ」を開所し、地域拠点も深谷、熊谷、妻沼の三カ所にまで広がっている。

その一方で、地域での信頼が高まり実践が広がりを見せる中で、元気な高齢者や介護度がよくなった高齢者の行き場がないという声が聞かれるようになる。そこで、介護保険事業だけでなく、元気になっても集える場づくりについての話し合いが始まり、二〇〇四年一一月に立ち上がったのが深谷南地域福祉事業所「だんらん上柴」である。同施設では、訪問介護、通所介護、ナイトケア受け入れに加え、元気な高齢者のたまり場として「生粋クラブ」が開催されることとなった。

当時のワーカーズでは、「福祉コンビニ構想」という言葉が使われていた。それは、当事者のニーズに寄り添った複合的・総合的なケアを提供する拠点を市民自身が立ち上げ、担う事業の展開を構想したプロジェクトであり、そのような流れの中で自らの事業所を「地域福祉事業所」と呼んでいる。地域に「総合福祉拠点」を構築するという全国のワーカーズがめざしている姿の原型の一つがこの埼玉北部の実践といえよう。

ワーカーズは、その後も介護予防、地域のたまり場となるロングデイや地域密着型の小規模多機能居宅介護施設の建設等、地域のニーズにこたえる事業展開をめざし、話し合いを積み重ね、あらたな取り組みに挑戦し続けている。また、遊休農地を活用する取り組みとして菜の花プロジェクトを立ち上げる（二〇〇七年九月）など、その取り組みの輪を地域に広げている。

ヘルパー資格（スキル）取得の学習が地域にねざした仕事おこしの取り組みへと発展した埼玉北部の実践からは、その実践コミュニティの多面的な場において発生する地域の人びととの接点が命と暮らしの連関の中で認識されるようになった姿が浮かび上がってくる。そのような地域認識が醸成される過程において、地域課題に応える総合的・複合的な事業や持続的なコミュニティ形成を担う主体の成長を支える実践的な地域学習が展開されてきたといえる。

7・地域協同ネットワークを基盤としたコミュニティ事業への展開

物流、豆腐、介護福祉事業を中心に地域での仕事づくりに取り組んできた埼玉北部のワーカーズ運動は、今日では六つの事業所・出張所（深谷地域福祉事業所だんらん／深谷南地域福祉事業所だんらん上柴／熊谷・妻沼地域福祉事業所ほほえみ／埼玉北部地域福祉事業所／熊谷北出張所／本庄出張所）を有するコミュニティ・ビジネスの拠点へと成長している。なかでも新しい試みの一つが旧「七ツ梅」酒造跡地を活用したまちづくり・まち遺しの実践である。

「七ツ梅」（正式名称は田中藤左衛門商店）は深谷の中心市街地にあった三〇〇年の歴史を誇る造り酒屋の一つであったが、二〇〇四年に廃業している。そこで、深谷の中心市街地で活動する地元ＮＰＯ法人「市民シアター・エフ（通称・深谷シネマ）」、「深谷にぎわい工房」「住まいとまち創り集団木犀」が残された跡地の保存・活用のために〇九年に任意団体「深谷コミュニティ協同組合」を立ち上げている。同組織は、二〇一一年に一般社団法人「まち遺し深谷」と改称し、施設のサブリースを主要事業としながら、地域交流拠点としての場づくりに取り組んでいる。

二〇一〇年に七ツ梅でリニューアルオープンした深谷シネマや寺子屋を中心に、文化芸術の拠点として出発した七ツ梅には深谷の若手鬼瓦職人の「鬼瓦工房」、手工芸品の発表・展示・教室開催を行っている「中山道宿本舗」、七ツ梅村ギャラリー、音楽事務所が活動しており、その他に深谷とうふ工房七ツ梅店、「シネマかふぇ」、日本茶とお菓子を提供する「茶々」、古本や小物販売「円の庭」などが出店している。また、二〇一四年一月には地元出身の若者が中心となって一般社団法人文化協同組合「藝術米騒動」を設立している。

なかでも「まち遺し深谷」の中心組織の一つである「市民シアター・エフ」とワーカーズは、さまざまな事業や地域行動において連携をとってきた。埼玉県では七割近くの自治体に映画館がなく、深谷市でもかつては四つあった街の映画館がすべて消滅しているなかで、映画館も商店街とともにコミュニティの文化であると考える「市民シアター・エフ」は、映画文化の振興とまちづくりをセットでとらえ、その考えにマッチしたのがコミュニティ協同組合（ワーカーズ）方式の映画館であった。二〇〇〇年に地元の洋品店「フクノヤ」二階で「フクノヤ劇場」としてスタートした同組織は、その一年前に映画館を求める市民の会を発足し、シネマワーカーズとして出発している。その当時から、両者は映画の上映会だけでなく、高齢者が安心してくつろげる憩いの場づくりや文化芸術活動、福祉コンビニプロジェクトなどに協力して取り組んできた。「市民シアター・エフ」は二〇〇二年に旧さくら銀行に深谷シネマを設立し、一〇年には七ツ梅に映画館をリニューアルオープンしている。このような単に文化を享受するだけでなく市民自身が作りあげていく一連の文化芸術活動を軸とした地域行動との接点のなかで、深谷とうふ工房の七ツ梅への出店（二〇一一年六月）も実現している。また、一三年四月にはワーカーズが受託している深谷若者サポートステーションを七ツ梅に開所し、地域の中で、地域と協力して生きづらさを抱えた若者の就労体験や居場所づくりに取り組んでいる。

このようにしてみれば、七ツ梅を舞台とした持続的なコミュニティ形成にむけた取り組みの展開には、一九八〇年代の市民が主体となった文化協同活動の蓄積が一定の役割を果たしており、その社会的資源とつながりの歴史的継承性のなかで培われた協同の文化が、そこに集う主体や空間を創造する重要な要素となっていることが分かる。ワーカーズが構想する総合福祉拠点の実現も、このような協同的・創造的な地域との協力関係によって初めて可能となっている。

埼玉北部におけるワーカーズの歴史は、福祉事業や食・農業関連の事業を中心としながら、地域に必要なものを自分たちで作ってきた協同的自立コミュニティの形成の実践そのものであった。地域で仕事をおこすプロセスには、不断に地域との関係性をとらえ直す契機がともなう。それは、地域で培われた社会資源を継承しつつ、新しい協同の価値を創りだす試みともいえる。そして、その発展は地域に開かれた存在として自らの組織を位置づけることによって成し遂げられたわけであるが、近年の生活困窮者や生きづらさを抱えた若者支援の取り組みを通して、単に自らを「開き」「つながる」だけではなく、地域を「つなげる」存在へと質的な転換をみせていることが特徴的である。

七ツ梅での新しい実験は、生協の文化協同運動、ワーカーズの仕事おこし運動、そして地元商工業者や行政も含めたまちづくり運動など、異なる水脈が出会いながら自立的地域の協同創造的再生にむけた新たな展開をみせている。

四　社会的企業と地域学習の可能性——過程への参加と協同の学び

本章では、働く者の協同が自らの働きがいの獲得という自己実現の枠を超えて地域へと視野を広げていく過程に着目して、そこに含まれる学びの契機と意義について考察してきた。

労働の現場での意思決定への参加プロセスを実質化するワーカーズの取り組みが地域の協同へと展開をみせたのは、直接的には自らの組織の存続をかけた事業危機からの脱出をめざしてのものであるが、徹底的に話し合い「過程への参加」を重視する協同労働の取り組みを協同的学びへと転換してきた点にワーカーズ実践の意義を見出すことができる。関わりの自由度を高め、傍観者を利害関係者として巻き込み、多様なつながりを構築するなかで、外部コミュニティは資源へと変わっていく。よって、その実践は、自らの組織とコミュニティ全体が共時的に変化・成長するプロセスとして把握する必要があろう。

地域との接点を広げる中で、利用者と地域との関係、家族との関係など、さまざまな暮らし模様が見えてくる。単に自分たちの必要を満たすだけではなく、地域の声を自らの課題として受けとめ、協同の力で事業として立ち上げてきた仕事おこし実践は、働く意味を問い続ける中で、関係性への気づきや命の連関を意識化する契機を伴って展開してきた。岡元かつ子元所長（現、センター事業団副理事長）は、埼玉北部の実践の特徴を次のように表現している。

関わってくる人とのかかわりで次の課題がみえてきました。その課題を次の目標にするという形で、本当にこう自分たちが一つ動き出したことで課題が見え、その課題を今度は次の自分たちの新たな事業展開、地域の課題に応える仕事をつくろうというような流れになっていったというふうに思います。（中略）点から面へ、エリアへ広がる仕事おこしをやる。本当にまさにひとつのきっかけから一つ一つ事業という形になっていきました。自分達がこんなふうにしたいと思ったわけではなくて、動きをつくったことで見えてきた地域の課題に挑戦していった。それを目標に事業計画を立てて何個か作っていったというのが私たちの取り組みだったと思っています。(17)

既存組織の枠組みから地域の課題やニーズを見るのではなく、地域との関わりのなかで見えてきた課題に応える形で事業を起こしてきたワーカーズの試みからは、ひとつの取り組みをきっかけに自己拡張的に実践が展開している姿を見出すことができる。このような課題を自分たちで発見し解決の方途を模索する実践にともなう学びも、学ぶこと自体を学習者が生み出す自己拡張的な学習にならざるを得ない(18)。そして、そのプロセスでは同時に自らの組織だけで出来ることの限界を知ることにもなり、必然的に地域との協同が不可欠となる。不断に関係性を再構築しながら協同の現代的な形を模索する地域協同労働の実践は、地域の生活様式に埋め込まれた価値と文化を継承しつつ展開される協同的・創造的地域学習の固有の意義と新たな地平をも提示しているものと思われる。

（1）内橋克人「協同組合の新たな役割　いま、なぜ協同組合なのか」家の光協会編『協同組合の役割と未来』家の光協会、二〇一二年。

（2）ウルリヒ・ベック（東廉・伊藤美登里訳）『危険社会――新しい近代への道』法政大学出版局、一九九八年（原著一九八六年）。

（3）藤井敦史・原田晃樹・大高研道編著『闘う社会的企業――コミュニティ・エンパワーメントの担い手』勁草書房、二〇一三年、九頁。

（4）ワーカーズコープの歴史的展開過程については前掲『闘う社会的企業』第八章を参照。

（5）大高研道「「協同労働」実践の今日的到達点と展望――ワーカーズコープ実践における労働観の変容過程」日本社会教育学会編『労働の場のエンパワメント』（日本の社会教育第五七集）東洋館出版社、二〇一三年。

（6）基金訓練は二〇〇九年補正予算によって創設された緊急人材育成支援事業の一つで、雇用保険を受給できない人を対象にした無料の職業訓練を実施。二〇一一年九月に終了し、同年一〇月から求職者支援訓練として制度化された。

（7）藻谷浩介／NHK広島取材班『里山資本主義――日本経済は「安心の原理」で動く』角川書店、二〇一三年。

（8）ワーカーズの実践については、日本労協新聞や『協同の発見』誌で数多く紹介されているが、さしあたり広井良典編著『協同で仕事をおこす』コモンズ、二〇一一年を参照。

（9）深谷市資産税課『概要調書（平成二三年度）』。

（10）東洋大学PPP研究センター『深谷市公共施設の在り方に関する研究報告』、二〇一四年。

（11）新井千明「文化の谷間に花ひらく文化協同――埼玉県北部市民生協の地域文化創造」佐藤一子編著『文化協同のネットワーク』青木書店、一九九二年。

（12）佐藤一子『文化協同の時代――文化的享受の復権』青木書店、一九八九年、一五〇頁。

（13）佐藤一子「地域再生にむけたソーシャル・キャピタルの継承と地域学習の展開過程――埼玉県深谷市の事例研究を中心に」『法政大学キャリアデザイン学部紀要』第九号、二〇一二年、四六五～四九二頁。

（14）集約的なヒアリング調査は、二〇一〇年一月一二日、八月二六日、二〇一三年九月一三日、一一月二九日、二〇一四年三月二三日に実施。また、筆者がコーディネーターを務めた「深谷まちづくりシンポジウム――市民・当事者がまちづくりを考えるケアワーカー集会」（二〇一〇年二月一四日、深谷市産業会館）および主催した地域シンポジウム「埼玉におけるワーカーズ運動の地域的展開と協同労働の展望――地域でともに生きる、ともに働く」（二〇一四年三月八日、コーププラザ浦和）等でも貴重な実践交流と検討の機会をいただいている。とりわけ、守本洋二氏（センター事業団東関東事業本部事務局長、当時）と玉木信博氏（センター事業団北関東事業本部本部長、当時）には実践への橋渡しを含めて多くの助言と示唆をいただいた。なお、本文中で引用した語りについては、語尾などを適宜整理した以外はそのままの記述を心掛けた。

(15) 埼玉北部二〇周年記念誌編集事務局『埼玉北部二〇周年記念誌――ひとりじゃないよ、みんな仲間』、二〇〇七年、六頁。

(16) 丸山美貴子「労働主体の形成過程における協同労働と学習」『北海道大学大学院教育学研究科紀要』八一号、二〇〇〇年、一三一頁。創成期の埼玉北部のワーカーズ実践については、併せて日本労働者協同組合連合会センター事業団『地域福祉事業所　深谷だんらんグループ』二〇〇五年を参照。

(17) 二〇一四年三月八日、地域シンポジウム（注（14）参照）での発言より。

(18) エンゲストローム（Y. Engeström）の活動理論等の蓄積をふまえて、自己拡張的な学習を協同性（協同労働）の形成と不可分な連関の中で考察する宮﨑隆志は、対象そのものを創出する学びを「創造的学習」と呼ぶ。その生成・発展論理の究明は引き続き深めるべき課題である。コミュニティ・エンパワメント論を中心とした宮﨑の論考については、宮﨑隆志「コミュニティ・エンパワメントの論理」『臨床教育学研究』第一巻、二〇一三年、六八～八八頁および宮﨑隆志「協同労働と創造的学習」『協同組合経営研究誌にじ』六四〇号、二〇一二年、一四～二一頁などを参照。

6章　子育て・子育ちと地域づくり

森本　扶

一　深刻化する子育て・子育ちの困難

1・子育て・子育ちの私事化、貧困・格差社会、学校化社会

一九八〇年代後半以降の子育て・子育ちの困難の問題は、構造不況を経て「自己責任」、「受益者負担」を原理とする新自由主義的改革が進行し、一層深刻になっている。つまり、子育て・子育ちを支える複合的な機能がそれぞれに分割されて、商品やサービスとして提供されることで、子育て・子育ちの私事化が強まっており、さらに、その商品やサービスの量・質を際限なく追求することによる市場の拡大の場に、家族が消費者としてまた労働者としても駆り出されていくことで、家庭の主体性・自立性が損なわれ、地域の人間関係が分断されていき、子育て・子育ちの共同性が限界まで瓦解してきているのである。

また、一連の新自由主義的改革によって顕著になった貧困・格差問題が、ことをより一層深刻にしている。日本の子どもの相対的貧困率[1]は、一九九〇年代半ばよりおおむね上昇傾向で、二〇一二年には一六・三%で過去最悪となった。また、小・中学生の就学援助率も上昇傾向で、一二年度では一五・六四%とな

っている。こうした貧困・格差が子育て・子育ちに与える影響は根深い。経済の貧困とそれにともなう関係の貧困が、諸問題を個々の親や子どもの責任・病理として閉じ込め、その孤立した家庭内でも児童虐待やドメスティック・バイオレンス（DV）などの新たな問題を生じさせ、さらにこうした一連の社会的排除の構造が世代を超えて連鎖するからである。

そして、こうした子育て・子育ちの困難の問題は、学校化社会の進展とも密接にかかわっている。今や小学生の放課後・休日対策のキーワードは「安全・安心」であり、学童保育も含めた各種事業が小学校を中心におこなわれ、地域で群れ遊ぶ子ども集団は少なくなった。また、「ゆとり教育」と「学力低下」が短絡的に結びつけられたことで、親の不安感があおられ、長期不況のさなかにもかかわらず塾通いの子どもの数は増加し、塾産業もさまざまな工夫で少ない子どもを囲い込もうとしている。小・中学校側も、塾との連携を図ったり、土曜授業を導入したり、こうした取り組みに地域住民を動員したりと公立学校再生のために必死になっている。このように、学校的空間の影響力が地域をどんどん侵食することによって、学社連携・融合の教育システムによる地域の教育力の再生をめざそうとした一九九〇年代の教育改革の視点はなおざりにされ、閉鎖的な学校的空間における競争原理に支配された子育て・子育ちが一般的になっているのである。

2・子育て・子育ちを支える地域社会

こうした悪循環の疎外構造を脱却し、子育て・子育ちの共同性を少しでも確保することが今日、切実に求められている。個々の家族では抱えきれない子育て・子育ち上の課題がどんどん表面化する中で、個別ニーズに即したケアやサービスをおこなうソーシャルワーク的活動がこれまで以上に必要になっている今日だからこそ、それだけになお一層、親や子どもをケアやサービスの受給者におしとどめるのではなく、暮らしの再構築を志向する主体者として地域住民と交流し、学びあえるような機会や場をつくっていかなければならない。「伝統的」な家族観やふるさと観といった抽象的・画一的な秩序を国民に身体化させるような動員型の働きかけでは、多様な人々それぞれの主体性・自立性は保たれないし、子育て・子育ちの共同性も育まれない。多様な子育て・子育ちのあり方を許容し、人々が互いに水平的な関係において出会い、交流し、助けあい、学びあうことのできる地域社会の存在によってはじめて、共同性は育まれていく。疎外構造がもたらす個別意識、排除意識をこえて、互いを共に生きる人間として受け止められる地域社会を、誰がどのようにつくっていくか。このことが学習の視点から鋭く問われているのである。

そのための課題のまず一つは、当事者である親や子どもが、消費社会、貧困・格差社会、学校化社会の疎外構造に完全に巻き込まれてしまうことを防ぎ、疎外構造を相対化して自らの主体性・自立性を育むことができる場を多様につくることであろう。社会的立場・階層や利害関係からある程度自由になれることで、共同的な人間関係がうまれやすい開かれた場、いいかえれば、子育て・子育ちを持ちつ持たれつで支えていくことを、身近な場で手軽に体験できる場が切実に必要である。

その上で二つ目の課題は、こうした場を維持・更新していくために、当事者以外の地域住民とも積極的につながりをもって相互互恵関係を築き、子育て・子育ちの共同性を支えるしくみを分厚くしておくことが重要である。そのためには、支える側と支えられる側という関係を固定せず、多くの人に出番と役割がある参画型の関係づくりを進めることが大事になってくるだろう。

そして三つ目の課題は、開かれた場づくりや参画型の関係づくりをプロデュースする人・集団を公共的な立場で位置づけることであろう。全体に目配りしながら、誘ったり、仕切ったり、聞き役になったり、存在を消したり、余計や厄介を引き受けたり、ここぞという時は全身全霊で導いたり、そういうことができる住民を発掘したりということを専門的役割とする人・集団がいることによって、子育て・子育ちの共同性は持続可能なものになる。

こうした三つの視点から、子育て・子育ちを支える地域学習のありようについて考えてみたい。

二　子育て・子育ち支援行政と暮らしの場づくり

1・孤立する家族を支える子育て支援と児童館への着目

北海道標津郡中標津町では、二〇〇〇年、福祉課児童福祉係が国の新エンゼルプランを受けて子育て支援相談窓口を開設した。すると、生活難の相談や児童虐待の通告・相談が数多く寄せられるようになり、児童福祉係だけでは抱えきれなくなった。これをきっかけに、孤立する家族のための子育て支援の必要性が行政内部で議論された。そこでは、予防やアフターケアも含めて対応していくために、子育て家庭と日常的なつながりを継続する必要性がテーマとなり、結果的に、町内に六館ある児童館（小学校は九校）を核とした子育て支援事業を展開する方針を固めた。子どもや保護者が自由に来られてくつろぐことのできる児童館の居場所的空間が、日常的なつながりを育む場としては最適であると考えられたためである。

その後、二〇〇六年度より各課から子育て・子育ち支援業務を独立させた「子育て支援室」が新設され、指揮・コーディネート役の子育て支援室と実践拠点としての児童館、という構図が明確になり、児童館は地域子育て支援センターとの新たな位置づけを得て、子育て・子育ち支援事業は大きな広がりをみせていく。

その中でも地域学習の視点から注目すべきは、さまざまな児童館事業を通じて、子育て・子育ち支援のための地域ネットワークを構築していくプロセスである。二〇〇〇年以降、児童館事業は、子育て広場事業の実施、子育て機関誌の毎月発行、放課後児童クラブの充実・拡大など、さまざまに拡充されたが、児童館を主体とする事業だけでの限界を感じた子育て支援室と児童館職員は、多世代の住民が子育て・子育ち支援の担い手となってくれるよう地域を巻き込む事業の展開を意識し始める。

2・地域を巻き込むことは巻き込まれること

地域ネットワーク形成の大きなきっかけとなった事業は、「児童館菜園たがやし隊事業」(以下、たがやし隊事業)であった。たがやし隊事業とは、各児童館の園庭に菜園を作り、子どもたちと住民が共同で管理して野菜づくりをする取り組みである。この時期のことを子育て支援室職員は次のように述懐する。

連携するってことは、それだけ自分にも返ってくるということ。その覚悟ができるかどうか。この覚悟については、児童館職員と一緒にかなり話し合った。特に畑をつくる時[筆者注——たがやし隊事業のこと]が、形として地域を巻き込まなくてはいけない時で、つまり町内会を巻き込むということ。これは良いことばかりではない。巻き込むということは巻き込まれるということで、相当の覚悟を決めないと地域には飛び出せない。ということを一カ月

以上かなり濃密に児童館職員全部で話し合った。畑をやるかやらないかは大きな転機だった。(2)

結果として、各町内会や農協、農業高校など多くの協力を得て、たがやし隊事業は発展していく。児童館への土地の提供も相次ぎ、菜園の面積も広がり、野菜の品種も増え、子どもたちのおやつになるばかりでなく、収穫祭をおこなって住民にふるまわれもする。子どもの野菜嫌いが直ると母親にも好評となった。さらに、鹿による被害の増加という新たな問題への対策を通して、子どもと住民のつながりも強くなっている。

3・出会いをコーディネートする

一方、孤立しがちな乳幼児親子と地域との関係づくりのための、「こんにちは赤ちゃん訪問事業」や、「赤ちゃんボランティア事業」も見逃せない。前者は、児童館職員が生後四か月までの赤ちゃんをもつ全家庭を訪問し、親子の心身の状況や養育環境の把握、相談対応、子育て支援の情報提供をおこなうものである。保健師の新生児訪問とは違うざっくばらんな応対によって、親が児童館職員と顔見知りになり、その結果、児童館が利用しやすい居場所となっている。

後者は、児童館を利用する乳幼児親子と中学校三年生との交流事業で、町内全中学校で授業の一環として年一回おこなわれる。赤ちゃんにボランティアをお願いするという位置づけで、乳幼児親子数組が児童館職員とともに中学校に赴き、中学三年生たちが赤ちゃんに触れ、世話をし、母親たちとお話をする。中学生の生命教育を推進する目的もあるが、同時に、世代間交流、地域づくりの目的も意図されている。子育て支援室職員は次のように語る。

最初は、不安だから班ごとに児童館の職員をつけていた。落としたら危ないということもあって。でも今は、お母さんたちが楽しくてしょうがないから、積極的に動いてくれて、自分たちでへその緒や写真をもってきてくれて中学生と関わっている。交流の後、まちで中学生が声をかけてきてくれたと、お母さんたちがすごく喜んでいる。今のお母さんたちは社会に一度つながってから家に入る。だから、子育て中は認められていないという感情が強く、自己肯定感が低い。大人は子どもを産んで子育てして当たり前という見方しかしないが、中学生は素直にお母さんすごい、と反応する。そうするとお母さんも自信がつく。ふりかえりになる。そういう相乗効果がある。[3]

中学生は生徒会単位で乳幼児用の遊具を児童館に寄贈し、ボランティアとしての赤ちゃんに「お返し」をしている。こうして児童館は乳幼児親子の憩いの場として、より一層利用されるようになっている。日頃はほとんど接点のない乳幼児親子と中学生の交流の場をコーディネートすることで、「子どもを産み育てる」ことを支える地域の暮らしがほんの少し豊かになっているのである。

その他にも、毎年一〇月初旬に開催される全館合同の「じどうかん祭り」は、子どもやその保護者だけでなく多くの住民が参加する実行委員会を中心に企画され、地元のコミュニティFMでもCMや宣伝番組が流され、二〇一一年はのべ二六〇〇人以上の参加者でにぎわうなど、町の一大イベントとして親しまれている。祭りにむけた児童館各館の出し物練習（バトンやダブルダッチなど）の風景も、今では夏の児童館の風物詩となっている。

4・公助による共助づくり

この中標津町の例は、行政職員が児童虐待事例に直接向き合うことを通して、地域住民による相互扶助の重要性を再確認し、公的な機関による働きかけによって相互扶助のしくみを創造していこうとしたものである。公助を自助・共助の補完としてとらえる新自由主義的行政論理を転換し、公助による共助づくりをめざした行政職員のまなざしは重要である。

住民の生活にねざした事業展開の背景には、事業の参加者それぞれに情報（目的や意図）が共有されていること、子どもも大人も事業の担い手としての役割があること、参加者同士がお互いを必要としているという互酬性が育まれていること、そしてこうした役割や互酬性が負担に転化しないように、子育て支援室職員や児童館職員がうまくバランスをとっていることといった要素があると考えられる。こうして、地域を構成する住民一人一人が、子育て・子育ちの問題解決の担い手だという文化が育まれ、住民にとって、地域という空間が生活にねざした場（＝リアリティのある場）となっている。つまり、児童館を拠点としたネットワークが、中標津独自の価値や文化を生み出す手助けをすることで、新たな今日的「縁」がつむぎだされ、その中で人々は、志向的で関係的な自分を発見している、ないしは取り戻しているのである。

三　貧困・格差にさらされる子ども・若者を支える地域での学び

1・地域の中で子どもを守る

日雇い労働者のまちとして知られる、大阪市西成区の通称「釜ヶ崎」。周囲から厳しい差別のまなざしを向けられるこの地域の中心部にある民間施設「こどもの里」は、近隣の子ども・若者にとって、かけがえのない居場所となっている。

館長の荘保共子は、大学卒業後、西成市民館で子どもたち（特に不就学児）の勉強をみる「土曜学校」のボランティア活動に携わるなかで、当時六〇〇〇人ほどいた釜ヶ崎の子どもたちに、少しでも安心で自由な遊び場を提供したいと、一九七七年、学童保育として「こどもの里」をオープンさせた。やがて「こどもの里」は、寝る場所がなかったり、親からの暴力があったり、借金の取り立てがあったり、という子どもたちや親子の緊急避難の場ともなっていく（現在は緊急一時宿泊所という位置づけ）。荘保館長は、「釜ヶ崎の中に一時保護する場があれば、子どもたちは住み慣れた地域で同じ学校に通い、同じ友達と過ごし、親に面会に行ったり逆に親が仕事を終えてからでも面会に来れる。出来る限り環境を変えずに、子どもの心の安定を図り、地域の中で子どもを守ることは、子どもの最善の利益であり、子どもの権利擁護になる」[4]と考え、自身が里親となり、一時保護委託児を受け入れてきた（現在は小規模住居型児童養育事業という位置づけ）。こうした経験から、荘保館長やスタッフは、「子どもを地域に生きる人」ととらえ、子育て・子育ちの問題を個々人、個別家族に閉じ込めてしまうのではなく、広く社会的コンテクストでとらえ、地域社会を巻き込んだ社会環境の整備改善による解決を目指す、という理念を確立していく（図1参照）。当地域には、戦前からのセツルメント活動を源流とした地域福祉活動の担い手が多くいることもあり、こうした理念は「あいりん子ども連絡会」（釜ヶ崎で子どもに関わる行政・施設・機関による子どものための情報交換や相互支援のためのネットワーク）の発足（一九九五年）につながるなど、より発展を遂げていった。

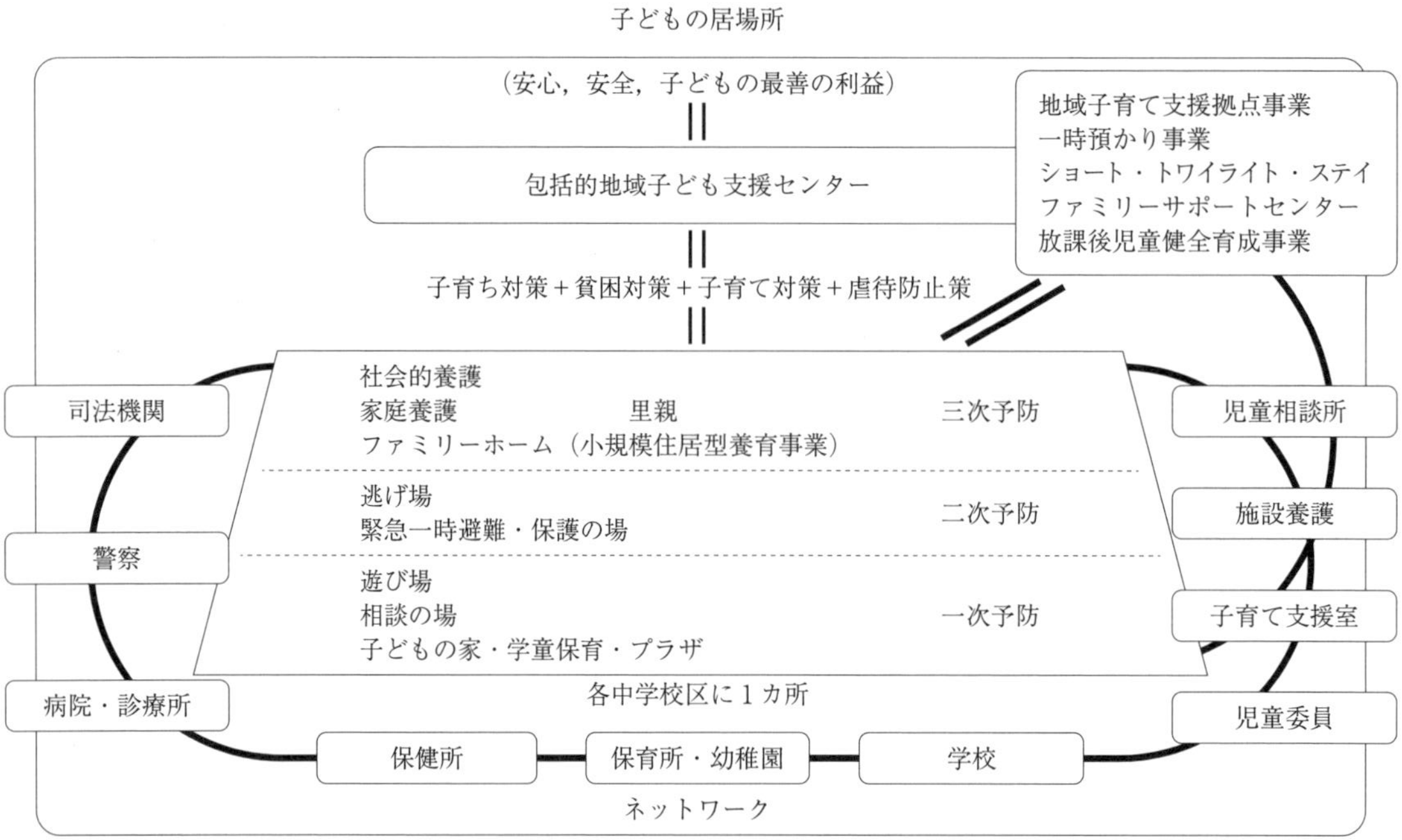

図1　「こどもの里」が描く地域の子育て・子育ち支援のビジョン
（出所　『2012年度　こどもの里　事業報告書』p. 214より一部改変）

2・暮らしをとり戻す働きかけ

「こどもの里」のスケジュールは暮らしが意識されている。普段の過ごし方は、保育所や学校を終えた子どもたちが順々に「ただいまー」と帰ってきて、それぞれ宿題をやったりおやつを食べたりして、後は好きなように遊び、掃除をして帰るという流れ。休校日は昼食を料理クラブの子が、おやつをおやつクラブの子が中心になってつくり、片付けも協力しておこなう。午後にはしばしば近くの公園に出かける。また、土日には頻繁におでかけの日があり、遠足や各種イベント（バザーや地域のお祭りなど）に出向く。長期休暇には、キャンプやイベントも多く企画されている。その他、花見、田植え、七夕、稲刈り、クリスマスなどの季節行事、毎月の合同お誕生日会、学習会などもある。こうした取り組みの中で、日々子どもたちは多様な人々とかかわりあう。荘保館長は次のように述べる。

そこ［こどもの里］には、赤ちゃんの世話をする小学生、中学生、高校生がいます。［中略］みんなのために包丁を持ち、野菜を切り、料理をする幼児、小、中、高生がいます。みんなで一緒に御飯を食べます。けんかしながら、汗かきながら色々な学校の友達と遊ぶ子どもたちがいます。幼児が遊ぶ傍で、気を遣いながらボール遊びをする子がいます。小学生の勉強をみている中、高生がいます。社会を学ぶ学習会に真剣に取り組む子どもたちがいます。野宿する人たちにおにぎりを握り、夜訪問する子どもたちがいます。

　みんな、親から行けと言われて来ているのではありません。子どもたち自身が自分から選んで来ているのです。「こどもの里」はそんな子どもたちが過ごすことのできる「子どもの居場所・空間・溜まり場」なんです。多様性が子どもたちの心身の発達を豊かなものにしています。(5)

まるで大家族のように、子どもたち、若者たち、スタッフたちがかかわりあって、それぞれが役割をもってともに日々を過ごしている。しかし、彼らも家に帰ると、様々な家庭環境で背負いきれないほどの重荷を負っている場合も少なくない。したがって、「こどもの里」の中にとどまらず、地域や地域を構成する住民一人一人が、諸問題の解決の担い手だという視点に基づいて、地域イベントとのコラボレーションをするなど、積極的に地域社会とかかわりをもつことも意識されている。その背景にあるのは、荘保館長によれば、「諸問題によってダメージを受けた関係性を被害者、加害者を含む、地域の回復力で自ら修復していく」という修復的司法（正義）の理念であるという⑥。

3・地域の力を引き出す学び

たとえば、二〇〇四年に町会が中心となって設立された当地域のまちづくり協議会（仮称、萩之茶屋まちづくり拡大会議）に、「こどもの里」の子どもたちが参加し、「子どもの声が聞こえるまちづくりを進めよう」との目標のもと、地域住民を巻き込んだワークショップを重ねた結果、一九八三年頃から野宿者対策で施錠・閉鎖されていた萩之茶屋北公園が地域の協力できれいになり、二〇一一年に再オープンとなった、という事実はまさに地域における実践的な学びの成果である。

また、一九八六年から毎年続けられている「子ども夜まわり」も大切な地域学習の場である。この取り組みは、釜ヶ崎キリスト教協友会の活動の一環として、寒さ厳しい一～三月の毎週土曜日、「こどもの里」の子どもたち有志とスタッフやボランティアが野宿者の夜まわりをするものである。子どもたちによる野宿者への襲撃が後を絶たない状況を憂慮して始められた。子どもたちは夜まわりの前にお昼寝をし、そして必ず学習会をおこなう。そこで釜ヶ崎の歴史、日雇い労働者を生み出した社会構造、野宿者の個人史などについてレクチャーを受ける。そして、午後一〇時ごろから約三時間かけて毎回二〇〇人余りの野宿者に、体調を聞いたり世間話をしたり情報を提供したりする。あらかじめ用意したおにぎりや味噌汁、毛布も必要な人がいれば渡す。友達と会うようにおじさんたちと接し、おじさんたちも感謝の声を子どもたちに返すという関係が築かれていくなかで、差別や偏見が解消されるだけでなく、子どもたち自身も相手も一人一人が大切な存在であることに気付き、自尊心を回復していく様子がうかがえるという。そして、この取り組みの蓄積が、「こどもの里」と地域社会とのつながりをつくる一要素になっている。

その他にも、毎年年末、「こどもの里」や釜ヶ崎のことを様々な大人に知ってもらうために、応募者が五泊六日で「こどもの里」のサポートや学習会を体験する「釜ヶ崎ワークキャンプ」をおこなったり、西成区単位での各団体（子育てサークル、保育所、施設、行政、病院、地域のボランティアなど）によるゆるやかなネットワーク「わが町にしなり子育てネット」が主催する「にしなり☆あそぼパークプロジェクト」（公園を使った遊び環境づくりの活動）に参加したりなど、地域社会とのかかわりを意識した事業は幅広くおこなわれている。

4・社会的排除の克服と地域づくり

このように「こどもの里」の取り組みは、貧困・格差にさらされる子ども・若者とその家族が主体的に生きていくためには地域社会の力が不可欠であることを不断に発信してきた。つまり、包括的な支援と、困難を絆にした学習によって、貧困・格差の背景にあるシビアな地域の実情（彼らが背負っているもの）を、自己責任認識をこえて、相対的・構造的にとらえられるよう促し、そのことによって、自己肯定感を育み、偏見・矛盾と闘い打ち砕くことのできる人間になることを助け、彼らの主体性・自立性を根底から少しずつ回復させているのである。区内周辺地域には類似の理念をもった施設や団体が多く存在するが、こうした取り組みの集積によって、地域における多様な人々の間の共存意識が高まり、子育て・子育ちの地域ネットワークがきり拓かれている。そして、「西成区特区構想」といった社会制度の改革・整備の議論にもつながっているのである。大阪市行政との理念的ギャップはまだ大きいものの、非営利セクターならではのボトムアップアプローチで社会的排除の循環構造に待ったをかけ、子育て・子育ちを支える地域づくりの価値を鮮明にしていくこのプロセスは、今後の地域政策の針路を示しているといえよう。

四　震災後を生きる子ども・若者と地域再生

1・地域復興の主体となる子ども・若者たち

震災直後の混乱した状況下で、子ども・若者が主体的に他者のため、地域のために活躍する姿は各被災地で数多くみられた。こうした活動を通して、子ども・若者は地域の中で自分の役割があることを実感し、地域の一員としての自己を実感することになった。さらに大人の側も、彼らが地域の一員であることを実感する機会となった。その後も、新たな地域づくりが求められた被災地において、子ども・若者が地域づくりに積極的に参画し、大人が彼らを信頼して支えていく事例が数多くみられる。子ども・若者が、保護・管理され支援される存在から、地域を支え復興の主体となりうることが示されたのである。

たとえば、岩手県山田町、陸前高田市、宮城県石巻市の三地域でおこなわれている「子どもまちづくりクラブ」の活動は、現在少しずつ成果を上げはじめている。この活動は、子どもたち自身が地域の復興に向け活動していくもので、公益社団法人セーブ・ザ・チルドレン・ジャパン（Save the Children JAPAN）の復興支援の一環として、二〇一一年六月下旬より取り組まれてきた。今のところ、山田町では、町のコンパクトシティ構想の中に子どもたちの地域づくりの構想が加えられ、また、特産品であるまつたけとしいたけをミックスした「まつしい」というイメージキャラクターが創り出され、まちを盛り上げている。陸前高田市では、新聞・ラジオを使って子どもや住民の声を発信し、市長・副市長・市議会議長に子どもの意見を届ける「進め！高田っ子！まちづくりトーク☆」というイベントが開催された。石巻市では、「石巻の活性化のために中高生が中心となってつくり、運営する施設。みんなが過ごしやすく、子どもの想いを世間の人たちに伝えられる場所」をコンセプトに、子どもたちが企画・デザインした児童館「石巻市子どもセンター」が、二〇一四年一月一九日にオープンした(7)。

宮城県や岩手県は歴史的にジュニア・リーダー（子ども会活動などの地域活動における中・高校生の年少指導者）の活動が盛んで、地域の祭りや行事、伝統芸能などの継承活動に参加している子どもたちも多い土地柄であった。右記の事例は、このような参加型の段階から一歩進み、ワークショップやスタディーツアー、地域住民への報告会やヒアリング調査などを通して、子どもたちが地域課題に対して主体的にその原因を考え、解決にむけて何をしたらよいか調べ、解決策を企画して実践しているという、いわゆる参画型である。被災地域の未来を担う世代が着々と形成されていることがうかがわれる。住民や行政職員も子どもたちへの信頼感をベースに、じっくりと時間をかけて彼らと向き合っている。子どもの権利条約の精神を体現した、大人と子どもの新しい関係づくりが進んでいる。

2・地域の主体性・自立性を再生する学習

また被災地では、未来にむけて新たな地域づくりが目指される一方で、地域の歴史や地域に根づいた生活文化をいかに守り伝えるかという課題がクローズアップされている。当たり前に存在した「人、もの、風景、記憶」を突然失くし、地域が否応なく分断・再編されていく中で、改めて地域の歴史や生活文化の価値がとらえ直されているのであろう。そしてこうした地域のとらえ直しが、地元の魅力を発信しようとする子どもたち主体の活動をきっかけに、大人も巻き込んでより本格化していく、というケースが散見される。

たとえば、「高校生がつくるいしのまきカフェ「　」(かぎかっこ)」は、宮城県石巻市の高校生がゼロからコミュニティ・カフェをつくり運営するという取り組みで、店名の「　」(かぎかっこ)は「何でも入る可能性や個性、原点のワクワクを大切にしたい」(8)という想いが込められている。高校生たちはオープンにむけての過程で、石巻の特色をいかしたカフェづくりを目指した。石巻の特産物を使った商品開発を追求するために、地元の水産会社や農業生産法人の人から石巻の漁業や農業について深く学び、その結果、石巻が誇るくじら、さんま、さばなどの海の幸やササニシキ、新鮮な野菜など、地元のものを使った手作りのメニューが考案され、石巻の新たな名物となっている(9)。

「気仙沼高校生団体『底上げＹｏｕｔｈ』」は、気仙沼を高校生ならではの視点で観光地として盛り上げたい、という思いからアイデアを出し合う団体である。気仙沼の歴史、郷土料理、伝統文化などを掘り起こし、リーフレットやフリーペーパーを作成して、地元の魅力を発信している。地域内外からの評判もよく、彼ら自身が地元に自信をもつきっかけにもなっている[10]。

そもそも三陸の地域は、豊富な海洋資源を継承し漁業後継者を育成していくために、地域での「ふるさと学習」が積極的におこなわれてきた経緯があった。宮城県南三陸町内の旧志津川町地区では、学校の課外活動の位置づけで町民が先生となって地域の仕事・歴史・文化などを子どもたちに教える、「ふるさと学習会」の活動が二五年も続いていた。

二〇一二年六月にスタートした「南三陸町ふるさと学習会」は、この「ふるさと学習会」の歴史を参考に、学習の機会・内容を大幅に拡大してリニューアルさせたものである（二〇一三年九月より「南三陸町わらすこ探検隊」と名称変更）。町民が先生となることはそのままに、対象を小学生全学年に広げ、月二回、南三陸町の海、山、川、工場、市場、体育館、商店街、企業をフィールドに参加型講座をおこなっている。自然観察、遊びプログラム、キャンプ、農業体験、職場体験、工場見学、化学実験、伝統工芸品づくりなど、これまで七〇回以上の参加型講座が開かれてきた[11]。

こうした地元地域をとらえ直す動きの意義として何より重要なのは、大人と子どもが助け合いながら地域の暮らしを取り戻し、地域の主体性・自立性を、ともすれば震災前よりも力強く再生させている点である。地域の持続性はこのようにして確立していくのだろう。

3・「マイメディア」によって広がる子どもネットワーク

さらに注目すべきことは、子どもたちがインターネットの力を使って、地域にとどまらない新たな共同ネットワークを築いていることである。今や子どもたちは当たり前のようにネットを使ったコミュニケーションに慣れ親しんでいる。実際、これまで紹介してきたほぼすべての事例において、子どもたちは、何らかのSNSツールを使った情報の受発信をおこなっている。そのため、日々活動の内容が写真や動画とともにプライベート感をともなって紹介されており、地域づくりの活動や地元の魅力を発信する活動が、被災地内外の子どもにとって非常に身近なものになり、賛同者や新たなメンバーが増加しやすくなっている。つまり、広域媒体であるマスメディアに対して、個人の情報発信媒体としての「マイメディア」が地域づくりのあり方を劇的に変えているのである。

たとえば、「高校生がつくるいしのまきカフェ「　」（かぎかっこ）」の活動は、ウェブサイト、ブログ、フェイスブック、ツイッターでそれぞれ紹介されていて、団体概要やカフェづくりの経緯、カフェのメニューなどはウェブサイトで、日々の活動紹介や出来事紹介、賛同団体との交流などはフェイスブックで、その中で特筆すべき出来事に関してはブログにまとめてアップ、さらに、メンバーによる日々の何気ない会話、お客さんとの会話、喫緊の宣伝などはツイッターで、という形式をとっている。そのことによって、被災地内外での認知度を高め、カフェ運営活動にとどまらず、有名人や賛同団体とのコラボレーション企画、被災地外での学習会やイベント参加など、活動の幅がどんどん広がっている。

小中高生の子どもたちの取材活動により、石巻の今を伝える季刊新聞『石巻日日こども新聞』の取り組みは、最初は新聞メディアのみであったが、その新聞づくりの過程も含めてフェイスブックやツイッターで発信し、賛同者や協力者が増えることによって、「石巻日日こどもラジオ」、「石巻日日こどもテレビ」といった新しいコンテンツの誕生につながっている。新聞発行部数は現在約五万部にまで増加している。[12] また、被災地外の若者たちが、関東・東海・関西を拠点に、東北への旅行ツアーの実施、フリーペーパーの発行、復興支援イベントの実施などをおこなう、十代の復興支援団体「Teen for 3.11」の取り組みのような、地域・地方をこえた団体ができあがるのも、彼らが「マイメディア」を駆使して情報を受発信しているからである。[13]

このように、むしろ大人が目を向けることを怠っている地域課題に対してアンテナをはり、主体的なアクションを起こす子どもたちが、「マイメディア」を通じて数多く生まれ、互いにつながっている現実がある。子どもたちが共同して自治的な活動を創造していくには、子どもたちに情報と役割が与えられていることが大切であるが、情報や役割は大人から与えられるばかりではなく、今や子どもたち自身がゼロから創り出していけるものでもある。開かれた場づくりや参画型の関係づくりをプロデュースする担い手は、子どもたち自身でもあるといえよう。

4・求められる被災地の自治の確立

東日本大震災は、グローバル化にともなって進展する中央（東京）と地方（東北）の搾取と支配の関係を、非常に先鋭的な形で浮かび上がらせた出来事であった。にもかかわらず、被災地復興政策の視線は基本的に中央よりで、古めかしい公共事業依存型の事業が大部分を占めている。人口減と高齢化が一気に進む東北において、めざすべき復興のビジョンは、この長年の搾取と支配の関係を変革することであるはずである。つまり、大都市が地方に人材・物質循環において安易に依存している実態をいかに変えていけるか。そして、特に次代を担う子ども・若者たちの生活基盤をいかに整備することができるか。こうしたことを実現するための制度や組織はどうすればつくることができるか。そしてこうした変革のプロセスにいかにして住民が参画していけるか、ということであろう。そういう意味でいま最も必要なのは、暮らしや生業を根底から再考し、未来社会をデザインすることであり、そのためには地域の子ども・若者、さらに女性の声に耳を傾ける必要がある。子育て・子育ちを通した被災地地域の自治の確立が今まさに求められている。そういう意味で、大人との信頼関係の中で発揮される子ども・若者のいきいきとした発信力が、地域再生にむけての問題解決学習を進展させるビッグパワーとなっていることの意味は非常に大きい。

おわりに

本章では、疎外構造に巻き込まれようとしている親や子どもが、「公共・非営利」の子育て・子育ち支援機関のさまざまな働きかけによって、それぞれの困難を絆にした親密な人間関係を構築し、子育て・子育ちのための公共的な空間をつくりあげ、そこを拠点に地域に潜在する子育て・子育ちを支える共同の力を引き出している実践の今日的重要性について考えてきた。

行政の働きかけを通して、孤立する親や子ども同士の相互扶助のしくみが構築され、地域における子育て・子育ちの共同性の発展につながっている北海道中標津町の例。貧困・格差の渦中にいる子どもたちの暮らしをとり戻し、主体性・自立性を回復させる非営利セクターの働きかけが、地域の力を引き出している大阪市西成区の例。基礎からの暮らしの再生が求められる非常事態の中で湧き出した子どもたちの力が地域復興を牽引し、大人との信頼関係の中で子育て・子育ちの自治を確立させようとしている震災被災地の例。

これらの事例を通して学ぶべきことは、子どもを育て、そして子ども自身が育っていくためには、相互扶助作用でもって疎外構造から親や子どもを保護する「共同・協働」の力が不可欠であるとまず気づくことの重要性、そしてこの「共同・協働」の力を今日の時代状況に合った形で創り上げようとすることの重要性、さらには、この「共同・協働」の力は不断に更新しながら創り続けていかなければ維持できないと気づくことの重要性、だからこそ「共同・協働」の力を暮らしの中に織り込まなければならず、そのためには地域の多様な担い手が必要で、ここに子育て・子育ちのための地域づくりの意味があると認識することの重要性、こうしたことではないだろうか。このプロセスは、まさに認識変容をともなった学習活動である。葛藤と希望に満ちたこの地域学習のプロセスなくしては、子育て・子育ちの未来は拓けないだろう。

（1）相対的貧困率とは、OECDの作成基準に基づき、等価可処分所得（世帯の可処分所得を世帯人員の平方根で割って調整した所得）の中央値の半分に満たない世帯員の割合を算出したものを用いて算出されたものである。
（2）二〇一一年八月二九日、中標津町における著者によるインタビュー調査より。
（3）二〇一一年八月三一日、中標津町における著者によるインタビュー調査より。
（4）荘保共子「子どもの支援と公衆衛生への期待」『公衆衛生』第七七号、二〇一三年、一七頁。
（5）荘保共子「支援者へのインタビュー（4）こどもの里」田中聡子他編著『断ち切らないで　小さき者を守り

抜く「子どもの家」の挑戦』ふくろう出版、二〇一二年、六一頁。
（6）二〇一三年三月二七日、著者による荘保共子氏へのインタビュー調査より。
（7）SOFT中間報告書三『Connect』Save the Children JAPAN、二〇一三年参照。
（8）いしのまきカフェ「　」ウェブサイト（http://doorwaytosmiles.jp/about/）参照。
（9）日本子どもを守る会編『子ども白書　二〇一三』本の泉社、二〇一三年、七六〜七八頁参照。
（10）日本子どもを守る会編『子ども白書　二〇一四』本の泉社、二〇一四年、七九〜八一頁参照。
（11）南三陸町復興推進ネットワーク（373NET）のウェブサイト（http://www.373net.org/）参照。
（12）前掲、『子ども白書　二〇一四』、七六〜七八頁参照。
（13）前掲、『子ども白書　二〇一三』、九七〜一〇〇頁参照。

III　教育文化施設の地域展開

III部では、社会教育施設や高等教育機関が地域にアウトリーチをおこない、住民と共に地域学習を創造していく過程を検証する。このような地域展開をつうじて、教育文化施設のあり方が問い直され、地域課題の解決、自治と協働、市民参加、地域連携などの運営・事業論が新たに提起されてきた。地域再生が問われている時代に、教育文化施設もよりいっそう深く地域にねざすあり方が探求されている。

7章では、公民館の地域展開のあり方について、都市部、農村部の事例を通して明らかにする。地域づくり活動の主体としての住民の成長と自治の発展、若者支援や中・高校生の地域学習への参加など、共生の地域づくりは学校づくりにも及び始めている。

8章では、地域博物館構想の歴史的発展を通じて、博物館が教育普及から市民参加へ、学校・地域と連携する体験型のプログラム、さらには地域資料の収集から市民立の博物館へと成熟をみせている実態を考察する。

9章では、生涯学習機関としての役割をもつ高等教育機関が、地域の中核（Center of Community＝COC）として新たな役割を期待されていることに注目する。高等教育機関のもつ専門的研究機能や資源が地域課題の解決にむけられるだけではなく、生涯学習を通じて専門家と住民・若者たちが共に学び合える関係を構築し、地域を支え地域に支えられる存在となりうるかどうか、大きな挑戦が始まっている。

7章　公民館における地域学習の探求

辻　浩

一　公民館活動の展開と地域

1・地域振興の総合機関としての公民館

公民館は、文部省（当時）公民教育課長であった寺中作雄が構想し、一九四六年七月に文部次官通牒で設置が奨励された。それは教育基本法が制定される前のことであり、したがって公民館の機能は必ずしも教育・文化に特化されず、町村振興の総合的機関と考えられた。教養部、図書部、産業部、集会部などの部制を敷き、地域の活性化につながることであれば何でも取り組むという考え方が示された①。

そのことを反映して、一九四六年一二月に文部省社会教育局長・厚生省社会局共同通達が出され、公民館は社会事業・社会福祉と連携することが求められた。生活扶助、生業扶助、葬祭扶助、宿所提供、託児事業、授産事業など、社会福祉とかかわりながら地域振興に貢献することが推奨された。また、優良公民館として表彰された事例では、女性の職業訓練に関する相談や妊産婦保護、農繁期託児所、保健・衛生・育児の知識普及をめざす愛育班活動に取り組んでいるものが目を引く②。

教育基本法（一九四七年）と社会教育法（一九四九年）の制定によって、公民館は教育・文化機関と位置づけられることになった。住民が地域振興にかかわりながら学習するというスタイルは、占領軍の民間情報教育局の理解を得るのに難しい面もあった。しかし、協議を重ねる中で、戦後日本に民主主義を普及するために、地域の拠点が必要であり、それが地方分権をすすめる力になるという合意が形成されていった。③

一九五〇年代に入ると、青年教育を中心に共同学習が盛んになる。そこでは、対等な人間関係の中で、生活の実態を語り合い、問題解決をはかることがめざされた。このような学習スタイルは、六〇年代に入ると、公害問題に取り組む市民の学習や農業構造改革の本質を見抜き自らの農業経営を考える信濃生産大学に引き継がれていった。これらの実践には、民衆の立場に立つ研究者や専門家も参加し、住民の話し合いと科学的な知見を統合した学習が展開された。④

一九六〇年代後半には、行政職員と地域自治組織の話し合いを通した地域づくりに社会教育がかかわることになる。その典型である京都府教育委員会による「ろばた懇談会」では、住民同士の話し合いの中から切実な生活課題を汲み取り、政策に反映させることがめざされた。⑤また、鳥取県倉吉市や京都府久美浜町では「自治公民館」が提起され、地域の生活の基盤を守るための公民館が展望された。しかし、地域の政治的な力学も考慮した時、このような公民館のあり方が正しいのか、論争的な課題となった。⑥

このように、一九四〇年代後半から六〇年代までの社会教育では、職員が地域に出かけて課題を把握することが一般的であった。そして公民館も、教育基本法にもとづく教育文化機関とはいえ、地域づくりに積極的にかかわっていた。

2・学習権の保障と公民館

一九六〇年代には、国民の学習権を求める運動が盛んになり、社会教育においても、住民の学習権を保障するために、社会教育職員の不当な異動の撤回を求める運動が展開された(7)。さらに七〇年代に入ると、都市部において社会教育に関する住民運動が盛んになり、施設・設備が整備され、事業が充実することになった。そこでは、住民参加への関心も高まり、公民館運営審議会の機能を活性化するだけではなく、講座企画委員会やロビー運営委員会などがつくられていった。また、障害者青年学級や公民館保育室、高齢者学級など、学習に参加しづらい住民に対する社会教育実践が公民館で取り組まれることになった。

このような社会教育の学習権については、学習の自由を守るという側面(自由権)と学習の機会を保障するという側面(社会権)から論じられていたが、一九八〇年代後半に入ると、困難を抱えている人や異なる文化やアイデンティティをもつ人とともに生きていくという側面(共生の権利=第三世代の人権)からも注目されるようになっていった。

3・地域づくりの中核的な学習・文化施設としての公民館

このような動きは、バブル経済がはじけ、地域に根ざしたくらしのあり方が見直されるようになる一九九〇年代に入ると、公民館を地域づくりの中核的な施設にしようとする動きになっていく。それは、自治体運営における公私協働や自治体財政逼迫への対処という行政的な立場から出される場合もあれば、学習と実践を結びつけて豊かな人間発達をめざしたいという願いにもとづく場合もある。地域づくりに住民を動員する動きに絡め取られるのではなく、地域課題と向き合うことで確かな人間発達をはかっていく社会教育実践の創造が求められている。このような中で、公民館は地域づくりの中核的な学習・文化施設になることが必要である。

そのための課題の一つは、さまざま地域課題を自由に学べる仕掛けをつくり、住民がそこで学ぶとともに、学ぶ住民に触発されて地域・自治体で働く職員が成長することである。そのことで、地域の自治能力が高まり、地域づくりがすすむようになる。その際、地域課題の中でももっとも重要である住民の人間関係に注目する必要がある。したがって課題の二つは、生活上の困難をかかえ、ともすれば社会的に排除される住民に焦点を当て、ともに生きることをめざした社会教育実践を展開することである。しかし今日、自治能力を高め、ともに生きる地域づくりをすすめても、次世代が地域に残らないという問題に直面している。そこで課題の三つは、地域を学び、地域の可能性を見つけることを通して、子ども・若者の進路を照らす社会教育実践が求められている。このような三つの視点から、地域学習にかかわる社会教育・公民館のあり方を考えてみたい。

二　自治の力を高める地域学習と公民館

1・地域自治の担い手を育む学習と実践

地域課題の学習と地域づくりが活発な自治体として、長野県阿智《あち》村が注目されている。そこでは、住民と行政が協働する体制づくりを優先するのではなく、住民が日常的につながることを通して、自ずと地域づくりをすすめようという雰囲気がつくられている。社会教育・生涯学習研究所が二〇一〇年度から一三年度にかけておこなった調査をもとに、その様子を見てみたい(8)。

長野県南部伊那谷に位置する阿智村は、農林業と観光が中心的な産業であるが、他の中山間地域と同様に、過疎にともなうさまざまな課題を抱えている。その阿智村でまず目を引くのが、「村づくり委員会」である。これは村の課題を考え、活動する住民のグループであり、五人以上で村の協働活動推進課に届け出ると助成を受けることができる。講師謝礼や視察・研修など学習に必要な費用が支出され、年間一〇〇万円が予算化されている。これまで、「村づくり委員会」で取り組まれたものは、図書館の設置、阿智中学校体育館を社会教育でも活用するための工夫、知的障害者授産施設「夢のつばさ」の開設、農家レストラン「伍和食堂」の開設、有機農業への取り組み、Iターン者を支援するグループの立ち上げなど数多い。

ここで特徴的なことは、住民が学習し、村の社会教育研究集会等の場で発表することを通して、地域の中で多くの住民の合意をつくっていくということである。「村づくり委員会」で取り上げられるものは、いずれも、はじめは少数の人が願ったことであった。しかし、関係者が学習することによって、その公共性に気づき、住民の中で何度も話題になる中で、多くの人が望むものになっていった。また、このように準備された活動は、自ずとそれを担ってきた人の情熱と力量を鍛え、その周りに多くの協力者を育てる。そのようにして、所期の目的を達成した後も、運営にかかわり、学習を繰り返して、新しい展開をしていく。

「村づくり委員会」をはじめ住民の主体的な活動を集約して、地域の財産として確認するとともに、村外に発信するために考えられたのが「全村博物館構想」である。阿智村では、「ひなまつり街道」「花桃まつり」「木槌薬師の里帰り」「矢栗無礼講」「清内路花火」「伝統野菜」「伍和食堂」など、伝統を受け継ぐとともに新しい視点も入れながら、地域に固有な文化をつくってきている。また、風化させてはならない戦中の重い歴史を背負って、二〇一三年に満蒙開拓平和記念館が開設された。これらを、できあがった事業としてこなしていくのではなく、常に地域を考えて活動し、そのことで地域に誇りがもてるきっかけづくりにしようとしている。

2・学習会を開くことが公民館の役割

このような地域自治にかかわって学習が重視されている阿智村では、公民館の果たしている役割もそれにそったものになっている。阿智村の公民館の体制は、三人の職員が配置されている中央公民館と地域選出の非常勤館長と主事がいる六つの地区公民館からなっている。公民館運営審議会は中央公民館にしかないものの、各館には、地域の諸団体の代表で構成される企画運営委員会が置かれ、学習文化部、体育部、広報部などの専門部もある。一方、住民の文化・スポーツ活動については、会員制の「チャレンジゆうＡｃｈｉ」が公民館を事務所として、事業企画や会場の貸し出しをおこなっている。

そのような中で、住民は「地域で何かあれば、公民館で学習会が開かれる」と思っており、公民館側もそういう学習会をもつことが主な活動と考えている。また、公民館報でも、地域の課題が取り上げられる。このような中で、休荒地を減らす取り組みや健康増進の取り組み、高齢社会を支える取り組み、子どもの生活習慣と学力を確かなものにする取り組みなど、住民が地域課題に向き合う実践が網の目のように組織されている。

3・自治と協働の本質を問う思想

このような村づくりをリードしてきたのは、一九九八年から四期にわたって村長を務めた岡庭一雄である。岡庭は、六一年に阿智村役場に入職し、組合青年部の活動を通して、下伊那地区の青年とつながり、社会教育職員として、公民館主事会にも参加していた。その中で、「貧しい農村を何とかしたい」「村を変えないといけない」という思いを、多くの人と共有していた。

岡庭は、政治の論理と自治の論理は違うという。政治は多数決でものごとをすすめることが多いが、それでは多数になれない人の願いが切り捨てられる。しかし、少数意見ではあっても重要なこともあり、これらを汲み取っていくには、高い人間性と緩やかな話し合いを通して合意をつくっていくしかなく、それが自治だという。そして逆に、そのような自治の取り組みを住民が始めれば、自ずと住民の側から行政と協働しようという動きが生まれるという。

先に紹介した地域自治の担い手を育む学習と実践は、このような自治と協働の本質的な思想によって支えられている。多数決ではすべての住民が幸せになれるわけではない。すべての住民が幸せになるためには、時間をかけて合意をつくり、ともに歩み出す自治が必要であり、そこに学習が位置づく。

4・求められる高いレベルの公務労働

阿智村では住民自治を尊重し、それを支える村政をめざして「協働活動推進課」が設置されている。先に紹介した「村づくり委員会」や「全村博物館構想」をはじめ、阿智学会の事務局や結婚支援も担当している。公民館活動との機能の重なりをどうするかという課題はあるものの、地域の自治を村が支える重要な課として位置づけられている。

また、年四回の『広報』の発行に合わせて、「広報説明会」を集落担当職員二人が出向いておこなっている。それは、職員が自治体全体の動きを知るきっかけであるとともに、住民からの声を聞くよい機会となっている。

このように、地域自治を支えるには高いレベルの公務労働の質が求められる。それは、職員が住民を啓蒙するものではないし、まして住民を煽動するものでもない。住民と真摯に向き合い、自らも不断に生活と労働の課題の改善に取り組む一人の住民であり、労働者であることから形成されてくるものである。地域づくりの中核的な学習・文化施設としての公民館では、そのような住民と職員の学びあいが重要である。

三　社会的排除を克服する地域学習と公民館

1・サークルと公民館事業が提起する地域学習

都市化がすすむ中で、学習への関心が多様化し、住民は自由にサークルをつくり、公民館もさまざまな事業を企画することが求められるようになっている。それらの活動を満たしながら、地域づくりにつながる道筋を模索してきた代表的な実践として、埼玉県所沢市の公民館を紹介したい(9)。

首都圏のベッドタウンとして人口が急増した所沢市では、八つの公民館と一つの分館が設置され、都市住民の学習ニーズに対応してきた。そこでは、多くのサークルがつくられ、公民館を会場として、学習・文化・スポーツ活動が展開されている。そこに公民館使用有料化（公民館使用料の減免をしない）の方針が出された。公民館活動の多くは「私的」なものであり、受益者負担が望ましいという考えを基調にした上で、行政に協力する団体だけは無料にするという内容をめぐって、サークルでの話し合いがおこなわれた。その結果、行政に協力するかどうかで学習条件に格差が生まれることへの批判が集中し、有料化を撤回させた。それと同時に、各館に公民館利用者の組織がつくられ、サークルや団体の連携がすすみ、その力を結集して「公民館まつり」実行委員会が組織されるようになった。

ここで注目されることは、行政的な判断で、地域づくりに協力する団体と協力しない団体に分けることを批判し、自由な学習・文化・スポーツ活動を通して、地域にかかわる道筋を柔軟に見つける地域学習の方向性が確認されたことである。また、そのことを考える契機として、利用者の組織や公民館まつりが設定されたことも重要である。

都市化する地域においては、公民館の主催事業も活発である。所沢市の公民館では、地域の福祉や環境、国際化などの課題を学ぶ講座から、多くの市民が関心をもつ幅広いテーマの市民大学まで、さまざまな事業が企画される。課題を学ぶ講座は多くの場合、参加者が十分に話し合ったり、調査に取り組んだりして、地域に情報発信することまでおこなう。また、多くの人が集まる市民大学の場合は、地域の歴史や文化にふれながら、そのことが一人ひとりにどのような意味があるのかが問わず語りに語られる。

講座や市民大学の企画にあたっては、実行委員会が組織されることが多く、「公民館だより」も編集委員会が組織されている。このような仕組みで重要なことは、企画を考える過程での話し合いが学習そのものであり、事業が始まる時には、力量と意欲と度量をもったリーダーが形成されていることである。リーダーは、学習テーマに関して多くの知識をもっているだけではなく、一人ひとりの人生にとってこの学習にどのような意味があるのかに思いを馳せることができ、公民館という公共の学習・文化施設を使って学習する意味を理解している人たちである。そして、このような中核的な市民を組織しながら、学習や文化活動を通して、人と人とが深いレベルで交流できるようにすることが、公民館職員の重要な役割と考えられている。

このような地域学習を展開してきた力は、やがて、困難をかかえて社会に参加できない人への関心に向かい、公民館職員と保健師、住民が協働して、中途障害を負った人の「地域リハビリ交流会」を立ち上げることになっていく。また、「健康日本21所沢市計画（健康ところ21）」は、住民と職員の学びあいを通して、障害のある人や介護に当たっている人、ホームレス、中小企業の従業員など、従来の健康政策から漏れる人にも焦点を当てたものになっている。このような社会的排除の克服に向かう取り組みが地域学習の中心になってきている。

2・若者支援に取り組む地域ネットワーク

社会的排除の問題は、学校におけるいじめや雇用システムの変化によって、子どもや若者の中に鋭く現れている。このことを念頭において、貧困な家庭で育つ子どもの学習支援や若者への就労支援が地域で取り組まれるようになってきた。その事例として、東京都東久留米市の様子を紹介したい[10]。

東久留米市の集会・学習施設の一つである「市民プラザ」は、現在、労働者協同組合によって運営されている。労働者協同組合は三つの協同（利用者との協同、地域との協同、働く者同士の協同）を運営理念に掲げ、その力で地域に新しい事業を積極的に立ち上げている。そのような流れの中で、市民団体や近隣大学、市内の企業・事業所のネットワークをつくって、「若者就労支援」に取り組んでいる。

そこでの特徴は、履歴書の書き方や面接の受け方を教えるものでもなければ、職業訓練をおこなうものでもないということである。また、安心して参加できる居場所をつくって、自信の回復を待つという方法でもない。ここでは、できるだけ早く働くことに踏み出すことがめざされ、そのためにサポーターがつき、就労体験ができる事業所や雇用してくれる事業所を見つけ、事情を理解してもらっている。また、自信をもてない若者の相談にもサポーターが応じている。

この取り組みは、「青少年就労支援ネットワーク静岡」の一〇年近くの取り組みから学んだものである。そこでは集中的に行われる四つのセミナー（事前セミナー、合宿セミナー、親子セミナー、企業セミナー）が重要な役割を果たしている。セミナーの中でおこなわれる身体ほぐしやワークショップを通して、市民も大学生も事業所も労働者協同組合スタッフも、支援を求める若者と一緒に、人とかかわることや社会に参加すること、そして働く意味を考えている。

社会的に排除された若者を競争原理が渦巻く企業社会に参入させることばかりをめざすのではなく、地域に根を張った働き方や雇用のあり方を考え、共感の輪を広げている。このような社会的排除の克服に挑戦する地域学習が、指定管理者制度の下で運営されている公共施設を拠点に展開されている。

四　中・高校生の希望をつむぐ地域学習と公民館

1・高校と自治体と大学が連携する「地域人教育」

地域自治の力を高め、社会的な排除を克服しようとする大人の取り組みが盛んであっても、それが次代を担う子どもや若者に引き継がれなければ、持続可能な地域にはならない。

長野県飯田市では、そのことに先駆的に取り組んでおり、その中核的な事業が「地域人教育」である。(11) 二〇一二年、飯田ＯＩＤＥ長姫高校と飯田市と松本大学の三者が「地域人教育パートナーシップ協定」を締結した。「地域人とは、地域を「愛」し、「理解」し、地域に「貢献」する人材」であり、「地域人教育とは、地域人を育てるための教育活動」ということである。飯田ＯＩＤＥ長姫高校が地域人教育プログラムにもとづく授業を企画・実施し、飯田市が講師を派遣したり、地域との連携を支援したりする。そして松本大学は、地域と協力して地域人材を育ててきたこれまでの実績をもとに、地域人プログラムへのアドバイスをおこなっている。

2・高校生が育ち、地域と学校が変わる「地域人教育」

飯田ＯＩＤＥ長姫高校では、「地域人教育」を「地域において経営的感覚（商業で学んだ知識、技術、能力）を生かし、地域住民、スペシャリスト、経営者、行政職員、団体職員として、「地域型コミュニティ・ビジネス」（コミュニティ・ビジネスを踏まえた、多重多層の自立型地域経営モデル）を展開できる人材育成」につながるものと考え、それが「地域の総合技術高校としての期待」と「商業教育の新しい挑戦」に結びつくととらえている。

この取り組みについて、高校の側からは、①新しいビジネスの可能性が学べた、②地域の期待にこたえるというマーケティング活動につながる学びができた、③人と人のつながりの中で日常生活が充実し、学習への意欲が高まった、④地域への興味・関心が高まり、地域の価値、文化、自然環境への愛着や誇りが形成された、⑤地域づくりを深く学べる大学・短期大学への進学が増えた、⑥卒業後に地域において活動する意欲のある生徒が増えた、という効果が指摘されている。

一方、高校生を受け入れた地域の側からは、①高校生と出会い、自分の地域を知ってもらえた喜びで、元気をもらえた、②地域活動を説明することで、課題の整理ができ、活動に自信や誇りがもてた、③地域に笑顔が増え、若い柔軟な発想と勢いで、新しい事業展開ができた、と評価され、公民館の側からは、高校生の課題研究を支援するために、これまで結びつきのなかった団体と連携することができたと評価されている。

3・人生設計に地域の視点を入れる

飯田・下伊那地域には四年制大学がないこともあり、飯田市の高校生の八割が、卒業時に地域から出ていってしまう。外に出た人のおよそ四割が、その後、地域に帰ってくるものの、生まれた地域で暮らす人は多くはない。このような人口動態への危機感から、市の第六次基本構想で、「住み続けたいと考える地域づくり」「帰ってこられる産業づくり」「帰ってきたいと考える人づくり」を柱とする「人材サイクルの構築」が打ち出された。

飯田市では地域に根ざして公民館が活発に活動していることから、小学生の時には地域とかかわって育つ子どもが多い。ところが、進路選択を通して人生設計を始める中学生から高校生になると地域との接触がなくなっていく。このことを改善するために、高校生と地域を結びつける取り組みがはじまり、公民館がそこで活躍している。「地域人教育」はその流れの中での一つの実践であり、その他に「高校生講座」も開設されている。

「高校生講座」では、カンボジアへのスタディツアーに向けて、自分たちの生まれ育った飯田について学んでいる。問題意識をもたずに海外を見るのではなく、自分の人生や地域と比較し、真の交流をするために、そのような学習が取り組まれている。このような中から、海外で活躍するだけでなく、小さなことでもいいから飯田を国際交流の拠点にしたいと考える若者が生まれはじめている⑿。

4・希望をつむぐ学力と教育

飯田市において高校生の人生設計に地域の視点を入れようという発想は、地域を維持・発展させることから出発している面がある。しかしこのことは、多くの高校生の希望をかなえるものでもある。

戦後日本社会は経済的な豊かさを求めて、産業を発展させ都市化をすすめ、教育もその流れにかかわってきた。しかし今日、企業合併やリストラ、過労死、不安定就労といった現実を前に、子どもたちに芽生えている「生き方への問い」は、これまでの人生設計に疑問を投げかけている。「「競争の先に何があるのか」疑い、生まれ育った地域で慣れ親しんだ人々とともに生きていくこと、その地域で身近な人々に役立つ仕事に就いて生きていくことを幸福と考えようとしている」というのである。⑬

飯田市で取り組まれている「地域人教育」は、地域資源を活用して仕事をして、それで地域が持続していく、その循環の第一歩である。そしてそれは、地域課題を解決することであるとともに、子ども・若者が希望する未来にもつながる地域学習の姿でもある。

五　社会教育・公民館での地域学習のために

1・地域づくりと住民の発達

戦後教育学の出発は、労働や人間関係を含む実際生活の中で人間の発達をとらえることをめざし⑭、社会教育はその中で、公民館を設置し、実践を積み重ねてきた。このような公民館は、ユネスコで「コミュニティ学習センター（ＣＬＣ）」の重要性が指摘された今日、世界から注目されるとともに、日本からも積極的なアピールがおこなわれている。文部科学省生涯学習局とユネスコ・アジア文化センターが協力して、公民館の英文紹介冊子が作成された。そこで公民館は、集まり（Gathering）、学び（Learning）、連携する（Connecting）ことで、人と地域を発達させる（Developing People and Community）ものとされている。また、公民館は図書館、博物館、近隣組織、ＮＰＯ・ＮＧＯ、学校、保健センターとのネットワークを組むものとされている。⑮

このようなコミュニティ学習センターとして公民館が機能していく際に、これまで紹介してきたように、過疎化がすすむ中山間地域と人口が集中する都市部では、中心になる課題がやや異なるように思われる。

阿智村や飯田市においては、地域社会の存続をかけた地域づくりが取り組まれており、そこに進路を考える高校生の学習も組み込みはじめている。一方、所沢市や東久留米市においては、住民の要求である学習・文化・スポーツ活動を自由に展開させることを先行させつつ、都市住民の人間関係とりわけ社会的排除の問題への取り組みに切り込んでいる。

このことも意識しながら、世界のコミュニティ学習センターにつながる公民館で地域学習をすすめるための構成要素を、以下に提起してみたい。

2・ともに生きるための新しい価値の創造

中山間地域における地域づくりも都市における社会的排除の克服も、競争原理が渦巻く現代の主流の価値観になじまない。今日、「共生社会」をはじめ、競争原理を相対化する新しい価値観が提唱されている。[16]阿智村の「村づくり委員会」や「全村博物館構想」は、結果を性急に求めるものではない。話し合いの過程を重視し、そのことで、当初の目的が達成された後も、住民のネットワークが維持され、活動を継続的に発展させている。このような手間のかかることは、企業社会の論理でいえば避けたいことである。しかし、あえて時間をかけ自治的に地域づくりをすすめることで、地域社会に魅力が加わり、かかわった住民の人生が豊かになる。

また、所沢市の「地域リハビリ交流会」や「健康日本21所沢市計画（健康ところ21）」の取り組みも東久留米市の「若者就労支援」の取り組みも、社会的に排除される人をなくそうとするものである。困難をかかえた人に対して、「自己責任」論を浴びせるのではなく、ともに生きることを地域の新しい価値にしようとしている。

3・新しい価値観にもとづく学校づくり

今日、受験競争の先に何があるのかが見えない時代になっている。その中で、競争原理ではなく、他者を尊重することで学力も維持している「力のある学校」に関心が集まっている。市場的な「選択」でよい教育をつくるのではなく、たまたま同じ学区になった子どもと親が人間関係を結び、ともに活動しながら成長する。そのような価値観にもとづく学校のあり方が模索されている[17]。

飯田ＯＩＤＥ長姫高校の取り組みは、高校生が地域の可能性に気づき、そこで暮らす（戻ってくる）展望をもてるようにするものである。地域資源を活用しながら、地域の中で経済循環を起こすことや新しい価値を付加することが必要である。そのようにして多元的な経済社会をつくっていくことで、子ども・若者の人生設計と地域づくりが連動し始める。

このような学校づくりに、飯田市の公民館は大きく貢献している。そのことを可能にしているのは、日常的に公民館に住民が集い、地域の情報が行き交っていることである。そして、子ども・若者の人生設計にかかわることを通して、公民館にかかわる住民の活動がさらに活性化する。地域学習を通して、このような学校づくりと地域づくりが刺激しあう関係がつくられつつある。

4・新しい働き方と自立の展望

競争原理に席巻されない生き方をするために、新しい価値観にもとづく新しい働き方が展望されなければならない。その先鞭をつけたのは、一九七〇年代末から広がってきた障害のある人の共同作業所であり、そこに学んで、社会的に排除された人の働く場がつくられている。そこでは、仕事とは、マニュアルと成果に追われることではなく、自分のがんばりが評価され、社会と出会う窓口であることが確認されていく[18]。また、それは今日、生活保護受給者や生活困窮者の支援方法としても注目されている。そこでは、就労することばかりを追求するのではなく、日常生活や社会関係における自立も注目されている[19]。

東久留米市で取り組まれている若者就労支援は、職業技術や働く上でのモラルを身につけるものではなく、居場所で自信の回復を待つものでもない。見学でもいいし、職業体験でもいいし、ボランティアでもいい。どのようなかたちであれ、できるだけ早く社会参加することをめざすものである。この課題に挑戦するためにサポーターがついて伴走するが、そこでは、競争原理一辺倒ではない働き方を模索することと合わせて考える必要が見えている。

5・いのちを見つめる住民と地域関係労働者の学びあい

競争原理の支配から脱して、人のいのちが大切にされる学校教育や地域づくり、仕事おこしをしていくために、住民と地域で働く人の協働が求められている。住民の生活問題が複合的になってくる中で、地域・自治体で働く人たちが課題を的確にとらえることが難しくなっている。その中で、地域があって仕事が成り立つ労働者が、住民から「聞く」ことを大切にすることが提唱されている。合わせて、聞き取った住民の願いを実現するために、地域で働く人同士が「聞く」ことを通して、厳しい現実の中ではあっても、実践的な一歩を踏み出す努力がなされている[20]。

ここで取り上げた実践はいずれも、地域の大人や子ども・若者の学習と発達を中心としながらも、それにかかわる職員がともに育つということを含んでいる。職員は、たんに会場を貸したり、相談に高みからこたえたりするのではなく、住民とともに高まり、高度な自治の担い手になっている。社会教育・公民館で展開される地域学習は、このような関係づくりを不可欠としている。

（1）寺中作雄『公民館の建設』一九四六年。
（2）寺中作雄・鈴木健次郎『優良公民館の実例にみる――公民館はどうあるべきか』一九四八年。
（3）大田高輝「J・M・ネルソンの公民館像の特質」小川利夫・新海英行編『GHQの社会教育政策――成立と展開』大空社、一九九〇年、一八七〜二〇一頁。
（4）藤岡貞彦『社会教育実践と民衆意識』草土文化、一九七七年。
（5）京都府社会教育研究会社会教育課研究グループ「自治組織を育てる社会教育――京都「ろばた懇談会」の考え方と実践」戦後社会教育実践史刊行委員会編『講座　社会教育実践史3　開発政策に抗する社会教育』民衆社、一九七四年、四九〜八八頁。
（6）大前哲彦「地域づくりと久美浜町の自治公民館方式」津高正文編著『戦後社会教育史の研究』昭和出版、一九八一年、二二五〜二五九頁。
（7）長野県喬木村社会教育を守る会「喬木村における社教主事不当配転撤回闘争」戦後社会教育実践史刊行委員会編、前掲書、一三三〜一六五頁。
（8）社会教育・生涯学習研究所「地域自治を担う力が育つ村――長野県阿智村調査報告」『社会教育・生涯学習研究所年報二〇一二――阿智村に学ぶ』第八号、二〇一三年、一〜八六頁。
（9）細山俊男「都市化のなかで人間発達を取りもどす住民の学び――埼玉県所沢市職員と住民の協働による社会教

育」島田修一・辻浩・細山俊男・星野一人編著『人間発達の地域づくり――人権を守り自治を築く社会教育』国土社、二〇一二年、三八～五七頁。

(10) 辻浩「地域の力で若者の就労を支える――「若者就労支援ネットワーク東久留米」の取り組み」『月刊社会教育』七〇六号、二〇一四年八月。

(11) 有賀浩「地域人教育の取組み」、村澤勝弘「地域人教育・公民館の実践から――上村地区の事例」(「第二六回現代生涯学習研究セミナー――子ども・若者の貧困に向き合う社会教育」二〇一四年三月、配布資料)。

(12) 木下巨一「飯田市における公民館主事の位置づけ――課題と可能性」『社会教育・生涯学習研究所年報二〇一三 社会教育労働を考える』第九号、二〇一三年、三四～三七頁。

(13) 田中孝彦「学習の主体は子どもたち自身である――「普通」の子どもの生活意識と学習への要求」久冨善之・田中孝彦編著『未来への学力と日本の教育1 希望をつむぐ学力』明石書店、二〇〇五年、二五～三三頁。

(14) 勝田守一「能力と発達と学習――教育学入門I」『教育』一九六二年(『勝田守一著作集6 人間の科学としての教育学』国土社、一九七三年、所収)。宮原誠一「教育の本質」全日本社会教育連合会『教育と社会』一九四九年(『宮原誠一教育論集1 教育と社会』国土社、一九七六年、所収)。

(15) Social Education Division, Lifelong Policy Bureau, Ministry of Education, Culture, Sports, science and Technology-Japan, Asia/Pacific Cultural Center for UNESCO, *Kominkan: Community Learning Centers (CLC) of Japan*, 2009.

(16) 内橋克人『共生の大地――新しい経済がはじまる』岩波書店、一九九五年。

(17) 志水宏吉『公立小学校の挑戦――「力のある学校」とは何か』岩波書店、二〇〇三年。

(18) 文化学習協同ネットワーク編『コミュニティ・ベーカリー 風のすみかにようこそ――ニートから仕事の世界へ』ふきのとう書房、二〇〇五年。

(19) 釧路市福祉部生活福祉事務所編集委員会編『希望をもって生きる――生活保護の常識を覆す釧路チャレンジ』

全国コミュニティライフサポートセンター、二〇〇九年。
(20) 宮本昌博「住民と労働者の共同発達関係をつくる自治体労働者」島田修一・辻浩・細山俊男・星野一人編著前掲書、一五二～一七七頁。

8章　博物館構想の展開と地域学習

新藤浩伸

一　市民の文化活動と博物館

大衆消費社会において私たちは、消費文化を享受し活用する一方で手づくりの文化活動のあたたかみを愛し、活動を通して自らの生き方に気づき、日常を豊かに生きることもまためざしている。文化活動は、趣味や余暇といった生活の余剰という側面もありつつも、それを超えた人びとの生き方の根幹にかかわる部分をなしている。(1)

文化活動にあたっては、多様なノンフォーマル、インフォーマルな場所があるが、日本においては社会教育施設として公民館、図書館、博物館、さらには文化会館や劇場など様々な名称で呼ばれる公共ホールも含めた、公的に整備された一連の教育文化施設がある。第二次世界大戦後の日本においては、行政によって様々な教育文化施設が整備されてきた。一九八〇年代以降、これらの施設、特に博物館や公共ホールでは、活動を館内にとどめず職員が地域に出かけて様々な個人や団体と関係を結びながら、館に来ない人、来られない人たちのためのアウトリーチの実践が展開されてきた。そして近年ではこれらの活動が蓄積をみせ、人が学び育つ場所、文化的価値をつくりだす場所といった視点を重視しつつ、博物館の原点に迫る実践が深められ、教育文化施設が地域における学習の拠点として位置づきはじめている。

本章では、こうした施設のなかでも博物館（ここでは、総合博物館や歴史博物館だけでなく、博物館法で定義される美術館や科学館、動植物園等も含める）に注目する。資料や作品、生きものを媒介にした学習・文化活動の拠点としての博物館は、鑑賞や創造活動を通して、自己や他者、ひいては地域に対する視点を、これまでとはちがったものにすることができる可能性を秘めた場所である。博物館の地域展開の歴史と現在を検討することを通して、市民の地域文化活動と施設のむすびつきのありかたをさぐり、博物館が人びとの地域活動や文化活動、学習活動の場としてさらに機能していくための方策を考察することを目的とする。

二　地域における博物館の歴史と現在

1・戦後の施設整備と博物館

第二次世界大戦後において教育文化施設は、公民館や図書館を中心として整備され、活動が展開されてきたが、経済成長と各自治体の文化行政の進展にささえられ、一九七〇年代以降、各地で博物館や公共ホールの建設も相次いだ。

これらの施設は時に「箱物」とよばれ、ソフト軽視の行政の発想や、施設建設よりも地域に文化活動の芽を育てるべきであることなどが批判されてきた(2)。一方、これらの施設が市民自治により建設・運営・活用されていった事例も少なくない。そうした実践の展開と車の両輪のようにして、さまざまな施設論も生まれた。「あたらしい公民館像をめざして」（東京都教育庁社会教育部、一九七四年、いわゆる「三多摩テーゼ」）、「市民の図書館」（日本図書館協会、一九七六年）、後述する「第三世代の博物館」論（伊藤寿朗、一九八〇年代）など、これらの施設論は現在でもしばしば参照されるものとなっており、この議論の蓄積は、戦後日本における教育文化施設論の財産といってよい。少し遅れて一九八〇年代後半からは、公共ホールの運営と活用をめぐるマネジメント論も展開され、ホールを拠点にしたアウトリーチ、ワークショップ等の実践の蓄積もうまれている。

なかでも博物館は、日本においては明治初期から殖産興業や学校教育の補完的施設、通俗教育や社会教育に資する観覧施設として整備がなされてきた。第二次世界大戦後においては、一九五一年に制定された博物館法が、その成立根拠となっている。「歴史、芸術、民俗、産業、自然科学等に関する資料を収集し、保管（育成を含む。以下同じ。）し、展示して教育的配慮の下に一般公衆の利用に供し、その教養、調査研究、レクリエーション等に資するために必要な事業を行い、あわせてこれらの資料に関する調査研究をすることを目的とする機関」（同法第二条）として、各自治体で建設が進められてきた。

文部科学省『社会教育調査』平成二三年度版によれば、博物館は平成二三年（二〇一一）現在、博物館法に規定される「博物館」（一二六二館、登録博物館および博物館相当施設の合計）、「博物館類似施設」（四四八五館）あわせて五七四七館存在している（表1、2参照）。内訳としては、「博物館」には美術博物館、歴史博物館、総合博物館が、「博物館類似施設」には歴史博物館、美術博物館、科学博物館などが多くを占める。このほかに、数は少ないが野外博物館、動物園、植物園、動植物園、水族館がある。また、

表 1　日本における博物館の整備状況（登録博物館，博物館相当施設の計）

（施設）

区　分	計	総　合 博物館	科　学 博物館	歴　史 博物館	美　術 博物館	野　外 博物館	動物園	植物園	動植物園	水族館
平成 8 年度	985	118	100	332	325	11	33	18	9	39
平成 11 年度	1,045	126	105	355	353	13	28	16	10	39
平成 14 年度	1,120	141	102	383	383	11	31	17	10	42
平成 17 年度	1,196	156	108	405	423	13	32	12	9	38
平成 20 年度	1,248	149	105	436	449	18	29	11	10	41
平成 23 年度	1,262	143	109	448	452	18	32	10	8	42
（構 成 比）	(100.0%)	(11.3%)	(8.6%)	(35.5%)	(35.8%)	(1.4%)	(2.5%)	(0.8%)	(0.6%)	(3.3%)
増 減 数	14	△6	4	12	3	0	3	△1	△2	1
伸び率（%）	1.1	△4.0	3.8	2.8	0.7	0.0	10.3	△9.1	△20.0	2.4

表 2　日本における博物館類似施設の整備状況

（施設）

区　分	計	総　合 博物館	科　学 博物館	歴　史 博物館	美　術 博物館	野　外 博物館	動物園	植物園	動植物園	水族館
平成 8 年度	3,522	177	283	2,272	520	48	51	111	19	41
平成 11 年度	4,064	219	330	2,561	634	71	65	128	17	39
平成 14 年度	4,243	225	342	2,708	651	85	62	124	13	33
平成 17 年度	4,418	262	366	2,795	664	93	63	121	16	38
平成 20 年度	4,527	280	380	2,891	652	88	58	122	19	37
平成 23 年度	4,485	288	363	2,869	635	100	60	113	16	41
（構 成 比）	(100.0%)	(6.4%)	(8.1%)	(64.0%)	(14.2%)	(2.2%)	(1.3%)	(2.5%)	(0.4%)	(0.9%)
増 減 数	△42	8	△17	△22	△17	12	2	△9	△3	4
伸び率（%）	△0.9	2.9	△4.5	△0.8	△2.6	13.6	3.4	△7.4	△15.8	10.8

出典：表 1，2 ともに文部科学省『社会教育調査』平成 23 年度版

学芸員という専門職を擁し、館種ごとに専門知を蓄積させながら、それぞれに資料や作品、いきものを媒介とした地域における学びの拠点として位置づいているといえる。

同調査開始以来博物館は増加を続けているが、表にみるように施設新設は減少し、さらに近年では自治体合併などを機に閉館する施設もみられはじめている。他の教育文化施設もほぼ同様であるが、いまだ地域間格差はあるものの館の量的充実が一定の成果をみたなかで、施設建設を中心にした戦後の博物館政策は転換期にさしかかっている。

また、同調査によれば、博物館一二六二館のなかの公立七二四館のうち一五八館（二一・八％。二〇〇八年は一三四館一九・〇％）、そして博物館類似施設四四八五館のなかの公立三五二二館のうち一〇五三館（二九・九％。二〇〇五年は九六五館二七・八％）で、指定管理者制度が導入されており、運営制度も大きく変貌を遂げている。また、教育委員会制度の見直し等に伴い、従来のように教育委員会所管ではない博物館も増加しており、今後は制度的位置づけも含めて博物館の多様化がさらに進むことも予想される③。

2・「第三世代の博物館」

博物館は上記の通り館種が多様で、一口に論じきれない特徴をもつが、一般的に資料の収集保管、調査研究、公開展示教育、といった基本的機能をもつとされる。

それに加えて一九八〇年代以降、博物館学者の伊藤寿朗は、当時各自治体で急速に整備がすすめられた博物館の実践をつぶさにみながら、「第三世代の博物館」論を提起した。伊藤は、保存施設（第一世代）、展示公開施設（第二世代）としての博物館に対し、社会の要請にもとづいて必要な資料を発見し、あるいはつくりあげていくことを特徴とし、市民の参加・体験を運営の軸とする、「第三世代の博物館」という博物館の現代的な可能性を示したのである。[4]

市民の活動を積み重ねる事によって博物館に公共性が付与されていく実践を支える理論として、伊藤の示した博物館像は現在でも各地で展開されている。現在も市民主体の博物館活動は各地で実践が積み重ねられており、例えば長野県の飯田市美術博物館では、人口一〇万の飯田にあって一二〇〇人もの会員を擁する市民団体「伊那谷自然友の会」が、博物館の展示に関わるなど、市民活動と館の活動が深い協力関係を結んでいる。また、近年の政策動向をみても、これからの博物館の在り方に関する検討協力者会議『新しい時代の博物館制度の在り方について』(文部科学省、二〇〇七年)にみられるように、「集めて、伝える」博物館の基本的な活動に加えて、市民とともに「資料を探求」し、知の楽しみを「分かちあう」博物館文化の創造へ、という方向性がみられる。

しかし、第三世代論が展開された時代は、博物館の新設と多様な事業展開を可能にする比較的潤沢な自治体財政の存在が背景にあった。現在、自治体財政難、職員の多忙化などの進展で、事業の整備拡大を前提とした博物館運営のありかたは困難に直面している。『平成二〇年度日本の博物館総合調査研究報告書』においては、博物館職員の非常勤化、予算減少、資料購入予算の減少、入館者数の減少といった問題が指摘されている。事業においては、収集保存活動に力を入れる館が減る一方で、教育普及活動に力を入れる館が増えている。これは施設の地域展開が充実しているととれる一方で、「そのために「収集保存活動」が疎かにされることがあってはなるまい」と述べられているように、予算減などの消極的な理由で教育普及に取り組まざるをえないという実態も危惧されている。多くの博物館は、自治体合併、予算削減のなかで人員も削減され、少ないスタッフで一人何役もこなしているのが現状である。博物館に対して教育を含めたさらなる社会的役割への要求が強まる中、職員には厳しい労働環境、財政環境下でこれまで以上のパフォーマンスが求められるという困難な状況におかれている。

3・「地域博物館」の提言と現在

伊藤は、「地域博物館」という概念についてもふれている。科学的知識や優れた作品の普及を課題とする「中央志向型博物館」に対して、地域博物館は、第一に、資料の価値付け方を、科学的知識の成果の地域への適用という流れを、地域課題に即して再編成、総合させていく方向性に逆転させる。第二に、市民を利用者として客体化し、科学的知識の普及をはかるのではなく、地域課題に市民自身が取り組む、自己学習能力の形成をはかる。⑤

戦前においても、郷土教育の実践に対して、その媒介となる資料を提供する場所として、少数ながら「郷土博物館」とよばれる博物館も各地に存在していた。⑥伊藤の地域博物館論は、そうした博物館の歴史的理解もふまえつつ、地域を静態的な伝統が蓄積する場所としてではなく、日々の生活のなかで知が蓄積されていく場所としてとらえた点。そして、そのなかで生みだされた資料を媒介にして学びをつくりあげていく場所として博物館をとらえた点に、特徴と意義があったといえる。

佐藤一子は、博物館法、図書館法に「公立博物館・図書館」とともに「私立図書館・博物館」の名称が用いられていることに注目している。公立と民間立の縦割りがリジッドであり、「社会教育施設」が公の占有物となってきたことは、環境醸成における国・自治体の役割が大きいという積極的な意味がある反面、社会教育施設・事業の範囲のとらえ方について理解の狭さを生む要因となってきたことも否めない、と佐藤は述べる。博物館はとくに、公私様々な活動が展開されている。多様な設置主体・運営主体の登場によって、社会教育の公共性の解釈、法制度的課題が浮上してきている一方、設置者が地方公共団体であるかどうかという自明の制度的基準からだけでなく、社会教育活動自体の内実から社会教育の公共性を検討していくことが課題となってきている、とも指摘する(7)。

また、日本の博物館は、東京府美術館(実業家佐藤慶太郎の寄附により一九二六年開館。現東京都美術館)や国立西洋美術館(実業家松方幸次郎が寄贈した西洋絵画のコレクションを展示する場所として一九五九年開館)のように、民間からの寄附によって設立されたいわば「民設公営」型の公立博物館も少なくない。このような例をみれば、建設から運営まですべて行政が行うことのみが「公共施設」であるための要件とはいいがたい。いわゆる箱物批判にみられるように、行政が設置運営しても、必ずしも市民益に寄与していないとして批判されるケースもある。行政による施設建設を中心とした博物館整備が転機を迎えるなかで、行政か民間か、非営利か営利か、といったこれまでの議論とは異なり、施設の公共性は何によって、誰によって付与されるのかという現代的文脈で、博物館のあり方は検討される必要がある。

博物館の量的拡大から質的深化が求められるなかで、博物館の地域展開はどのように深めていくことが可能なのか。その問題を考えるべき地点にきているといってよいだろう。そのためには、それぞれの博物館で積み重ねられている地域活動の実践の意味を検証することが求められる。こうしたなかで、伊藤が指摘した「地域博物館」というありかたは、博物館の公共性を示す根拠のひとつとして重要になってくる。すなわち、「公」と「民」を設置者・形態でわけるのではなく、地域にねざし、そこで市民がつどい、楽しみ学び活動することが施設に「パブリック」としての性格を付与していく、というすじみちが、伊藤の地域博物館論からは見出されるのである。

いま各地の博物館に目を向けると、地域学習の拠点となりうる様々な活動が蓄積されている。第一に、一九八〇年代以降重視され展開されてきた教育普及活動が多様化をみせつつも深められ、地域の教育・文化的資源として、つまり子どもから大人まで人が活動し、楽しみ学び育つ場として機能しはじめている。(8) 第二に、地域の資源を掘り起こし、活用していく活動がある。たんに文化的価値を受動的に享受するにとどまらず、みずから創り出す場所となっている。第三に、地域に生きる人々がつどい、思いや記憶やものをもちより交流させるなかで、みずからの生き方や地域について思いをはせる、博物館の原点にもかかわる学びが展開されている。博物館が、地域における学習の場としていかなる役割を果たしうるかという問題を、この三つの視点にそくして以下で検証していく。

三　地域の文化を学び、人が育つ場所へ

1・学びの拠点としての博物館

地域学習の場としての博物館の機能の第一に、地域の学習・文化活動の資源として、つまり子どもから大人まで人が活動し育つ場となりうる、という点を挙げることができる。自治体文化行政の展開過程において、教育はチャージ（人間の中へ知をためこむ）、文化はディスチャージ（エネルギーを放出するあそびの世界）として異なる論理で展開される（梅棹忠夫）、という議論がなされた時代を経て、現在は、学

びの場としての博物館の機能を正面から考察していくことが求められている。平成二四(二〇一二)年度からは、大学における博物館学芸員の資格取得要件科目として「博物館教育論」も新設されるなど、展示や研究活動のつけたしではなく、活動の根幹の一つとして教育がすえられている。

日本においては、一九八〇年代以降、既存の歴史や文化の価値を伝える展示の延長としての講座スタイルを越え出るかたちで、博物館で教育普及活動が展開されてきた。地域住民との共同研究、創作活動を促す工房の設置やワークショップの実施など、各館の学芸員の創意工夫により、教育普及活動の豊かな蓄積が生まれている。

なかでも、二〇〇〇年に岐阜県美濃加茂市「みのかも文化の森」内に開館し、市民協働部文化振興課によって運営されている美濃加茂市民ミュージアムでは、学校と結ぶ「博学連携」が展開され、子どもだけでなく、関わる人たちが学びあい、触発しあう丁寧な活動を重ねている。

縄文土器も出土する歴史ある森の中の広い敷地に、市教育センターと同じ建物である市民ミュージアム(常設展示室、企画展示室、工芸室、緑のホール、教育相談室などからなる)、市内養蚕農家の家屋を復元した生活体験館「まゆの家」、地域の生活に関わる資料を展示する民具展示館、アーティストが居住しながら生活できるアトリエ、ほか周辺には、出土した住居跡をそのまま保存している遺跡の森、作品を野外展示している彫刻の森、自然観察の森など、自然を活かしながら様々な施設がつくられている。組織および職員体制は、課長一名、館長一名、総務係三名、学習係五名、学芸係八名、教育センター六名からなる(二〇一四年三月末現在)。なかでも学校向けプログラムに主に従事するのは学習係の役割である。学習係の職員は、市行政他部署からの異動、中学校教員、日本画専攻、元校長など、多様なバックグラウンドを有している。

この館の特徴は、開館時より学校教育と密接な関わりを結んでいる点にある。そのため、館の理念と教育普及の理念はほぼそのまま重複している。博物館構想が出た当時は、文化庁の補助制度もあったことから全国的に郷土資料館建設ブームであった。美濃加茂市も当初はその方向性であったが、より時間をかけて計画をしていくこととなった。その結果、教育センター併設となり、学校教育とのつながりを重視した博物館として構想され、完成に至った。

現在、美濃加茂市内の小学校一〜六年生は毎年一度は必ず同館を訪れる。課外学習ではなく、国語や社会、総合などの教科学習のカリキュラムの一環として組み込まれている点がユニークである。学校との連携は、『みのかも文化の森活用の手引き・実践事例集』という冊子を媒介に行われる。カリキュラムの一貫としてどうプログラムを構成し、進めていくかということが非常によく練られた形で掲載されており、毎年更新されながら市内学校に配布されている。

学校側としてこの文化の森を使うのにはどうしたらよいかというところから、この冊子づくりは始まった。驚くべきことに、開館前に、それも一九九八年と九九年に二回出されている。まだ実際に行っていない段階で、夢を語りながら構想を練り上げていったのである。

教育普及だけでなく、型にはまらない多様な試みを同館では重ねている。二〇〇〇年のオープニング事業では、シェイクスピア『真夏の夜の夢』を、野外劇として地元の出演者により上演した。最近では少ないが、館で結婚式も行われ、パブリックとプライベートの空間をつなぐような試みもなされている。非日常を日常にし、「半日常」の空間にしたい。公と私の壁を少なく、自由に使ってもらいたい、という思いが同館にはある。

2・学びの実態と長期的視点での評価

学校との活動にあたっては、教員と博物館職員の間で話し合いを行ったうえで実施される。博物館側も学校の求めるものを深く学び、博物館が提案したものと、学校の要求の間で着地点を探っていくことを重視している。そのため、対等な関係で子どもたちの学習活動の充実を考える関係がつくられている。

一例を挙げると、小学三年生の社会科「古い道具と昔のくらし」は、自分たちで育て収穫した米を、生活体験館「まゆの家」にあるかまどで炊き、できたごはんに手づくりのたれをぬって焼き、五平餅にして皆で食べるという半日のプログラムである。当日、薪の燃える音と炭のにおいを感じながら、子どもたちは火吹き竹でかまどの火をおこす。炊きあがって釜を開けた瞬間、炊きたてのご飯の湯気といいにおいには、子どもたちから自然と驚きと喜びの声があがる。それを五平餅にし、食べた後に民具展示館に出かけ、地元の民具を展示した「ていねいな暮らしと道具」展ほか、館内の展示を見学する。

子どもたちの活動は、自由であるようでいてよく練られたプログラムのもとに進められ、学習係のほか学芸員やボランティアなど、周囲の大人たちが見守るなかで行われる。この見守りが子どもたちには心地よく、学校とは違った時間と空間をゆったりと過ごすことができている。すりばちとすりこぎで苦労しながらたれをつくった子どもたちは、民具展示館でみごとにそれらの道具を使う地元の女性の映像をみながら「職人技や」と感嘆の声をあげる。館長の可児光生は、こうした言葉は他の施設ではなかなか出てこないし、体験と鑑賞の両方を経ることで発した言葉であり、「自分でやってみて、できなかったことをやれてる人がいるんだっていうことをここで知ることができたのは、すごい発見だったんですよ」と語る。自分たちが古い道具を実際に手にして使うからこそ、展示にも興味をもってみることができている。

小学校一年生の国語科の一環「たぬきの糸車」では、同じく生活体験館を利用し、糸車を実際に回してみたり、たぬきになりきって、破れ障子の穴からその風景をのぞいてみたりする。子どもたちの日常生活から消えつつある糸車や障子などの手触りを実際に体験できるのも、同様に博物館ならではの学びであろう。活動終了後には、必ず職員内で反省会を行い、よりよいプログラムと場の構築をめざしている。

ここで行われている学習の意味を、可児は、以下の三点からとらえている。第一に、学習の瞬間にどれだけ発見や気付きがあったかどうか。第二に、ある程度時間がたってきてから、どのように評価されているか。第三に、だいぶたってから体系がどういうふうになっているか。また、さまざまな体験をしてもらいながら、そこから生まれてくる子どもの「つぶやき」を大切にしたい、という。

こうした学びの評価に関わって、同館では、二〇一三年に成人式に参加した新成人にアンケートをとり、小学校時代に体験したミュージアムの思い出を、卒業以来八年を経て記してもらう、という初めての試みを行った。この年に新成人を迎えた若者たちは、文化の森開館以来、小学校一年生から六年生まで六年間続けて体験学習をした初めての学年である。アンケートには、博物館で体験した楽しかった思い出や、現在の生活とのかかわり、また「文化の森がスキです」「これからも教育普及頑張って下さい。必ずみんなのためになっていると思います」といったメッセージなどが記されている[9]。子どもたちにとっては、体験した後も、誇りに思える地域の博物館になっている点が注目される。

博物館において学ぶことは、直接何かすぐに形になるものばかりではない。時には長い時間がかかり、ふとしたことをきっかけに思い出したり、後々振り返って意味付けを行うことで身になったりすることも多い。このような博物館における学びの特質を美濃加茂市民ミュージアムは職員一人一人が的確にとらえ、日々の活動の中で丁寧に育んでいる。

四　地域資源の発見と活用

1・地域のなかの創造拠点

第二に、博物館がたんに文化的価値を受動的に享受する場所にとどまらず、みずから創り出す場所となっている。

神奈川県平塚市博物館は、「相模川流域の自然と文化」をテーマにした地域博物館である。一九七六年に開館し、平塚市教育委員会によって運営されている。先述の伊藤寿朗『市民のなかの博物館』や、元同館館長の浜口哲一『放課後博物館へようこそ――地域と市民を結ぶ博物館』（地人書館、二〇〇〇年）などで紹介され、市民との接点を重視する地域博物館の先鞭として知られている。博物館をとりまく市民の層が非常に厚く、様々なサークル活動の支援が充実した館である。

市民活動とのかかわりが深いことの背景には、その歴史がある。同館は、収蔵展示すべき資料があってつくられたのではなく、多くの市民が遺跡や環境のように失われていくものを遺し伝えることを訴えたことが基盤となっている。平塚は、宿場町としての歴史があった一方で、多くの資料が戦争により焼失し、戦後は開発が急がれ、出土品も放置されている状態であった。そこから、館の設立構想と同時並行で、多

表3　平塚市博物館のサークル一覧

館　内	館　外
古文書講読会	古代生活実験室
平塚の空襲と戦災を記録する会	石仏を調べる会
裏打ちの会	民俗探訪会
地域史研究ゼミ	水辺の楽校生きもの調べの会
平塚の古代を学ぶ会	相模川の生い立ちを探る会
展示解説ボランティアの会	地域調査会
お囃子研究会	星まつりを調べる会
体験学習	みんなで調べよう
考古学入門講座	自然観察ゼミナール
ろばたばなし	自然教室
東国史踏査団	自然観察入門講座
地球科学入門講座	
聞き書きの会	

くの市民が資料をもちより、コレクションが作られていった。施設建設においても、当初は計画されていなかったプラネタリウムが、特に理科教師を中心とする市民の希望により設置された⑩。このように、市民の活動と、そこに協力していく学芸員の関係のなかで、平塚市博物館はつくられ、現在に至るまで運営がなされている。

無料の館内展示は、常設展が相模平野と人間（一階）、地域をさぐる（二階）、星のひろば（三階）というテーマで構成され、そこに特別展も組み込まれる。館のテーマにふさわしく、相模川流域の文化の展示が、自然史、考古、天文等様々な分野からのアプローチによって構成される、文字通りの地域の総合博物館である。

博物館では、展示のほかに様々な講演会や体験学習、講座等も充実している。サークル活動の支援も積極的に行い、現在館内外を拠点に二四ものサークルが存在している（表3）。年に一度の「博物館文化祭」では、それぞれのサークルが活動の成果を手づくりで発表する。それぞれの発表は、手づくりであっても確かな研究の成果に裏打ちされた、質の高い内容となっている。

このような平塚市博物館は、今も博物館をとりまく市民の顔がみえやすいところである。博物館にかかわった市民が、博物館と関わり何を学び感じたかを書き綴った『わた博――平塚市博物館三〇周年記念誌』(平塚市博物館、二〇〇六年)は、来館者にとっての博物館像がみえてくるユニークな内容である。この一冊からだけでも、同館がいかに市民の学習を手厚く支援してきたかをうかがうことができる[11]。

サークルの一つである展示解説ボランティアスタッフに実際の活動の魅力をたずねると、博物館と市民の橋渡しをいかに行うか(他者への貢献、楽しんでもらいたい)、展示ボランティア経験による物の見方の変化(自らの学び)といったことが語られた。一方、新しいメンバーの参加をどううながすかという課題も出された。地域の、市民のための博物館とはいうものの、そこで想定する「市民」とは誰か、という問いは、博物館に限らず、図書館や公民館、公共ホール等の社会教育施設、文化施設では常に起こりうる問題である。

ウェブにも掲載される平塚市博物館の館報『あなたと博物館』には、同館がこだわりをもって「行事」と呼ぶ、市民に向けた様々な学習機会の情報が記されている。市民との関わりを続けていくのは、上記のボランティアの声にみられるようにたやすいことではないが、こうした日々の地道な活動の蓄積が、博物館と市民の確かな関係を生みだす基盤になっている。

2・生活の中の美の発見と創造

美術館における教育普及の先駆の一つをなす宮城県美術館は、一九八一年の開館時から、来館者がたんに鑑賞するだけでなく創作もできるよう、「創作室」を設けている。子ども向けの教育普及活動「美術館探検」もある。美術に触れる以前に美術館という場所を楽しんでみようというユニークな試みである。また、徳島県立近代美術館は、九〇年の開館当初は、ピカソの高額な絵画を購入したことなどで県民の反発もあった。しかし現在は、非常に着実な教育普及活動の積み重ねによって、現代美術を核にした学習文化活動の拠点として位置づいている。その背景には、活動を支える学芸員が、お互いの持ち味をいかしながら活動する組織の力がある。現在はさらに特別支援教育との関わりももたせながら、より深く広い教育普及活動の展開をめざしている。

平塚市博物館に隣接する平塚市美術館は、郷土作家の展示を行う場所を求める市民の要望などから、一九九一年に開館し、現在平塚市教育委員会によって運営されている。先行して七六年に開館した平塚市博物館を参考にして、社会教育や市民との繋がりを重視しながら、市民参加型の企画展制作や多様なワークショップなど、ユニークな活動を展開してきた。二〇〇五年に実施した企画展「大貫松三展」は、地元作家の展示であるが、公募で資料整理経験のある人を集めて調査を一緒に行い、つくりあげていった。集まったメンバーは最終的に一七名となり、作品を調査する、作品を見学する、関係者の話を聞く、記録する、解説パネルを執筆する、パネルやキャプションを訂正する、展示解説を来館者に行う、報告書を執筆、編集するなど、展覧会と関連教育プログラムを実現し、印刷物をつくるためのあらゆる活動に携わった。普通は学芸員が行う仕事を教育普及活動の参加メンバーと協働することで、一人の学芸員では到底できない広範囲な調査と記録を行うことができたという。また、「展覧会準備に際し、ひとつひとつの小さな事実を発見すること、確認することによろこびを見いだし、それを蓄積し、分かちあいつつ準備を進めるという多くの人々の協力により実施できた幸せな展覧会であった。そこには身近にある美術や作家、作品を自分達の手で調査し、探索し、そこから学ぶことへの楽しみと喜びがあったと思う。学芸員の仕事の面白さ、美術館の果たす役割の一端を担うことで、メンバーは美術館の役割や仕事への理解を深め、美術館へ対する親しみは増したのではないかと思う」と、展示に関わった端山聡子（当時同館学芸員）は述べる[12]。ここで端山が述べているように、来館者も学芸員になる、時に立場をずらしながらお互いの智恵と力を出し合えるような場をつくるというのは、美術館の取組みとしては大変ユニークである。また、大貫と縁が深く、宮大工と撚糸が主な産業であった神奈川県愛甲郡愛川町半原の歴史を示すために、神輿と撚糸機を美術館に展示するなど、美術展としては型破りなものでもあった。カタログだけでなく報告書もつくることで、市民が参加し学んだプロセスも含め記録している点もきわめて珍しい。お金がなかったから苦し紛れのものだったがうまくいった、と端山は話したが、経済面といういわば外的制約と、それまでの平塚市博物館が積み上げてきた参加型の手法が組み合わさり「市民が展示の側に周る」という珍しい形の美術館の展示ができあがったといえる。

平塚市美術館をはじめとするこのような地域資源の発見と活用の活動は、大規模館にみられるような世界の銘品陳列タイプのものとは異なる視点で評価される必要がある。そこで展開されている学習活動はきわめて質が高く、学習施設としての博物館の側面が鮮やかに示されている。地域資料を学びの資源として見出し練り上げ、市民の活動に添い遂げていく、学習支援者としての学芸員の専門性も、きわめて高いものといえる。

五　生命の営みに思いをはせる

1・記憶を今に伝える

第三に、地域の記憶、そこに生きる人々がつどい、思いやものをもちより、交流させるなかで、みずからの生き方や、それを超えて存在する地域について思いをはせる学びが博物館で展開されていることが新たな特徴といえる。

博物館の種類は非常に多様だが、なかでも平和関係の博物館は、日本のみならず国際的に、このような市民が持ち寄り、つくりあげていくという成り立ちをみせている。そして、相互の交流が現在に至るまで非常に活発に行われている[13]。

東京大空襲・戦災資料センターは、東京空襲の民間人の被害の実相を伝え、一九四五年三月一〇日の東京大空襲を中心とする空襲や戦争の被害の実相を解明し伝えることを目的に二〇〇二年三月九日に江東区北砂に開館した、民立・民営の資料センターである。前身は、一九七〇年に発足した東京空襲を記録する会である。『東京大空襲・戦災誌』全五巻刊行ののち、東京都に空襲記念館の設立を要望した。一時は建設決定にまで至ったものの、九九年に都としての計画が凍結され、それまで都で集められていた空襲関係の資料は同会に返還された。そのため、同会、および財団法人政治経済研究所を中心に民間募金を呼びかけ、四〇〇〇人以上から一億円以上を募り、土地は篤志家からの無償の寄付を受けて開館に至った。

現在の資料は、開館以前の東京空襲を記録する会による収集物と、現在まで続く、新たな寄贈からなる。

活動としては、調査研究事業（空襲の証言や新たな写真等の資料の整理・公開）、特別展、シンポジウム、講座、年一回三月一〇日付近での「語り継ぐつどい」、夏の親子企画（体験者の話、紙芝居等）、ニュースの刊行（年二回）、ガイドブックやブックレットの刊行などを実施している。

来館者は、近年は年間約一万二〇〇〇人、修学旅行の中学生から空襲体験者の世代まで幅広い。来館した若い世代が率直な思いを綴ったレポートは館に届けられ、館内に展示され、来館者も手に取って読むことができる。戦争体験者は、自身の空襲体験や、戦時下・戦後のくらしを思い出しながら語り合う。そうするなかで、新たな資料が持ちよられる。実際のもので展示してみせることによって、平和という問題にかぎらず、あるテーマを机上の思想として抽象的に学ぶのではなく、ものを通して学ぶことができる。それが、博物館という施設空間がもつ学びの力になっている。

また、戦争の直接体験者が徐々に減っていく中で、二〇一四年夏の親子企画「みて！　きいて！　つたえよう！　東京大空襲」のように、学生が空襲に関する紙芝居の朗読をし、体験者から聞いた若い世代の語り、すなわち追体験者が、それぞれの思いを込めて語りついでいく活動も支援している。直接の体験をじかに語り継いでいく、という活動は、時が経つにつれておのずから限界はやってくる。しかし、このような活動のなかで、直接体験者の記憶の伝承という枠をこえて、戦災を語り継ぐという活動が、館内外との連携もとりつつ広がりと深まりをみせているのである。

2・地域の自然に学びつづける

同様の文脈で、地域の自然を学ぶ活動も注目される。自然史博物館や動植物園も含まれるが、館の制約を外して地域全体を博物館とみなす「エコミュージアム」とも呼ばれる実践がある。エコミュージアムの概念は、フランスにおいて一九六八年の五月革命に触発された博物館関係者により、伝統的な博物館のあり方への「異議申し立て」として生まれた。七〇年代以降、批判の対象になった当の伝統的な博物館が教育に注力するようになってからは、エコミュージアムは、多文化社会への対応といった新たな課題に取り組みつつある。日本でも、当初の概念の核である「抵抗」の視点は換骨奪胎されつつも、各地で様々な実践が行われている。[14] 九五年に発足した日本エコミュージアム研究会では、現在でも、地域全体を博物館とみなした各地の活動に関して交流を続けている。行政主導の一方で市民参加が十分でない、反対に市民だけで活動していることから専門性が高まらない、また大学が主導していることから地域との連携が十分でないなど、地域によって様々な課題もみられるが、エコミュージアムは、ものが生み出された文脈から切り離された「展示」、およびそれを収蔵展示する「館」を中心に展開されてきた博物館を、その原点である「資料」のもつ意味にたちかえって考察しうる、実践的な概念といえる。

こうしたエコミュージアムの一つとして山梨県都留市では、都留文科大学を拠点に「都留フィールド・ミュージアム」が展開されている。同大学学長を務めていた大田堯によって一九八〇年代に「都留自然博物館」として構想され、「ムササビと森を守る会」を地域で展開していた同大学の動物学者今泉吉晴とともに築いてきた実践である。現在では同大学地域交流研究センターによって、地域住民や地元企業と様々な連携をとる形で実践が展開されている。[15] 自然に学ぶ（自然環境教育）、農に学ぶ（食・農・循環の学習）、暮らしに学ぶ（人・町・自然をつなぐ地域研究）という三つの柱を掲げ、地元ＮＰＯとの連携、大学図書館、市立図書館、レストラン、富士急行線都留文科大学駅構内における展示活動などを、学生主体でかれらが地域の自然や人に学びながら行っている。

同大学で編まれ、地域で学んだ知恵や生きものの情報を発信する『フィールドノート』は六〇号を、環境教育の教材研究に役立つ『フィールド・キャンパスだより』は一〇〇号を越える。そこには、地域に息づく人の知恵、生きものの生態、それをとらえる学生のみずみずしい感性とたしかな観察眼をよみとることができる。大学のキャンパスが位置する都留市は、富士山の麓で豊かな湧水に恵まれ、ムササビやカワネズミなど様々な生きものも生息する。都市化、近代化のなかで変化をみせながらそこに生きる人びとの暮らしは、多くが地方出身者である学生たちにとっては、必ずしも特別なものではないかもしれない。しかし、日常のなかにある自然や生きもの、人のくらしをつぶさにとらえようとする活動は、それによって自身の生き方をかえりみることにもつながっている。

大田はこうしたフィールド・ミュージアムを、歴史以前の歴史から人間が生きる地域をとらえ、生命のきずなの中で人間関係を再生していく試みとしてとらえている。「パブリック・アーケオロジー」（市民考古学）の実践にかかわる大田の提起は[16]、前述の平和の問題も含め、自分ひとりの存在を超えた、多様な生命が息づく場所としての地域の姿を、そして、そのような地域の姿について思いを馳せる場所として博物館が存在しうることを、考えさせる。

「都留フィールド・ミュージアム」の活動にもかかわる畑潤は、地域で人々が「記憶し想起するいとなみ」を行う場としてミュージアムを位置づけている[17]。人々が地域に深く学んでいこうとする、これら一連の実践は、さまざまな命と、その命が育まれる地域の記憶をよびおこす場所としての博物館の原点にもかかわる問題を提起している。

六　文化の発信から交流の拠点へ

博物館を含めた各種の教育文化施設においては、一九八〇年代、とくに九〇年代以降「アウトリーチ」や「教育普及」といった用語が用いられてきたが、現在においては、その用語の問い直しも含め、次の一歩が模索されている。学習施設や教育機関を利用して学ぶことができない人々のための学習活動の支援といった意味をもつそれらの用語には、(18)意図しないにせよ、施設が不利益層に対して一方的に文化的価値を届ける、という発想が見え隠れしてしまいかねないからである。しかし現在の博物館においては、住民との連携や施設間の連携を通して、集まる人たち自身が文化的価値をつくりだし、多様な価値観をもつ人びととの共生の拠点になりゆくという視点へと深まっている。そうした動向は、文化の視点から考える際の生涯学習のひとつの本質であり、地域学習の文化的な意味、現代的な可能性といえる。

これらの動向は、新しい展開というよりも、学習や創造、集いという、施設の本来的な意味を深める地道な活動の蓄積にほかならない。さらにいえば、資料や生きものという実物のもつ無限の可能性に学ぶという、博物館ならではの学習の可能性を追究した結果でもある。

そこで問われるのは、価値の定まった既存の歴史文化や芸術文化を普及していくという、啓蒙主義的な発想だけにとどめず、それも含めた多様な博物館教育の論理を見出していくことの重要性である。「文化」の知識や価値を学ぶだけではなく、それらを学びつつも、地域文化の魅力をみずから、あるいは仲間とともに味わい、言葉にできるようになっていくことが、地域において文化を学ぶことの魅力であり、面白さである。

また、博物館においては、鑑賞や創造、楽しみなど様々な経験から知性や感性が触発された結果として学習がうまれる側面がある。学習そのものを目的にすると、多様な解釈や楽しみ方を許容する博物館の魅力が損なわれてしまう可能性があり、各館もその点に心を砕いている。

一方で、誤解をおそれずいえば、共有し伝えていくべき価値をみさだめて発信していくことも、専門施設としての博物館のミッションとして忘れられてはならない。しばしば誤解もみられるが、前述の伊藤寿朗も、すべての博物館が第三世代、地域博物館に移行していくべきであると説いたわけではない。重要なのは、施設間や施設にかかわる主体間が連携をはかりながら、多様な文化創造がなされる環境を支援していくことであろう。

そして、そこで求められるのは、博物館の資源である資料の充実はもちろんのこと、文化の担い手としてのほかでもない人の力であり、立場をこえて多様な価値観を有する人びとの共生という視点である。二〇一三年に開催された国際博物館会議（ＩＣＯＭ）世界大会では、各地の実践が報告される中で「ネットワーク」「インクルージョン」などが強調されていたが、博物館は学習の拠点であると同時に、地域の多様な主体が連携し、共生する拠点として、国際的には位置づけが進められている。地域における博物館は、運営上のさまざまな課題をはらみつつも、各地での着実な実践の蓄積により、狭い意味での「教育普及」の論理を超え、文化の発信から交流の拠点として、多様な人々がつどい学ぶ共生と学習の拠点として、豊かな可能性がひらかれている。

(1) 畑潤・草野滋之『表現・文化活動の社会教育学――生活の中で知性と感性を育む』学文社、二〇〇七年。
(2) 森啓「文化ホールが文化的なまちをつくる」森啓編著『文化ホールがまちをつくる』学陽書房、一九九一年。
(3) 小林真理「博物館法改正に関する一考察――誰のための博物館法か」『文化資源学』第六巻、二〇〇七年、三〜一四頁。
(4) 伊藤寿朗『ひらけ、博物館』岩波ブックレット、一九九一年、九〜一五頁。
(5) 伊藤寿朗『市民のなかの博物館』吉川弘文館、一九九三年、一五八〜一六〇頁。
(6) 伊藤寿朗「日本博物館発達史」伊藤寿朗、森田恒之編著『博物館概論』学苑社、一九七八年、八二〜一二八頁。
(7) 佐藤一子『現代社会教育学――生涯学習社会への道程』東洋館出版、二〇〇六年、九一〜九二頁。
(8) 大髙幸「博物館教育の歴史と今日における意義」寺島洋子・大髙幸編『博物館教育論』放送大学教材、二〇一二年、二七―四六頁。
(9) みのかも文化の森／美濃加茂市民ミュージアム編・発行『平成二六年度の活用にむけて――みのかも文化の森／美濃加茂市民ミュージアム　活用の手引き・実践事例集　平成二五年度版』二〇一四年、一三二〜一三六頁。
(10) 古賀晋一郎、小谷理恵「博物館調査」根本彰、新藤浩伸、井田浩之編『平塚市の生涯学習基盤――博物館、美術館、図書館（東京大学教育学部二〇一三年度「生涯学習基盤調査実習」報告書）』東京大学教育学部教育実践・政策学コース、二〇一四年、二二〜二四頁。
(11) 君塚仁彦「地域のなかの公立博物館とその存在意義を再考する」『月刊社会教育』二〇一一年八月号、国土社、四〜一一頁。
(12) 端山聡子「『大貫松三展報告書』の発刊にあたって」『生誕一〇〇年目の発見　湘南の洋画家・大貫松三展報告書――調査と展示の記録』平塚市美術館、二〇〇六年、七〜九頁。
(13) 平和のための博物館・市民ネットワーク編『世界における平和のための博物館』東京大空襲・戦災資料センター、二〇一〇年。

（14）末本誠「エコミュージアム論再考――朝日町の実践によせて」星山幸男編著『叢書地域をつくる学びX　自然との共生とまちづくり　エコミュージアムの農山村から』北樹出版、二〇〇五年、二〇六～二二四頁。
（15）北垣憲仁「都留・フィールド・ミュージアム」『月刊社会教育』二〇一一年八月号、国土社、三八～四三頁。
（16）大田堯「見沼フィールド・ミュージアムを呼びかける」『大田尭自撰集成3　生きて――思索と行動の軌跡』藤原書店、二〇一四年、一八九～二一三頁。
（17）畑潤「街中のミュージアムと地域文化の創造――私たちが暮らす地域の自然と暮らしを観察し表現する」『月刊社会教育』二〇一一年八月号、国土社、一二～一八頁。
（18）田中雅文「アウトリーチ」社会教育・生涯学習辞典編集委員会編『社会教育・生涯学習辞典』朝倉書店、二〇一二年、三～四頁。

〔付記〕本章は（独）科学技術振興機構　戦略的創造研究推進事業（社会技術研究開発）による研究成果の一部である。

9章　生涯学習機関としての大学の地域連携

村田和子

はじめに――大学の地域連携と生涯学習

今日、高等教育機関である大学において、公立私立を問わず、かつてない変革の波が押し寄せている。一八歳人口の減少を背景としながら、各大学の強み・特色を最大限に活かし、自ら改善・発展する仕組みの構築が国家的な要請となり、持続的な「競争力」を持ち、付加価値を生み出すことが求められる環境のなかで、研究と教育の質が問われている。

二〇一二年の「大学改革実行プラン」においては、地域再生に向けて大学の「COC機能」（Center of Community）、すなわち、地域の核となる大学づくりの機能強化が掲げられるなど、大学と地域の関係は、大学をめぐる高等教育政策とも結びつき、大学の存在根拠までも問われている(1)。しかし、一方で、多くの学問領域は必ずしも地域とは直接連携しない、かつ、実学的なものばかりではなく、COCが大学の自治や学問の自由、伝統的アカデミズムとどのように均衡を保つかは、重要で難しい問題である。すなわち、「大学の地域貢献」「地域への還元」は、高等教育政策の面からのみ論じられるものではなく、「地域貢献」

は、学問の批判的自由や大学の自治との関係においては緊張関係をはらむものであることを忘れてはならない。

本章では、今後の生涯学習の担い手としての大学が地域とともに学び合い、育ち合う関係づくりがどのように可能となるのかについて、まず、大学と地域の「関係」の歴史的変遷を概観し、大学と地域の連携による生涯学習の展開事例の検討を通して考察する。

一　大学と地域の「関係」の歴史的変遷

1・公開講座、大学開放センター

日本における大学と地域との関係は、大学開放すなわち「公開講座」が主流であり、一九世紀後半の英米における大学拡張運動の影響を受けた京都帝国大学にみるように、一九一〇年から「夏期講演会」が開催されていた[2]。

「大学と地域」をテーマとする問題は、第二次世界大戦後の新制国立大学が「一府県一大学」の原則のもとに設置されて以来、重要な問題となってきた。学校教育法（一九四七年）では、「大学においては、公開講座の施設を設けることができる」（第六九条）と規定し、社会教育法（一九四九年）では、「文化講座は成人の一般教養に関し、専門講座は、成人の専門的学術知識に関し、夏期講座は、夏期休暇中、成人の一般的教養または専門的学術知識に関し、それぞれ大学、高等専門学校又は高等学校において開設する」（第四八条）と規定した。

一九六四年に当時の文部省通達「大学開放の促進について」が出され、国立大学に予算措置がされ公開講座が開講されるようになった。通達には、公開講座の拡充強化だけでなく地域振興への協力活動、大学分教室の設置促進なども触れられていたが、もっぱら公開講座の開設が常であった。

高度経済成長期に入ると、産業界の要請を背景に、臨時教育審議会、中央教育審議会、大学審議会による答申が続き、国家的な政策の中に「開かれた大学」が位置付けられるようになり、「公開講座」を所轄する大学内の部局が設置されるようになる。

同時期に、アメリカで発展をみたコミュニティ・カレッジでは、市民参加の設立と運営によって実生活と結合した教育内容がつくり出された。日本においては一九六〇年代以降の農民大学運動にみられる農民の学習要求の高まりが、例えば岩手大学農学部の特別入学枠をもつ営農技術学科構想をよび起こすなど、大学自体を国民化の方向へ発展させていく可能性が探究された[3]。このことは、今日の大学と地域のありようを考察するうえでも示唆に富むものである。

2・大学生涯学習センター

一九七三年には、国立大学で初の大学開放に関わる専門部局として東北大学教育開放センターが設置され、一九七六年に金沢大学、七八年に香川大学と続いた。

さらに、徳島大学（一九八六年）、高岡短期大学（一九八六年）と、大学（教育）開放（実践）センターとして設置されていった。

一方、私立大学では、一九七六年に上智大学コミュニティ・カレッジが、八一年に早稲田大学エクステーションセンターが開設され、大学の知的資産を活かした大規模な公開講座事業が開始された。

一九七三年の国立大学協会のレポートは、大学教育開放センターの使命について、「単なる事業のための組織ではなく、研究と教育を結びつけたものとして位置付ける必要があり、（中略）全学の開放活動の調整センターとして機能すべきである」と提言されたが、その後の教育開放センターの設置は、順調とはいかなかった。

その後、一九九〇年に中央教育審議会答申「生涯学習の基盤整備について」が大学・短大等における生涯学習センター設置を提言したことにより、九一年には宇都宮大学に生涯学習教育研究センターという、初めて、「生涯学習教育研究センター」を冠したセンターが発足し、全国の国立大学において生涯学習教育研究センター名称のセンターが相次いで発足した。七九年には、大学教育開放センターとしての協議会が発足し、後に、「全国生涯学習系センター研究協議会」（以下、「協議会」）に移行し、毎年、研究フォーラムを開催、二〇一一年度には、恒常的な組織としての機能を強化していくこととなった。猪山勝利は、七〇年代「大学教育開放センター」段階は、公開講座開設を主体とする大学開放であったが、九〇年代「生涯学習教育研究センター」段階は、生涯学習に対応する大学の経営センターとしての役割を担いつつあると論じた(4)。今日、大学改革の流れのなかで、生涯学習を冠したセンターの設置は、縮小・再編傾向にあるが、現代日本における地域再生に向き合う学びの創造における大学の役割において、積極的かつ具体的にその内容を提示する働きが生涯学習センターに求められると思われる。そのためには、センターそのものが地域の様々な課題に対して鋭敏なセンサーを有し、かつ、それをキャッチし、地域・市民の意欲に応える学習を組織する力量を有していかなければならないことは自明のことである。

二　大学と地域の連携の動向

1・生涯学習系センターにおける地域生涯学習への参画

二〇一三年度「協議会」による生涯学習系センターにおける地域貢献に関する現状調べ(5)では、主に、①地域住民等を対象とする公開講座、②社会教育・生涯学習関連職員の養成と継続教育への参画、③地域・自治体との連携による事業の三つに大別された。

地域住民を対象とする講座については、自治体と連携して、地域課題や地域づくり、職業能力の専門性の高度化について取り組む学習機会として展開しているのが近年の特徴となっている。

大学間連携による取り組みとして和歌山大学 高等教育機関コンソーシアム和歌山「わかやま学講座」(二〇〇三年〜)、金沢大学、富山大学、福井大学、北陸先端科学技術大学による「北陸四大学連携まちなかセミナー」などがあり、さらに、サテライト(弘前大学、富山大学、和歌山大学)や、ＩＣＴやメディアを活用し、学習機会の地域格差をなくす遠隔地域への学習機会の提供等が様々に取り組まれている(北海道大学、高知大学、金沢大学等)。今日的な動向として、東日本大震災以降も原発事故やエネルギー問題などをテーマに据えた講座の開設にも積極的に取り組む福島大学などの事例も展開している。

センター系ではないが、岩手大学では震災後、県内三つの地域にサテライトを設置し、被災地支援と学生の地域学習を必修化し、被災の現実に向き合う学生教育を強化している。

2・滋賀大学「淡海生涯カレッジ」と「環境学習支援士」の養成

「淡海生涯カレッジ」は、一九九四年から二年間にわたって実施された「地域における生涯学習システムの研究開発」（文部省）を契機に滋賀大学生涯学習教育研究センター（現・滋賀大学社会連携研究センター）と滋賀県との共同研究のなかから、九五年から今日まで継続されてきた学習機会であり、「地域で創る学びのシステム」という特徴を有する。

滋賀県の地域特性である琵琶湖を中心とする環境問題に焦点を当て、公民館、高校と大津市生涯学習センター、大学が連携し、身近な環境問題を学ぶなかで、環境についての問題意識を高めることを目的とする。その構造は、まず「問題発見講座」（五回）が基になる。地域の公民館が担当する身近な環境問題についての覚醒をねらう講座で、講義と話し合いを中心とする。次に観察や実験を通して、環境問題についてのより確かな認識を得させるねらいをもつ「実験・実習講座」（五回）を高等学校や生涯学習センターで実施する。さらに理論的に環境問題を深める「理論学習講座」（一〇回）を大学が担当し、環境問題の体系的な把握に向けて、講義を中心に理論的な学習機会を提供する。このように学習要求を構造化し、①「興味や関心を抱き問題のありかを知るレベル、②調査、観察、実験などを通して、より体験的に問題を把握するレベル、③理論的、体系的に問題を深めるレベル、といった学習要求レベルに対応している。市民の環境学習支援という、共通の目的をもった関係機関が、各々の得意分野を活かしながら結びつき、全体として体系的で、実りある学習機会の提供を可能にしているのが特徴である。二〇〇四年にはカレッジ修了者に対する学習成果の活用状況調査が実施され、修了者の約七割が環境関連団体での活動、自主グループを組織するなど、地域での活動につながっている。

さらに、二〇〇五年四月から二年間の開発期間を経て「環境学習支援士」養成プログラムが実施されている。「環境学習支援士」とは、学校や地域にあって、自ら先頭に立ち、適切な指導・助言を行いながら、環境問題の解決に取り組むことができるリーダーを意味する。資格取得までの学習の流れは、大学開講の環境教育・教育学関連科目（一〇科目）の履修、県内の環境教育機関における一定期間の実習、フィールドワークを義務づけた課題研究論文の作成となっている。これらの学習を四年以内（最短二年で修了可能）に修了した者に、審査の後、滋賀大学より「環境学習支援士」の資格が授与されることになる。このような琵琶湖の環境問題を中心とした大学発信の生涯学習の体系的なシステムを可能にしているのは、滋賀大学における琵琶湖研究の蓄積があり、当該研究者の直接的な関与とともに、大学生涯学習センターが地域でつくる学びのシステム形成における触媒役、調整役を果たし続けてきていることにある[6]。滋賀大学の事例は、地域課題に取り組む研究・教育と学生（専門的人材）の養成と「淡海生涯学習カレッジ」がリンクしていると言える。

3・松本大学「大学教育を通じた地域の変革」

松本大学では、大学教育において「地域における学び」の実践を探究している。

同大の白戸洋（総合経営学部観光ホスピタリティ学科長・教授）は、これまでの大学教育も含めた学校教育が、競争原理や画一的な価値観を背景として、子どもや若者と地域社会やコミュニティとの接点を失わせ、いわば「地域を壊す教育」として、地域社会やコミュニティの崩壊の要因となってきたと指摘し、「地域を壊す教育」から「地域を創る学び」への転換として、コミュニティ・ビジネスを通じた地域と連携した大学教育の有効性を論じている[7]。白戸は、松本大学の教育システムの特徴について、①「学び」の主体化、②「学び」の協働化、③「学び」の地域化、④学びの社会化の四点に整理したうえで、人と出会い、人から学び、人とコミュニケーションを図り、地域や社会に関心をもつと同時に、自分を見つめ直すことで自分の存在感に気付き、主体的に考え、継続的に自分の生活のなかで地域とのかかわりを持ち続けようという意志をもつ若者を育てる教育・研究を通じて「地域を壊す教育」から「地域を創る学び」への転換を提唱する。

そのうえで、「地域を創る学び」は、単に教育の課題を地域の支援で解決することにとどまることなく、学校教育の抜本的な改革をめざす営みであり、地域の共通課題としての教育によって地域社会の変革を進めることであり、単なる体験や従来の教育の補完ではなく、市民としての資質を向上させ、地域社会を担う自立した主体的な人材を育てる、市民性教育でもあることに特徴がある。コミュニティ・ビジネスによる「地域における学び」は、①地域の課題を把握する、②人間関係を構築する、③実際の活動に関与する、という三要素が、相互に関連しながら繰り返され、循環しながら深まる「学びのスパイラル」である。他方、白戸は、松本市をはじめとした自治体社会教育、公民館、地元住民の生涯学習へ深く関与し、尽力してきた。長年にわたる自治体社会教育で培われた地域の環境・文化が、「学生」（若者）を育くむ「教育力」となって地域社会を形成し、大学との互恵的な学びのスパイラルを生み出している。

加えて同大では、学生が大学で学んだ知識や技術を地域づくりのなかで実践的に生かしていくことを目的に、二〇〇五年に「地域づくり考房『ゆめ』」が設立されている。

『ゆめ』は、①「地域づくりの活動を通じて、学生の地域人学習を進める」、②「大学における学問と地域人学習を結びつける」、③「大学の社会貢献を推進するとともに、大学の価値を高める」、という三つのミッションのもとに四つの事業が展開されている。そのなかの一つに「地域づくりコーディネーター養成講座」(二〇〇九年〜)がある。より豊かな地域社会の発展を目指して、地域の問題・課題解決のために、地域の資源を掘り起こし、つなぐ役割を担う人材として地域づくりコーディネーターが規定され、学生と社会人がともに学び、ともに高めあうことをねらいとし、地域・社会で必要とされる連携・協働に視点をおいたプログラムである。『ゆめ』には、専任教員でもあるコーディネーターが常駐し、学生・学生教育と地域連携・貢献との橋渡し役を果たしている。(8) 松本大学の事例は住民の学習・地域活動と連携するアウト・キャンパスの手法によって、学生にとっても地域を支える学び、自らの進路選択を開拓する学生教育となっている。

三　地域発展学習と地域展開——和歌山大学の取り組み

1・地域の「再生」「再建」の主体の形成への貢献

和歌山県は近畿地方に位置し、南は太平洋、北には世界遺産登録の高野山を含む熊野三山の間に位置する、広範囲の山間地を有する人口約百万人の地域である。農林漁業の衰退により若年人口の流出は続き、高齢化は進行している。「課題先進県」とは、仁坂吉伸(和歌山県知事)の言であるが、もちろん手をこまねいているわけではなく、自治体行政はもとより、NPOなど、多様な主体が「地域の再生」、持続可能な地域のありようを求めた取り組みを進めている。

和歌山大学では「地方国立大学に求められるものは、単なる地域に関わる研究成果の地域への還元、一方的発信ではなく、地域住民自身が地域の「再生」「再建」の主体形成への貢献、すなわち地域生涯学習の内容、方法の開発であり、大学と地域社会の諸機関との協働システムの構築にある」との理解の上にたって、一九九八年生涯学習教育研究センター（以下、センター）が設立された。

二〇一〇年には、「地域を支え・地域に支えられる大学」を経営理念とした新執行部体制がスタートし、センターの蓄積も踏まえ、さらに、自治体・企業・地域のニーズと本学のシーズを的確にコーディネートし、同大学四学部（教育、経済、システム工学、観光）・センターの教育研究資源を地域社会との接点にある各センターを介して横断的包括的に活用し、地域社会に内在する様々な問題解決や地域の発展に貢献するという「地域知」[9]の拠点として、これまでの産学連携センターと地域連携・生涯学習センターおよび三つのサテライトを有する「地域創造支援機構」を発足させている。

2・和歌山大学地域連携・生涯学習センターの概要と特色

和歌山大学地域連携・生涯学習センター（発足当初は、生涯学習教育研究センター）と地域社会との関係がどのように構築されてきたのかは、二つの側面から述べることができる。

第一に、センターの三つのミッションそのものである。センターは、和歌山大学と地域・市民を結びつけるチャンネルであり、ここで働くスタッフは、教員であれ、事務職員であれ、このチャンネルにふさわしいフットワークとネットワークをもつこととし、具体的には、①地域の様々な課題を鋭敏なセンサーでキャッチし、学内外のネットワークを駆使して、地域・市民の意欲と大学の人的資源を結びつけ、市民の意欲的な地域づくりを応援すること、②地域課題解決をめざす自治体・教育委員会・NPO等の企画提案をうけて大学の知的財産を活用し、地域発展をめざす生涯学習事業をプロデュースすること、③これらを通して社会教育・生涯学習の理論に関する研究および地域生涯学習を発展させる基礎的研究を発信する。以上のミッションを定めた。

初代センター長である山本健慈（現、学長）は、「地域には無数の課題があり、地域や市民（団体）は、それを解決するための学習を求めている。一方、和歌山大学には約三〇〇人の研究者が在籍しており、また背後には研究者の全国的ネットワークがある。センターの仕事は、課題・人材・費用を含めて両者の関係を探りだし、結びつけること。その関係が可能なすべてに対応している」[10]と設立時を振り返る。

第二に、センター設立段階からの県教育委員会との実質的な協力・協働関係の構築である。

具体的には、二〇〇〇年度からスタートした和歌山県教育委員会との共催による「わかやまヒューマンカレッジ」（二〇〇六年度より、マナビィスト支援セミナーに事業名称変更）、地域からの企画提案を受けてセンターとして学内教員をつなぎ事業化を企図した「高・大・地域連携事業―まなびの郷KOKÔ塾」といったように、「人が育ち、地域をつくる学び」[11]につながる地域連携事業を地域学習として展開してきた。

なかでも、地域・自治体、学校やNPO等市民団体と協同しフォーラムやセミナーを開催することによって、地域づくり・地域再生に取り組む主体の形成（「コミュニティデザイン」の構想力と実践力の形成）に寄与してきた。繰り返しになるが、日本社会は、地域、産業、教育等あらゆる領域における「再生」「再建」を必要しており、地域の核となる高等教育機関（COC）の寄与が求められている。特に、先に述べたように和歌山県においては、「地方分権」改革の進行の中で、「地域再生」の懸命な努力が続けられているという理解に立ってのことである。

この「再生」「再建」の過程において高等教育機関に求められるものは、単なる研究成果ではなく、「再生」「再建」の主体の形成への貢献、つまり、自らの人生をよりよく生きることの探究と同時に、社会の矛盾や困難を自覚的に学びつづける意思を培い、行動を通して他者と連帯していく主体への貢献(「生涯学習」の内容、方法の開発と実施)である。その思想は、ユネスコの「学習権宣言」(一九八五年)、「学習──秘められた宝」(一九九六年)にも通底するものである。

3・地域生涯学習事業によるコミュニティのエンパワーメント

センターでは、先に述べた三つのミッションに基づいて、「地域生涯学習事業開発プロジェクト」に取り組んでいる。いわゆる公開講座ではなく、センター専任教員を中心に学内教員を兼務教員として、学外の教育委員会、NPOなどの地元の実践者を客員教授として委嘱したメンバーによる共同研究会を中心とした活動である。共同研究会そのものが共同学習の場となるように意図している。ここでいう共同学習とは、センターが人や活動を結びつけ、研究者も共に学ぶことが意識化されている。すなわち研究者にとっては、自らの科学的な知見の伝授といったことに留まらずに、地域社会のリアルな現実に真摯に向き合うことの共有化をベースとした学び合いである。地域社会の課題の克服に向けての営みを知り、利害の衝突や人々の間で生じる確執、葛藤、対話を重ねることをあきらめず、一縷の希望を探り出し、行動につなげていく知恵を見出していくなかで生まれ、求められる「学び」に、学問、専門家は、どのように応答するのか。既存の学問の伝授を越えた、課題解決に向きあう学びが、専門家・研究者・科学者といわれる人々のなかで、自らのありようを含めて問い直す場となっているのが特色である。しかし、すでに決められた答えがあるわけではなく、プロセスは、常に試行錯誤の連続である。

研究会の成果は、各種のフォーラム・事業や刊行物として公表される。こうしたプロジェクトの展開は、従来の公開講座とは異なる新たな目的や方法の開発を試みるものであり、事業として実施されるフォーラム等も企画運営に至るまで自治体・NPOとの協働によって実施されており、これらのプロセスそのものが成人教育と位置づけられている。連携事業の実施に重きをおくのではなく、連携のためのテーブルづくりと合意形成のための手続きと時間を大切にし、人々の学びを促し、エンパワーメントの形成に傾注してきたといえる。

例えば、二〇一一年度から開始した「地域子育て支援」をテーマとしたプロジェクト研究会では、保育士養成校である県内の信愛女子短期大学の研究者と結びつき、大学コンソーシアムの具体的なありようを探究するとともに、地域の子育てサークルリーダー、子育て支援NPO、自治体職員、教育委員会関係者、さらに、医療関係者の参画を得た研究会として進められた。研究会が共同学習の場として機能したことによって、子育てサークルリーダーのエンパワーメントにつながり、新たなネットワークの形成がされたほか、地域を基盤としたコミュニティのつながりを求める実践が展開されている。専門職として参加した医師は、子育てサークルリーダーの経験知にふれるなかで、自らの専門性を振り返り、「自分自身や専門職域の中で当たり前の価値観や手法を問い直し、専門性を越えた専門性の探究という課題を発見するとともに、共同学習の重要性を再確認し、その手法を学ぶことができた」と語り、医療関係者を核とし、自らが主体となって地域に呼びかけた地域子育て支援研究会を継続させている。さらに、大学コンソーシアム研究のつながりから参画していた和歌山信愛女子短期大学の研究者は、子育てサークルリーダーのエンパワーメントに触発されるなかで、地域のソーシャル・キャピタルに着目し、自らが橋渡し役となってエンパワーされつつあるコミュニティを学生教育へとつなげることで学生を育てることの意義を見出し、一個人の研究者のレベルを超えて、保育士養成校の使命として大学改革を実行する主体となっている。

各主体が現場において直面する課題を学習テーマとした学び合いは、自治体社会教育事業においては自主グループの育成手法として常に重視されている基本的方法であるが、大学が研究会という形態をとりながら、研究・研究者にも有益となり、子育てサークルリーダーのエンパワーメントを生み出し、医療職などの専門職の再教育の機会ともなり、自治体施策にも反映されていく関係性の構築こそ、生涯学習機関としての大学がコミュニティのエンパワーメントの循環を生み出していくことに貢献していくことにほかならない⑫。

4・KOKÔ塾まなびの郷「高・大・地域連携事業」

学校の再生と地域の再生を同時に探究した地域生涯学習の開発事例として「KOKÔ塾まなびの郷」という高・大・地域連携事業がある。二〇一四年度で一三年目を迎える。

一言でいえば、「荒れた学校」になんとか本物の学びをと願う「学校再生」と、「地域再生」の統一をめざした、まなびの郷づくりである。

二〇〇〇年代初頭、「荒れた学校」を変えるべく教員組合分会を中心として生徒を主人公とした「三者協議会」「四者協議会」といった教育実践を創りだす努力が重ねられていた。地域は、かつては粉河寺の門前町として歴史的にも紀北地方の中心地として発展したが、大規模小売店舗法の撤廃・規制緩和等による流通の変化、大型複合型のショッピングセンターの郊外進出等による人の流れの変化により商売に限界を感じた後継者が増加、店主の高齢化とも相まって廃業する店も出てくるといった状況を呈していた。商店主のなかにはこのままでは、店同士のつながりどころか、地元密着型商店特有の人と人のつながりすら薄らいでしまうという危機感があった。

高・大・地域連携における大学でのキーパーソンとなったのは、堀内秀雄（旧「生涯学習教育研究センター」・元教授）である。堀内は、「県立粉河高校と和歌山大学との連携方策は、①高校を地域コミュニティの核に位置付けること、②高校施設を活用して、地域に開かれた異世代・異分野の人々が合流する地域共同学習の場を創ること（テーマ別ワーキング・グループ（WG）の設定）、③これらを通して、高校・大学の個別の教育・研究・地域貢献の在り方を探ることをめざした。高校側は、生徒たちに〈本物の学び〉体験と様々な住民との交流学習による地域の生活文化への関わりを企図した。大学側は、蓄積した知的研究資源の提供（教員派遣等）に留まらず、地域活性化に向け高校の有する教育資源（施設・教員・生徒）を最大化させる媒介者の役割を主眼とする」と学習の構造を示した[13]。

KOKÔ塾は、校長山口裕市（当時）の「本物の学びを高校生に与え、高校を変えたい」という願いに堀内が共鳴し、応えたことから始まる、つまり、組織的なつながりということではなく、人と人の出会いとつながりから始まった。しかもそこには後に内実化されていく、KOKÔ塾の哲学と思想が共有されていた。

5・人が育ちあう公共空間の創造

ＫＯＫÔ塾の運営は、高校、大学、地域の企画委員からなる企画運営委員会で協議、決定される。組織は、代表世話人を選出、そのもとに事務局を置き、全体のマネージメント、調整を行う。

現在、「まちづくり」「教育」「環境」「福祉」「情報」といったテーマごとのＷＧが組織され、高校生、大学生・院生、地域住民を構成員として、各テーマごとに和歌山大学の専門分野の研究者を指導者としたワークショップ、フィールドワークに重きをおいた学習活動に取り組む。

二〇一二年、一〇周年を機に『一〇周年史』の発行と記念シンポジウムが開催された。

かつての「荒れた学校」の姿はない。ＫＯＫÔ塾に参画した元高校生が異口同音に述べるのは高校時代に「こんな人になりたい」という地域の人々・大学の教員との出会いや自分たちで話し合い、決定し、実行することを、許容し、激励する地域社会の人々の存在に後押しされた実感を得ることとの積み重ねによって、「自主性」「主体性」が身についたという自信と自覚である。それが自らの進路選択に影響を及ぼすものであり、こうした高校時代の学びの経験が「市民として生きる」ことを自己のなかに育てる素地となったと述べている。現役の高校生が学びを通して明らかに変容していく様子に接し、「人生の軸を得た」と語る卒業生の姿を目の当たりにすることは、高校教員、関わるおとなたちにとっても大きな喜びであり、ＫＯＫÔ塾の意義を再確認することにつながる。それは同時に、地域社会において高校生から学ぶおとなが存在することを意味し、おとなたちにとっても自らの生き方を問い直されるという人が育ちあう相互の関係性の構築の重要性を見出すことができる。

まちづくりから生まれたオープンカフェ、高校生の発案による「ゆるキャラコカワン」、地元の特産品の粉河酢を用いたスウィーツ開発、地元商工会との連携の中から生まれた高校生による「粉河（寺）ガイド」、一方、地域の商店主も商工会とは別に新たなまちづくりNPOを立ち上げ、空き家のリノベーション「山崎邸」の活用にみられる地域の文化的資源への着目、さらに拠点を生かし、JR粉河駅や環境NPO、障がい者運動等とも結びついた共生の思想がKOKÔ塾の学びの広がりのなかで生まれつつある。加えて、高齢化が進行するなかでの商店街の在り方そのものを問い直し、再構築し、経済効率一辺倒ではない生き方を探究し、地域内経済の循環のしくみをめざした地域の再生、農業や生産物の加工、六次産業化を生かした、食べていける地域づくりを担う主体が生まれつつあり、KOKÔ塾に参画してきた元高校生たち（若者）がそこにどのように関わるかが実践的な課題として見えてきている。

KOKÔ塾は、「本物の学びを与えたい」という高校の願いを和歌山大学が受け止め、地元自治体（旧粉河町、紀の川市、和歌山県）、商工会、NPO等の地域社会の参加と協力を得ながら、発足から今日まで、一三年の歩みを続けている。この間、高等学校教育をめぐる状況は、高校全県一学区、旧粉河町を含めた周辺五町による市町村合併、KOKÔ塾を支え担ってきた校長、高校教員たちの異動、大学側のコーディネーターの交代などによって、事業の継続、連携の維持が危ぶまれることもあったが、そのたびに当事者自身によって善後策が話し合われ、方向性を探究し、「動きながら考え、学びながら進める」ことの実行を通して、高校・地域・大学というそれぞれの主体において、自覚的に運営を担うキーパーソンを生み出し、今日まで継続して、地域社会に新たな公共空間を創りだしている。(14)

6・大学の地域連携拠点とコーディネーター

和歌山大学では、国立大学の法人化以降、地域貢献を加速化させている。その戦略的拠点が大学サテライトキャンパスである。二〇〇五年には和歌山県との協同事業として県南部田辺市に紀南サテライト（現「南紀・熊野サテライト」）を、さらに〇六年には大阪府南部の中心都市・岸和田市との協同事業として「岸和田サテライト」を設置し、学部・大学院講義の開設と地域生涯学習事業等を展開してきた。

サテライトは、大学の地域拠点であると同時に、大学のアウトリーチによる学習拠点である。そこで、地域と大学を結ぶうえで重要な役割を果たしているのが、各サテライトに配置されている「地域連携コーディネーター」の存在である。地域連携コーディネーターは任期付の待遇であるが、自らの専門性を探究し、大学と地域の橋渡し、大学と地域をつなぎ、結ぶ役割として位置付けられている。

山本健慈は、「大学の参画が求められる〈複雑化・高度化〉している地域の課題とは、しばしば地域における対立的課題であり、研究的にも意見がわかれる課題である。原発問題はその典型であり、その場合、大学が、多彩な研究、異なった言説を保障してきたように、地域でも異なった意見が自由に交換され、お互いに学び合う関係が形成されるプロセスが不可欠である」[15]と述べ、現実の課題に即して実践するコーディネーターが大学にも地域にも必要なのであると指摘している。こうした主体の登場は、今日の大学と地域の連携において、生涯学習の担い手としての大学が地域とともに学び合い、育ち合う関係づくりを可能とするための必須条件である。

和歌山大学の事例では、生涯学習機関としての大学の機能を地域づくり・地域発展の目的と一体化させ、地域（県域）の経済・文化発展の担い手のひとつとして大学をとらえ直すことができよう。

四　「大学と地域」連携の方向性と課題

最後に、大学と地域連携の事例検討を通して今後の方向性と課題を考察し、まとめとしたい。

滋賀大学では、地域課題と取り組む研究教育とリンクした「地域を創る学びのシステム」が探究されていた。松本大学では、「地域を壊す教育」から「地域を創る教育」が目指され、学生と社会人がともに学び、ともに学び合う教育プログラムが開発・実施されていた。和歌山大学では、生涯学習機関としての大学の機能を地域づくり・地域発展の目的と一体化させ、担い手としての大学が生涯学習センター、サテライトキャンパスなどを通して発信されていた。

これらの事例を通して言えることは、大学が地域の課題解決に向き合う生涯学習の推進を通じて大学と地域の関係構築を模索し、新たな連携の在り方を生み出していることである。いわゆる「地域連携」一般ではなく、大学自らが地域全体の生涯学習の発展の担い手としての自覚をもって、住民との学び合い、地域づくりやそれらを担う人の教育に参加することを通して住民の主体性を育む大学のアクション・リサーチである。

その際に、大学と自治体とのパートナーシップ、自治体社会教育施設との協力関係は不可欠であり、協力関係と相互の対話能力をつけていくこと、さらに大学と地域の双方の主体性が担保され、双方が相互互恵関係を有していくことが非常に重要なものとなっている。

相互の対話能力を高める際のインターフェースにおいて、触媒役、通訳者の役割を果たす機能と役割が今日の大学においても、地域・自治体においても求められていることが発見できる。住民とともに学びを発展させる大学の生涯学習センターとしての機能をより一層発揮することが、地域の主体性を育てるうえでも重要なのである。

(1)「地（知）の拠点整備事業（大学COC事業）」については、http://www.mext.go.jp/a_menu/koutou/kaikaku/coc/。
(2)「山口大学公開講座の現状と課題」長畑実、栗原真美『大学教育』第二号、二〇〇五年、一一六頁。
(3) 石川武男『農を求める』家の光協会、一九七七年、二六六～二七二頁。
(4) 猪山勝利「生涯学習の推進と大学生涯学習教育研究センター」『日本の社会教育』第四二号、特集「高等教育と生涯学習」、一九九八年、二三〇～二四〇頁。
(5) 二〇一三年度「全国生涯学習系センター協議会承合事項」全国生涯学習系センター協議会。
(6) 住岡英毅・梅田修・神部純一著『地域で創る学びのシステム』ミネルヴァ書房、二〇〇九年。
(7) 白戸洋「大学教育におけるコミュニティ・ビジネスを通じた〈地域における学び〉の実践」『松本大学研究紀要』、二〇〇九年、六八頁、九二～九八頁。
(8) 松本大学「地域づくり考房「ゆめ」」http://www.matsu.ac.jp/matsumoto_u/yume/original/#01
(9)「まちかどサテライト」は、二〇一〇年地域連携・生涯学習センターの機能を一元化している。これまでまちかどサテライトで実施されてきた和歌山市との連携事業は、継続して実施されている。
(10) 山本健慈「大学と生涯学習にかかわる事業の展開――和歌山大学の事例から」『日本の社会教育・生涯学習』小林文人ほか編著、二〇一三年、大学教育出版、二二七～二三九頁。
(11) 堀内秀雄・山口裕市・児玉恵美子「高校・大学の連携による〈地域を創る〉共同学習」『和歌山大学教育学部

紀要』第一二号、二〇〇二年、二〇七〜二二九頁。
(12) 和歌山大学地域連携・生涯学習センター『地域子育て支援プロジェクト研究会成果報告書』、二〇一四年。
(13) 前掲(11)と同。
(14) KOKÔ塾まなびの郷については、二〇〇三年度より年度の活動報告としてKOKÔ塾「まなび郷」報告書が発行されている。KOKÔ塾『まなびの郷一〇周年史』和歌山大学・地域連携生涯学習センター、二〇一一年度。
(15) 山本健慈「社会教育と地域づくり」『生涯学習政策研究』、二〇一三年、一三〜二〇頁。

Ⅳ　グローバル社会の地域学習

Ⅳ部では、地域学習の国際的な地平をとらえる試みをおこなう。グローバル社会化による地域発展の格差、多文化共生の困難、環境問題の深刻化など、国際社会は共通の課題に直面している。ここでは、発展途上地域、東アジア、ヨーロッパの三つの地域の動向から、それぞれの地域における地域学習の独自の発展と、国境を越えて共有しうる人々の知の形成過程にせまることにしたい。

10章では、発展途上地域における非識字・貧困の広がりの中で識字学習がノンフォーマル教育として展開され、コミュニティへの自立的参画、複合的な地域課題へのアプローチや民衆知の伝承をともなう協働の学びを促しているパキスタンのとりくみに学ぶ。

11章では、生涯学習がコミュニティ再生への地域学習としてＮＰＯ等の市民的形態で展開されている韓国において、学習型の仕事おこしによるマウル共同体づくりが公共の事業として発展している過程を検証する。

12章では、「チェルノブイリ」と「フクシマ」の事故後、日常的な生活レベルに広がるドイツの環境学習をとりあげ、市民のリスク認識、方向性の知の獲得による地域再生の可能性をさぐり、日本への示唆を考える。

10章　発展途上地域支援とコミュニティ学習

大橋知穂

はじめに

ユネスコの学習権宣言（一九八五年）は、「学習とは、贅沢品でも基本的欲求が満たされてから与えられるものでもなく、人が生き延びるために不可欠な道具であり、人間の成長や生活水準の向上に必要である」とし、男女が平等に社会に参画し、健康で、安定した食糧生産を確保し、かつ平和を構築していくためにも必要な基本的権利であるとしている。しかし「万人のための教育―― Education for All、ＥＦＡモニタリングレポート」によれば、二一世紀の現在、貧困や紛争、あるいはその他の社会的排除によって未だに基礎教育へのアクセスもままならない状況に瀕している人が多数おり、その多くは、貧困層、農村部や僻地と言われる地域の住民、特に女性、若者などである。世界中で、五七〇〇万人の子どもが学校に通っておらず、(1) 七億七四〇〇万人が非識字者であると言われ、その三分の二が女性であるように、学習機会を持つ者と持たざる者の教育格差、社会格差は先進国、途上国を問わず広がる一方である。さらに、国連や先進国政府などが、途上国政府や地域の団体を支援する形で進められてきた「国際教育協力」では、学校へのアクセスを保障し、就学率の向上と初等教育の完全達成に過去多くの資金や技術が投入されてきたにもかかわらず、四年以上学校に通った子どものうち、少なくとも二億五〇〇〇万人は初等教育で学ぶ基礎的な読み書き計算ができないとの報告がある。[2] このように、学校に通うことが保証されたとしても、そこで学んだことが身につかない、あるいは就業等の役に立たないといういわゆる「学習危機」(Learning Crisis)は世界的な傾向で、改めて教育普及は何のためなのかという課題は、国際協力の中でも見過ごせない問題となりつつある。

ノンフォーマル教育は、一般的に「正規の学校教育の枠外で組織的に行われる活動」[3]とされ、こうした「主流」の学校教育から取り残された人たち――学校に行ったことがない、あるいは学校を中退した子どもたちや、学ぶ機会がなかった青年や成人など――いわゆる社会的弱者あるいは辺境におかれた人たちに対して、初等教育やその後の継続教育、さらに生涯学習の機会を提供する。「アウトリーチ」「ドアステップ」アプローチといわれるように、学校に生徒が「来るのを待つ」のではなく、人々が生活するコミュニティに「出向いて内発的に働きかける」ことが特徴の一つである。また、学ぶ人のニーズに合わせた柔軟なカリキュラムや教授法が特徴で、そのためには地域住民の参加や協働が不可欠である。さらに、地域の伝統的な教育方法を取り入れたり、仏教寺院やモスクなどの宗教施設や、コミュニティの既存の施設を活用したりすることでより地域との結びつきを強化し、教育へのアクセスを確保するなど、地域による地域のための学習、つまりコミュニティ学習が重要な鍵となる学びの形態である。

本章では、発展途上国の教育支援、特に識字・ノンフォーマル教育の実践事例を通じて、いわゆる社会的弱者と言われる人たちのエンパワメントと地域社会の持続可能な発展のために「コミュニティ学習

(Community Learning)」がどう機能しうるのかについて考察する。通常、ノンフォーマル教育では、「コミュニティ学習センター（Community Learning Centre＝CLC）」や公民館など、地域の学習拠点における活動をコミュニティ学習とすることが多いが、ここでは、学習拠点の活動に直接、間接的に関わった人たちの変化と、そこから波及する地域のエンパワメントも含めて「コミュニティ学習」としたい。

まず、開発援助でのコミュニティ学習では、地域住民だけでなく、国際援助機関や政府あるいはNGOといった「外部者」の参画が実質的に欠かせないことを踏まえた上で、アジアで広く受容されているユネスコの「コミュニティ学習センタープロジェクト」の事例などから、コミュニティ学習への住民の参加とは何か、また外部者としてどのように関わるべきであるのかについて考察する。次にパキスタンのノンフォーマル教育プロジェクトの事例をもとに、途上国の農村部や貧困地域におけるコミュニティ学習の意義はなにか、現代社会において、個人と地域にとって新しい価値観を創造し、共有する「場」の意義と、ひいてはそれが個と地域のエンパワメントにつながる可能性について考察する。

一　国際協力の中でのコミュニティ学習とその課題

1・参加型開発とコミュニティ学習の展開と課題

現在途上国と言われる多くの国では、近代教育制度は一九世紀のヨーロッパ列強による植民地時代に、その統治の手段として導入され、その後の脱植民地化、独立国家建設の時期に社会制度を広く普及させ経済発展を推進するために、国民教育として確立されてきた。(4) 識字についても「読み書き計算」という意味での識字率は各国とも低かったため、国民の教育の底上げとして、識字教育や初等教育が開始される。一方で、それまで各地域・コミュニティで受け継がれて来た通過儀礼などによる社会化あるいは、民衆の中で脈々と引き継がれてきた教育は、多くは古きものとして駆逐され、あるいは蔑視され、「主流化」を目指す近代教育制度との融合はほとんどみられなかった。

しかし「近代化論」に根ざした成長モデルの限界や貧困層への社会サービスの提供の必要性は、一九六〇年代にはすでに認識され、「基本的な人間のニーズ」として社会的弱者の生活支援に介入していく取り組みが注目されるようになった。しかし、一九七〇年代後半の世界規模の不況と、世界銀行・ＩＭＦの構造調整政策により、社会サービス、特に保健医療と教育への政府支出は大幅に削減されてしまう。こうした状況で、国際開発の世界では「もの中心」の開発から「人間中心」の開発というパラダイム転換とともに「参加型開発」が登場する。イギリスのサセックス大学開発研究所のロバート・チェンバース（Robert Chambers）を中心として開発された「参加型農村調査手法（Participatory Rural Appraisal＝ＰＲＡ）」や「参加型学習行動法（Participatory Learning and Action＝ＰＬＡ）」などはその代表的なもので、開発に関わる外部者が、データを収集し計画を立てた後、対象の地域に対して援助を行うのではなく、地域の人たちが自分自身の知識や生活、環境を他者と共有し、ともに分析しながら今後の計画や実施を行うためのアプローチとプロセスであり、援助開発における重要な概念として広く定着している。

しかし、この「住民の参加型アプローチ」にも、実際には多くの問題がある。例えば、本来参加型アプローチでは地域住民の「自発性」や「自立性」がなくてはならないのだが、それにはそれを育んでいくための長期的かつ柔軟なプロセスが必要となる。しかし途上国支援では、多くの場合プロジェクトやプログラムとして、ドナーや政府が決めた期間と予算が限定されているので、実施の担当をする外部者は、地域の人たちの誰が、どの程度、何をするのかの青写真を開始の前に設定せざるを得ず、そのシナリオに沿った限定的なプロセスとなりがちである。ノンフォーマル教育におけるコミュニティ学習でも、この問題は避けて通れないもので、外部者が始めたコミュニティ学習が、経過とともにいかに自立的な住民の参加を促し、センターの持続性を確保して行くことができるかが問題である。

2・コミュニティ学習センターの挑戦――エンパワメントプロセスと継続性の保証

アジア各国では、主に一九六〇年代から、識字教育や図書センターの活動という基礎教育の充足活動の一環としてノンフォーマル教育が開始された。政府が主導したもの、NGOが積極的に農村部や僻地部に入り貧困層や女性を対象に実施してきたものなど多様であるが、一般的に共通する点は、青年や成人に焦点を当てた地域密着型の活動であったことである。一九九八年にユネスコのバンコク事務所のAPPEAL（The Asia-Pacific Programme of Education for All: アジア太平洋万人のための教育プログラム）局が開始した「CLCプログラム」は、若者と成人のための基礎識字と生涯学習の機会を提供するモデルとして、アジア太平洋地域に定着し、現在は同地域の二三か国で様々な活動が展開され、近年はアフリカや中東地域にも広がりつつある。この取り組みが広がった背景としては、元々アジアにはどの地域にも仏教寺院やイスラム教モスクなど伝統的に地域の人たちが自主的に運営する内発的な学びの場があり、コミュニティにおける学びというものが地域に馴染みやすかったこと、既存の社会関係やニーズにある程度柔軟に対応できる学習の仕組みがあったので、具体的な学びへの即応力が高かったことなどがあげられる。

CLCは、「大人、若者、子どもにかかわらず、あらゆる年齢層の人たちにとって、あらゆる形態の学びを提供する地域の場」[5]と言われるように地域を基盤とする性質をもち、学習カリキュラムや活動の内容、および運営については地域の人の巻き込みと主導が必須とされている。一方で、CLCはユネスコが人間開発およびコミュニティ開発の側面から、政府機関にその普及を後押ししてきたこともあり、いわゆるトップダウン型でCLCの組織化や法整備を進めてきた国も少なくない。タイでは、カリキュラムや教師・ファシリテーターの育成を制度的に普及させたし、カンボジアは、地方行政区画では日本の町や村に当たるコミューンにCLCを配置することを制度化し全国展開してきた。また、国際援助の観点からみると、「ものから人間中心の開発」に移行してきたドナーの方針にCLCは合致していたし、なによりもアウトリーチを目的としたコミュニティ開発では、それを展開できる「場」が地域の中にあることで、政府や地元のNGOが国連や国際援助機関からの技術面、資金面での援助を得やすかった。つまり、CLCでのコミュニティ学習は、地域から内発的に発生したというよりも、ユネスコをはじめとする外部者や政府が外発的に始めた学びの場であり、多くの場合は外部者の技術的、資金的援助が伴っている。

実際「参加」といっても地域の生活者たちが、何に、どのように参加するのかの程度が問題である。ユネスコの実施した六か国でのCLCの実態調査[6]によると、地域住民の「参加」は多くの場合は学習者として、あるいはCLC運営委員会メンバーやサポーターとして運営に参加しているという程度にとどまっており、例えばCLCの学習カリキュラムやプログラム作り、資金調達、将来的な計画立案など長期的運営には住民のほとんどが関わっていない。そこには依然として、住民自身が「ドナーの方が一番大切な学習を分かっている」という、自分は受容する側であり供給する側ではないというメンタリティがある、と同実態調査報告では指摘している。確かにCLCは、社会的弱者や貧困層を優先の対象としていることが多く、資金調達やニーズの見つけ方、それをもとにカリキュラムを精査し、講師を選定していくなどのプロセスを最初から住民のみで行うのは現実的には難しい。そこで、ユネスコや政府も、地域の生活者に「当事者意識（ownership）」が芽生えること、ひいては財政面も含めた「持続可能性（sustainability）」を確保していく仕組みや組織作りができなければ、本来のコミュニティ学習の目的を到達することはできないと認識し、期限的な援助プロジェクトから、恒常的な社会開発への展開を促す普及員やファシリテーターなどの「媒介者」の能力強化に力を入れてきた。

確かに、恒常的な社会開発への展開をこうした普及員やファシリテーターが阻害してしまうことが多いのもまた現実である。ユネスコの実態調査レポートでも、こうした媒介者が住民の能力を過小評価して地域の声に耳を傾けたり助言を求めたりしない、あるいは地域の豊富な知識や知恵を尊重せずに外部からの情報ありきで進めてしまうなどの傾向が指摘され、これが自立発展性につながる参加を妨げているといわれる(7)。また、参加型の研修を受けたファシリテーターの中には、その手法やツールを忠実になぞることに多くのエネルギーを割いてしまい、実際の現場の状況やニーズに対応した柔軟性を見誤ることもあり、無自覚に参加型アプローチの実施が主眼となってしまうこともある。さらにプロジェクトの実施を優先するあまり、地域を一つの閉じられた空間としてしまうことで、現実には多面的につながっている外部との連携を排除してしまったりする危険性もある(8)。もともと地域は均一でまとまった存在ではなく、そこにも多くの権力構造が存在する。そこで声があげられる者、そうでない者の政治・社会・経済的構造を無視したままで、結果的に利権を得られる人にのみ参加型アプローチのメリットが集中してしまう場合も多く、そうなると「参加」は形骸化してしまい、結局既存の権力関係が再生産され、抑圧が維持されることにもなりかねない。実際、CLCでも、概して最貧困層の参加の割合が、運営面では一番低いという指摘もある。

つまり、コミュニティ学習においては専門家、あるいは普及員と呼ばれる外部者のあり方が課題の一つとなる。小國和子[9]は、日本の戦後の生活改善運動では、普及員は「学習する援助者」としての自覚を持つことを奨励していた事例を取り上げつつ、現在の途上国援助事業を富める者から貧しき者、技術のあるところから「ない」所への一方的な行為としてではなく、援助者もまた学習者であるという発想に立った関わり方が必要であるとしている。つまり、援助のプロセスにおいて、外部者である援助者が絶対的価値を提示するのではなく、当事者たちが集団的な思考を通じて共通の価値基盤を築いていく学習プロセスにこそ意味があり、それが社会のエンパワメントにつながるとしている。

途上国のノンフォーマル教育におけるコミュニティ学習は、小國が指摘したような、エンパワメントにつながる学びであり、個人のエンパワメントのみならず、地域の不平等な力関係を改善していく集団のエンパワメントともなりうるのである。実際、アジア地域のコミュニティ学習が、識字教育や図書センターという個別の活動から、より学習者と地域のニーズに合わせた包括的な学びへのパラダイムシフトを遂げてきているのも、それぞれの社会のニーズに応じた自明のプロセスだったと言える。途上国の援助におけるコミュニティ学習のプロセスはまだ道半ばであり、多くの困難や改善点は残っているが、その意義は大きい。次にパキスタンにおけるノンフォーマル教育の事例をもとに、その特長と、持続可能な開発を見据えてコミュニティ学習にどのような可能性があるのかを考察する。

二　コミュニティ学習の可能性――パキスタンの事例から

1・「学校教育」の機能不全とノンフォーマル教育における地域力の活用

「2013／4EFAグローバルモニタリングレポート」[10]によれば、パキスタンは学校に行っていない子どもの数が世界で二番目に多く、非識字者の人口は世界第三位と惨憺たる状況である。多くの途上国でみられるように、パキスタンでも暗記と暗唱を基本とする教授法が学校教育ではいまだ主流であり、応用力や分析力の向上に主眼はおかれていない。また、教材も学習者の生活文化やニーズにそぐわない内容が中心である。その結果、学校に入学した児童の三〇～五〇％が小学校修了までに中退してしまうし、卒業したとしても、その中で二年生程度の学力を有していない子どもが半数近くはいるという民間の調査もある[11]。さらに、学校の設備不足や教師の怠慢、体罰などの問題も恒常的に存在する。黒崎卓[12]はパキスタンの就学率は、所得率に比べても、あるいは周辺南アジア諸国に比べても相対的に遅れており、特に女子教育に問題があり、さらに公立学校における教育の質も低く、実質的に学校教育が機能不全に陥っていると指摘する。

また、若年層人口比が都市部よりも農村部に多いパキスタンにおいて、農村部の識字率が五〇～五五％であるように、地方の教育は質量ともに全く足りておらず、多くの若者が学習機会のみならず、社会参画の様々な機会を逸し、取り残されているという結果を招いている。逆に、学歴資格を持つ者は、農業などで即戦力となるような実践的知識や経験は持っていないので、都会に出るか、不安定な職につくか、無職となるしかない。結果、農村部の多くの人的資源が十分に活用されないでいるのがパキスタンの現状である。こうした学校教育の不全を微力なりとも補っているのがノンフォーマル教育で、農村や僻地に居住する貧困若年層、特に女性が主な学習対象者となっている。

パキスタンの人口の約半分である八〇〇〇万人を抱えるパンジャブ州では、州政府が「識字・ノンフォーマル基礎教育局」(以下「識字局」と略す)を学校教育局とは別にもうけており、①学校に行っていない、あるいは中退した学齢期(五〜一五歳)の児童や若者向けを対象とした「ノンフォーマル基礎教育学校」(学校外で、初等教育と同等の学習を確保するための公的な場)と②一六歳以上の青年と成人向けの「成人識字」プログラムを実施している。前者は、学校教育と同等の学習内容の到達を短期間(五年の小学校を約三年半で実施)に修了することを目的としており、学習者が学校教育と同等の修了資格を持つことで、再度学校に戻り小学校を卒業したり、中学校以上の学校に進学できる機会を提供している。後者の青年・成人向けプログラムは六か月で、ほぼ小学校三年生レベルの読み書き計算能力を取得することを目指している。一人の先生が三〇名前後の学習者を教え、先生のほとんどは、村の女性であり、彼女たちの家の一室や軒先を使って教えることが多い、いわゆるホームスクールである。村の外にほとんど出ることのない女性や子どもたちにとって、村の中にやってくるノンフォーマル教育は、ドアステップアプローチと言われるように、まさにパキスタンにおけるコミュニティ学習なのである。

パンジャブ州識字局は、二〇〇二年に創設された比較的新しい局でもあり、質量ともにそのマネジメント能力の欠如が問題であった。中退者や非識字者といった社会的疎外者のニーズにあった教育を提供するには、より戦略的かつ、柔軟な教育アプローチが必要であるからだ。パンジャブ州には県が三六県あり、その下には、タシール（日本の郡にあたる）あるいはユニオンカウンシル（日本の市にあたる）という行政区分があり、さらに村がある。しかし、実際の行政組織があるのは、県のレベルにとどまっており、人口比と比べても、非常に地方分権が遅れている国で、これも農村部の教育の普及の妨げとなっている。識字局でも県の行政官や普及員が、少人数で広い県をカバーしなくてはならず、モニタリングや教師の支援にも支障をきたしている。

こうした状況の中、国際協力機構（JICA）は、パンジャブ州政府の要請を受け、二〇〇四年から同局のマネジメント能力強化と、学習者のアクセス、さらに教育内容の質の向上をサポートするためのプロジェクトを実施してきた。例えばレンガ工場など、貧困層がいる地域、学校へのアクセスが制限されている地域に出向いていってCLCやノンフォーマル基礎教育学校を設置するドアステップアプローチや、識字と技術教育と組み合わせる若者向けのプログラムなど、学習者の環境やニーズに合わせたプログラムの計画立案へのサポートなどである。その中で、「読み書き計算の技術を習得」という狭義の識字の「供給」から、現実の社会を把握し、生活の質の向上を他の人たちと協働で学び合う「複合的なコミュニティ学習」へと変えていくために、運営の仕組みや教育内容を識字局職員とともに作り上げてきた。それは、これまである程度孤立した教室の中で実施していた教育をコミュニティに開き、地域の人的・物的リソースやネットワークを活用しつつ、多種多様な活動を多様な人々が直接、間接的に関わりながら実施する複合型への大転換とも言える。

例えば、CLCの改善である。それまでのCLCは、いわゆる「箱もの」、つまりセンターという建物の設置が主眼となってしまい、地域の人たちのニーズにあった学習の提供や、住民自体が参加を促すような仕組みがなかった。そこで、識字局に、本来的なコミュニティ学習のコンセプトを導入し、スタッフや識字指導員の能力強化を図りつつ、よりニーズにあった、また、住民が活動に積極的に関われるようなモデルに変えてきた。

次に、それまでほとんどの地域で有名無実だった「村落教育委員会（Village Education Committee）」の活性化に力をいれてきた。これは、CLCやノンフォーマル基礎教育学校の設置に伴い村の四〜五名を委員とし、ボランティアベースでセンターの運営や、実施状況のモニタリングなどバックアップサポートをする組織であるが、その役割についてきちんとした説明が識字局からされないことが多いため、実質的には機能していないところがほとんどであった。前述したように、地域住民からすれば外部者が持ち込んだCLCや識字教室は、援助の一環として歓迎されつつも自主性が育ちづらい傾向にある。特に、「教育」は、行政が責任を持って行うものか、さもなくば私立学校や塾のように営利目的のものかのどちらかで、自分たちコミュニティが、率先して教育に責任を負うという認識は乏しい。そこで、実験的に実施したのが「村落教育計画」を住民と共同でつくることである。それまで識字局、住民側のどちらも「計画」をたてるのは行政の仕事であるという認識が一般的である中で、その村の既存の学校やノンフォーマル基礎教育学校、CLCなどの数と場所をマッピングし、さらに非識字者・学校に行っていない子どもの数を村の集会で提示した。すると、それまで漠然と非識字者や中退したり、労働に駆り出されたりしている子どものことは認識していたが、教育は自分たちの責任ではないと思っていた村の人たちが、数字をみるや、俄然具体性をもって危機感を抱き、自分たちの問題として関心を示すようになった。さらに、どこにどういう非識字者がいて、誰がいつ学校に行かなくなってしまったか、なぜ行かなくなったかなどの情報は、地域の住民が一番把握しており、実質的には、外部者である県の職員や識字普及員は知り得ない情報である。そこで、村の人たちに、その重要性を認識してもらい、自分たちでできることは何かを話し合って、誰がいつまでにどのような対策をとるかを計画した。

一例ではあるが、ある村では、一か月後には村の人たちが協力し、すべての子どもを公立学校、あるいはノンフォーマル基礎教育学校に入れることができたという報告があった。また、教科書やチョークなどは、足らなければ村で協力しあって買うことはできるし、黒板が壊れれば誰かが修理し、教室の換気が悪くて、部屋が異常に蒸し暑ければ、レンガを外して穴をあけて通気をよくするようなことができる。夏場は気温四〇度以上になるパンジャブ州では、飲料水用の簡易な水入れが教室には必須だが、これも近隣の篤志家や商店などから寄付してもらうこともできる。こうした具体的な事例を積み重ねる中で、徐々にCLCやノンフォーマル基礎教育学校は、コミュニティ自身が守り育てて行かなくてはいけないものだという当事者意識が芽生えてきている。実際、識字局のスタッフだけでは、すべてのセンターや学校を運営し、モニターして行くのは不可能であり、またその必要もない。村落教育委員会を信頼し、村の人たちと共同で実施する効率性や意義を行政官が理解することも重要で、そのための行政官向け研修も実施した。

2・生活記録と共有の促進——学校からコミュニティに主軸を移す教育への挑戦

さらに、プロジェクトがノンフォーマル教育の一環として取り組んだのは、学校教育との資格の同等性を確保しつつも、よりローカルな学びを促進するカリキュラムや教材の制作、教授法を通じての、オルタナティブな教育システムの構築である。

例えば、日本の戦後期にも、厳しい労働を伴う子どもの貧困問題に取り組んだ生活綴方教育があったが、これは現在の途上国の貧困層への教育にも示唆を与えるものだ。前述したようにパキスタンの学校教育は、暗記中心であり農村の子どもたちの生活からはかけ離れた教育内容で、思考力を育み、問題を解決する能力をつけさせるものとはなっていない。一方で綴方教育では、子どもたちは、農作業に何日を要するかを知るために去年の日記を調べ、計算し計画を立てた。その上でいつ学校に来ることができるかを教師が問いかけつつ、本人たちに考えさせ、さらにそれを友人たちと討議する中で直面する問題に取り組ませていた。奥平康照[13]は初期の生活綴方教育を「子どもたちの感覚を大切に」「現実を具体的につかませ、真実を探るリアリズム」と「それを発表＝表現」し「具体的事実とともに」学ぶ学習プロセスとし、「子どもたちの連帯的な気持ちを育てつつ、それぞれの見方や考え方や感じ方を根気強く成長させていく」方法で「生活と労働における人間形成的価値」を大切にした教育であったと述べている。パキスタンでもこうしたアプローチを、よりコミュニティと近く、貧困層の子どもや女性を対象にしているノンフォーマル教育でこそ実践していくべきだった。しかし、これまではノンフォーマル教育自体が、学校教育を主軸におき、それを補完するサブセクターから脱却できずにいた。そこでプロジェクトでは、より生活実感と結びつき、考えていくプロセスを教材に盛り込む工夫をこらすことにした。

また、農業や単純労働に小さい頃からかり出される子どもたちは、日本やパキスタンの中流階層以上の子どもたちと違い、幼い頃から社会に出る分、実生活あるいは実社会から学ぶ経験知、あるいは生活知を持っている。そうした知見や潜在能力を活かし、知っていることを基盤にし、また知っていることが自信につながるようなカリキュラム内容と教材の構成を工夫し、また農村部の生活やお祭りなど、子どもたちが実感できる事例や服装を教材に盛り込んだ。

成人向けのプログラムでは、生活に密着し、実際役に立つライフスキルや節約の方法を取り入れたカリキュラムにしたことで、学習者の学習意欲も高まった。例えば、女性の関心が高い美容と結びつけて、保健衛生や栄養の取り方の大切さを伝えたり、地域の豊富な野菜や果物の価値を見直すことで、美容にも活用でき、節約にもなることを体感できる教材やコース内容で、家庭菜園やリサイクル、老人から学ぶ伝統的な手工芸品の作り方なども含まれる。また、この過程で、学習者たちが地域の文化や食生活、ライフスタイルを再認識、再評価できるようなプログラム作りを支援してきた。実際、こうした地域に根ざした学習は、自分たちですぐできる、手の届くものなので積極的な学習となりやすく、また共通の関心ごとなので、学習者同士あるいは家族やコミュニティの人も巻き込んでの対話が深まりやすいという利点もある。

さらに、コミュニティ学習では、伝統の保存や、住民の生活を守る学習をも提供できる。グローバル化の波は、途上国の農村部にも押し寄せており、地域の文化や伝統工芸、農法、生活の知恵は、次世代に伝承されず、さらに共同体で共有されていたモラルといったものは日本の比ではないほどのスピードで衰退している。保健衛生や栄養の知識の不足、さらに新型のウイルスや病気の流行、自然災害やテロなどの脅威、食の安全などにさらされるリスクは社会的な弱者であればあるほど高いと言える。それぞれの地域には、地元の知恵や経験として必要な情報や知識が存在しているのに、残念なことに、それが価値あるものと認識されておらず、教育にも活かされていない。例えば、老人たちは、洪水の前に泥で防御壁を作り、屋根の水はけを良くする防災の知識を持っているし、女性たちは季節ごとの植物や果物にどんな栄養や健康的効果があるかを熟知し、それを民間の薬として活用していた。しかし、こうした知識や知恵が、今では農村部の識字クラスなどに通う若い女性たちには引き継がれておらず、地域で培ってきた安全や生活の知恵が途絶えていく危機に瀕している。コミュニティ学習では、その地域に土台をおいているからこそ、そこに生きる「生活者」たちが持つ潜在能力や知恵を活用し、次世代に伝えていくことが可能であり、そのためのシステム作りをしていく使命を担っているとも言える。

3・多様性を受け入れ、対話を促進する「場」の創設

ノンフォーマル教育におけるコミュニティ学習の特徴は、年齢やバックグラウンドの違う人たちがともに学ぶ、あるいはともに動く「場」ができることである。知識を伝える教育ではなく、問題解決のために行動するための学びの「場」が形作られていく意義は大きい。特にパキスタンの場合、ノンフォーマル教育の学習者の約七割は女性であるように、コミュニティにおける女性の学びの促進は重要である。

南アジア、特にパキスタンでは「パルダ」と言われる男女を隔離する風習が現在も根強く残り、女性を外にあまり出したがらないので、結果的に女子教育や女性の社会進出を妨げている。識字率をみると、ジェンダー格差は明確であり、都市部では男性と女性の識字率に約一〇%、農村部では二〇%近い格差がある。こうした格差は就学率にも現れており、中退率でも三分の二が女子であることから、客観的にパキスタンでは女性の教育へのアクセスは男性と比べて格段に低いと言える。また、女性の社会進出でも、二〇〇二年の資料だが、パキスタンの女性の労働力率は男性四七・六%に対しわずか九・三%と世界的にみても異常に低く、その上昇率速度もきわめて遅い。

さらに以前は洗濯場やパンを焼く窯が共同で村の中にあり、そこに女性たちが集まっていたが、洗濯機

の普及や台所の整備が進むとともに、女性が集まって話したりと情報交換をする場がどんどん少なくなっている。男性はモスクや集会所で集まれるが、女性にはそういう場がない。その意味では、村にできた識字教室やCLCは、女性たちが堂々と集まって話をしたり、共同で何かをすることができる貴重な「場」なのである。

こうしたセンターでは、二〇代の女性が教師として、自分の母親くらいの女性を教えることもよくある。彼女たちは識字技能を教える一方で、年齢を重ねても学ぼうとする年長の女性たちに自分たちの将来のあるべき姿を投影するとともに、多くの生活経験を年長の生徒から教えられる。あるいは今まで同じ地域に住んでいても交わることのなかった中間層と貧困層の女性たちが、教師と学習者として出会う「場」でもある。それぞれの社会的、経済的背景を越えて、同世代同士で、どうしたら生活が良くなるのか、病気や衛生、さらに災害など、差し迫った問題にどう取り組んで行けばいいのかを共に考える過程に意味がある。時には非識字者である女性たちがより多くの生活の知恵を持っているように、多様な種類の知識に触れることで、教師と生徒という一方的な知識の伝達ではない、それぞれの「違い」を尊重し、お互いに成長していくことができる学びの空間がCLCなどにできてくる。教える側にとってもこの出会いは効果的で、「持たざる者」である同世代との交流は、自分の住む社会の現実を学ぶきっかけとなるとともに「持ちうる者」である自らが、ノンフォーマル教育を通じて、同世代の女性たちになにができるのかを考えるきっかけにもなっている。教師となった女性たちは、村での自分の責任に誇りを持ち、「同じ女性として、貧困層の、学校に行ったことがない女性たちや、子どもたちに学ぶ喜びを伝えたい」と考えるようになる。さらにこうした変化の「場」は、CLCの中だけでなく、徐々に村全体に普及していく。村の学校中退問題の解決に取り組んだ村落教育委員会のように、村の問題を自分たちで解決するために村の状況を把握し、協働する過程は「成すことを学ぶ」共同学習の場となっている。このように、教える―教えられる人、あるいは主導権を持つ人とそうでない人という固定化した枠組みを超えて、双方向あるいは多方向な対話と学び合いを促進できるのがコミュニティ学習の醍醐味である。

4・他人から認められること――自分の存在を写す鏡としてのコミュニティ

パウロ・フレイレは、非識字者である貧農層の人たちには、貧困の中で、支配層により意識作られた否定的な自画像を内面化し、人生をあきらめてしまう「沈黙の文化」があり、そこから学習することを通して、自己を解放し、価値を見いだしながら、社会との関係性を築いていく、いわゆる「意識化」こそ、真の教育であるとした。

一九六〇～七〇年代の現状を反映したフレイレの言葉は、途上国のノンフォーマル教育では、現代においても有用である。現代における貧困層の「沈黙の文化」は、むろん経済格差や従来からの大土地所有者と小作農という関係からも生み出されるが、さらに「教育格差」によるところが大きい。非識字者や、中退者は、子ども、青年、成人のすべての世代において、「学校教育」を受けていないということによる劣等感が強く、年を経るごとにそれに伴うあきらめ感は大きくなる。つまり「教育」そのものが、社会的弱者をさらに弱い立場に追いやる要因となり、「沈黙の文化」に押し込める結果を生み出してしまっている。

それゆえに、CLCやノンフォーマル基礎教育学校に通う学習者に聞くと、ほぼ全員が「学ぶ機会を得て自分に自信がついた」と答えるのは注目に値する。それまで一度も学校に通う機会のなかった、あるいは低学年で中退してしまった一〇～二〇代の女性たちは、二～三か月識字クラスに通うと劇的な変化を見せ始める。彼女たちは、もともと自らの意思や指向を考察する能力を持っているのに、それをうまく表現する単語や方法といった技能を持たないという自信のなさから、沈黙へと自らを押し込めてしまう。しかし、基礎識字能力を習得するだけで、これだけ人は変われるのだというほどの変化を見せる人も少なくない。自信がもたらす変化は、外国人である筆者にもわかるほどなので、同じコミュニティに暮らす家族や近隣の人たちには絶大なインパクトを与える。以下は、筆者が識字教室やCLCに通った学習者に聞いた学習後の変化である。

女性1「夫との話し合いや、議論になったときに、識字教室に通うまではいつも言い負かされていた。今は自分の考えを論理的に話すことができるので、夫も私の話を聞いてくれるようになったのがうれしい。」

女性2「夫の家族はみな高卒程度の学歴があるので、家族の中で自分だけが学がないのが負い目だった。今は、姑や義理の兄姉らとも自信を持って話すことができる。」

女性3「識字クラスに通ってから、父が『うちの娘は、目上の人に対する言葉遣いがよくなったとか、電気料金の請求書が読めるので、助かっている』と周りの人に自慢しているのを聞いてうれしい。自分が識字クラスに通ったことで、学習の重要性を再認識した父は、弟や妹を学校に行かせると言っている。」

男性1「識字はなんだか、都会のカフェで飲む、コーヒーの味みたいだ。文字が読めて書けると、洗練されてかっこいいことを自分ができるんだとうれしくなる。それは、最近町に行ってコーヒーを飲んだ時

と似ている。」（以上、筆者のインタビューによる）

興味深いのは、どの学習者も、家族や社会に「受け入れられた」「認められた」あるいは「一般的に良い、あるいはかっこいいとされることが、自分にもできた」ということで、自信をつけてきたことである。家族における姑や夫は、パキスタンの女性たちにとって一種の権威であり、家族は一番身近な社会である。パキスタンでは、まだ家族や親戚との関係性が強く、生活の中でその関係性が大きな影響力を持っている社会なのだ。家族における権威、あるいは社会的に認められるものから、「一人前」だと認められるということが更なる学習への意欲や、社会への関心の喚起、さらには社会参画にプラスに働くのである。家族や地域といった身近なコミュニティで自分はどう映っているかが、コミュニティにおける学習の重要な点となる。

これは、小國[14]が示したエンパワメントの四段階――①自分自身の自信を獲得し、潜在能力を発揮していくという自己に向かう心理的プロセス、次に②社会関係における個人のコントロール力の獲得、③集団での相互作用による価値の共有、さらに④個人の潜在能力と集団のプラスの相互作用を同時に成り立たせるコミュニティ全体の自治能力の向上、とも一致している。個々人が自信を持ち、潜在能力を発揮していこうとすることなしに、集団のエンパワメントはあり得ないし、一方で集団から認められる、受け入れられることなしには個人のエンパワメントもあり得ない。コミュニティ学習は、こうした個人と集団のエンパワメントを促進するプロセスと、場を提供することができる。

さらに、直接の学習者だけでなく、学習活動をサポートする側にも①から③の変化が見られる。村落教育委員会の付属組織の若者グループの例をあげよう。メンバーの一人である仕立て屋の二〇代前半の男性は、CLCの女性たちに裁縫の技術を教えていて、喜ばれている。村の女性たちが自分たちで仕立てができるようになると自分の仕事も減るかもしれないし、競合相手ができるのではと聞いたところ、「それよりも、今まで自分が教える側になり、人にありがたいと思われるとは考えてもいなかったので、とてもうれしいし、自分がこの村で役に立っているのが実感できる。教えることで、自分の技術も向上している」と答えた。この若者のように、地域社会で受け身であった若者たちが、学習活動に関わることで、自らが新しいものを作り出していく主体へと変化していくことが多くある。パキスタンも日本同様、伝統的に年長者が決定権を持ち、若者の出番が少ない環境がある。若者たち、特に学歴という一つの社会的評価からは外れてしまった人たちが、地域で自分たちの居場所を見つけ、認められるきっかけとなる要素をコミュニティ学習は含んでいる。

5・女性のエンパワメントから地域のエンパワメントへ——協働する学びが地域を変える

二〇一二年に一五歳のマララ・ユスフザイ（Malala Yousafzai）が女子の教育推進運動を理由に、パキスタン北部でタリバーンから襲撃された事件は、世界に衝撃を与えた。この事件をきっかけに、女子教育に特化したプログラムが増えているが、女子の就学率があがり、識字教室に通う女性の数が増えても、女性たちの意識や社会の受容が広がるとは限らない。小國[15]も女性や貧困層のみをターゲットに据えた援助アプローチが、結果的に受益者を社会から浮き上がらせてしまい、必ずしも有効でない例を挙げているように、パキスタン社会でも女性のエンパワメントのためには、男性たち（権力を持つ女性も含む）が、その必要性を理解し、受容し、自らも能動的に動けるような、別のあるいは多様なエンパワメントが必要である。

ノンフォーマル教育の学習の場は、女性たちが居住する地域に密接した、通うことが可能な場所であることが必須で、自ずとその地域との関わりが重要になる。まず開始時には、村長や宗教指導者と言われる地域の実力者（ほぼ男性）に村落教育委員会のメンバーになってもらうなどして関わってもらい、まずは既存の生活環境の中に新しい女性の学習センターを受け入れてもらう。また、家庭でも地域でも男性がほとんどの場合決定権を持っている社会なので、子どもや女性が学校やセンターに通うのにも父や兄の承認が必要なことも多く、彼らの説得も必要となる。しかし前述したようにひとたび子どもや女性が学び始めると、家族内でも、地域内でも大きな変化が見られるようになる。最初は懐疑的であった男性たちも、CLCに女性たちが通い始め、だんだん衛生や身なりに気をつけだし、明るく自信を持って活き活きとしていくのを目にするだけでその態度や考え方を改めて行く。また、家庭では、それまで男性が担当していた家計を女性が少しずつ担うようになったりすることで経済的な効果も実感できるようになる。こうして、女性が新しいことを学び自己を変えていくことは、彼女たちや家族にとっても、さらに社会にとっても大切なことであるという認識が徐々にではあるが広がるようになる。こうしたポジティブな価値の共有は、村がきれいになる、子どもたちを学校に行かせるようになるなど多様な地域開発に影響を与える結果にもつながっている。このように女性の教育は、男性をもエンパワーすることにつながり、さらに集団としてのコミュニティをエンパワーすることにもつながっていると言える。

三　コミュニティ学習の国際的地平——地域から考える教育の再構築

人間社会を取り巻く状況は常に変化している。貧困や保健衛生の問題は、変わらず深刻な上に多様化している。さらに経済危機、自然災害、戦争、パンデミック（感染症の世界流行）等の社会不安に加え、気候変動などの地球環境の悪化が深刻化する中、二〇一五年以降の国連開発目標は「持続可能な開発」に重点が置かれている。しかし、途上国、先進国を問わず社会の格差が拡大している現実をみれば明らかなように、従来型の中央政府、あるいは都市の「専門家」が計画しイニシアチブをとる教育ガバナンスや、「知識を覚える」ことが中心の教育アプローチだけでは、既に限界がきている。

持続可能な社会の構築を考える時、途上国の社会的な弱者に必要な学びこそが、多くの示唆を含んでいるように思われる。それは「生活者として日々の生活を安全に過ごすために必要な学び」であり、「生きていくため、個人の成長や生活の向上のため、つまりどんな状況でも対応する能力を持つ、人生の資本ともなるもの」であり、まさに学習権宣言で指摘されたような学びである。識字や基礎学力はその資本を表出するための道具としては必要であるが、それが学習の最終目標ではない。個々人にも社会にも資本があってこそ、持続可能性が担保されるのであり、コミュニティ学習は、その資本作りのために重要な要素とプロセスを形作ることができる教育であると言える。

コミュニティ学習は、まず、個々人が自信と自覚を取り戻し、課題の解決のために、習得した識字や技能で自分の気持ちや考えを表出しつつ、人との関係性を構築していく力を育んでいくものである。また、既存の力関係や価値を超えて、集団が一緒にエンパワーできる学びでもある。例えば、家庭内あるいは地域内で決定権や権力を持っている側の男性が、それを持っていない女性の学びとエンパワメントを通して変わっていくように、コミュニティ学習は、社会的な弱者だけでなく、いわゆるその地域の権威・権力を持っている人にも学び直しのきっかけを提供していくことができる。一つ一つは非常に小さな変化であるが、地域の中で継続的、多発的におこることで、社会の関係性が変わるきっかけとなり、地域の閉塞感を打破する新しい価値観を創造する可能性も持っているのである。

さらに、コミュニティ学習の利点は、自明的にダイバーシティー（多様性）のある学びの場であることだ。年齢や社会的なバックグラウンドの違う人たちが、学習センターやそれを支援するために集う機会ができ、そこに様々なシナジーが生まれる。地域に伝わるローカルな知の伝道師とも言える年配者や、学歴は低くとも様々な知識、技能を持った市井の人たちを、世代を超えて巻き込むことができ、互いに学びあう機会を持つことができるのである。また、「ドアステップ」とよばれるように、ご近所にある学びであるので、否が応でも学習センターに通う子どもや女性たちが、コミュニティの人たちの目に入り、その変化に直接的、間接的に触れることができるという「可視化力」がある。その結果、コミュニティの人たち自体が女性の教育や社会参画の意義を自明的に「学び」、傍観者から積極的にそれを促進する側に回るということにもなる。つまり地域の中で「学ぼうとする人」、それを「サポートしようとする人」、さらに「地域で生活する多様な人」たちが、個人のあるいは地域の課題を解決するのに地域における学習（＝コミュニティ学習）に関わり、対話するなかでそれぞれの能力を磨き上げていくことができるのだ。「違い」を尊重し、受け入れる、さらに「違い」に付加価値をつけることができる学びなのである。

こうした学びは、一方で既存の価値観や力関係をある意味崩していく学びであり、その過程は決して平坦ではなく、柔軟な対応や対話能力などのスキルが必要とされる。また学歴のようなものでも測れないがゆえにその実体を議論するのが難しくもある。実際、国際教育協力でも、学校教育や高等教育が主流である。それになじまないノンフォーマル教育や成人教育の実践者は、コミュニティ学習であるから地域のものだけをやればいい、社会の底辺や周辺におかれている人を対象としているのだから、主流にならないものを取り上げていけばいい、あるいは教育の外辺部に追いやられてもいいと考える傾向があったことは否めない。しかし、学習機会も含めた格差社会が世界的に広がる中、ノンフォーマル教育に関わる者として、その重要性を伝えるための言語を、政治的にも社会的にも持ち、一般化、広範化していく必要性とそれに対する責任を切に感じる。

最後に途上国に生きる子どもや女性など社会的弱者の生活の厳しさを知れば知るほど、本当に必要な教育とは、彼ら・彼女らの厳しい生活の中で研ぎすまされた「生活者」としての感性を大切にし、その現実から具体的に学び、考え、行動に移していくための学習であり、知識を押し込める学習ではないことを実感する。そしてそれを具現化できるのが、コミュニティ学習のアプローチなのである。

(1) UNESCO, *EFA Global Monitoring Report 2013/4: Teaching and Learning: Achieving quality for all*, 2014.
(2) *Ibid.*
(3) 国際協力機構「ノンフォーマル教育支援の拡充に向けて」二〇〇五年。
(4) 丸山英樹・太田美幸編「ノンフォーマル教育の可能性——リアルな生活に根ざす教育へ」二〇一三年、新評論、九四～九五頁。

（5） UNESCO Bangkok, *Sustainability of Community Learning Centres: Community Ownership and Support. Asia-Pacific Regional Action Research Studies*, 2011.

（6） *Ibid*., pp. 12-20.

（7） *Ibid*., p. 12.

（8） サミュエル・ヒッキィ、ジャイルズ・モハン編『変容する参加型開発　「専制」を超えて』明石書店、二〇〇八年。

（9） 小國和子「村落開発援助におけるエンパワーメントと外部者のまなび——日本農村の生活改善普及事業から途上国援助への教訓」佐藤寛編『援助とエンパワーメント——能力開発と社会環境変化の組み合わせ』アジア経済研究所、二〇〇五年。

（10） UNESCO, *EFA Global Monitoring Report 2013/4*.

（11） ＡＳＥＲ（Annual Status of Education Report——教育状況年次報告）の実施した学力調査は五年生を対象にしているが、母語で二年生程度の教科書を読むことができるのは二人に一人、同じく二年生レベルとされる英語の文章が読める五年生は四三％、二桁の割り算ができる児童も四三％しかいない。

（12） 黒崎卓「パキスタンの教育制度の特徴と課題」『南アジアの教育発展と社会変容』報告書、二〇一三年三月。

（13） 奥平康照「戦後生活綴方教育全盛の時代——一九五〇年代前半の子どもの生活と戦後教育の実践」『和光大学現代人間学部紀要』第一号、二〇〇八年三月。

（14） 前掲、小國和子、一三六頁。

（15） 前掲、小國和子、一三九頁。

11章　韓国における地域づくりと平生学習の展開

金　侖　貞

はじめに

後期近代社会における新自由主義の進展や地域社会および共同体の弱体化など、東アジアにおいて日本と同じ現代的課題を有する韓国では、それに対する答えの一つを「地域」から見出そうとしている。地域づくりや地域の復権は、政府や自治体の施策から社会学や教育学などの研究に至るまで重要なイシューとして位置付けられている。

1・重要なキーワードであり続けてきた「地域」

韓国では、一九六一年に中断された地方自治制度が一九九〇年代に復活、九一年には基礎自治団体と広域自治団体に議会が構成され、九五年には地方自治体の首長の選挙が行われるようになった。このような地方自治制度の変化を受ける一方で、八七年の民主化宣言以降、それまで民主化運動に取り組んでいた市民団体が地域に入っていき、様々な地域運動を展開するのも、九〇年代以降のことである。

日本の社会教育に該当する用語として、韓国では平生教育や平生学習という言葉が使われている。韓国では、一九八二年に社会教育法が制定されてはいたが、本格的な社会教育の発展は、従来の社会教育法が全面改正された九九年の平生教育法まで待たなければならなかった。

地域と関連した平生教育政策に目を向けてみると、平生教育法の中に、地方平生教育情報センター、平生学習館、平生教育協議会の設置が法条文に明記され、「地域」を中心とした平生教育体制の整備が試みられた。また、二〇〇一年からは平生学習都市事業が始まり、平生学習都市の指定を受けた自治体を中心に、平生学習条例や平生学習センターの設置などが進められている。こういった地域平生教育が、二〇〇〇年以降活発に推進されてきたのである。

このように、「地域」は、行政や政治、そして教育において重要なキーワードであり続けてきたのである。なお、韓国では地方行政制度として、末端の邑・面・洞、その上部に基礎自治体の市・郡・区、その上に市・道という広域自治体が位置づけられる。

2・「地域」から「マウル」へ

一九九〇年代以降、二〇〇〇年代においても「地域」はその重要性を増してきたが、この間、「地域」は「マウル」という言葉に置きかえられ、様々な政策や施策、活動において中心概念となりつつある。「マウル」は、それまで主に「農村における地域を指す言葉」として使用されてきたが、そのような地理的な空間を指す用語でもあると同時に、最近は「人々のつながりや共同体」をさす用語としても使われている(1)。それが地域とマウルとの大きな違いでもあろう。また、「マウル」は、新自由主義が進展している中で、それに対するアンチ・テーゼとしての意味合いをも有している。[2] つまり、近代化・産業化の過程の中で崩壊した共同体をめぐって、後期近代社会における諸問題をみすえたマウルづくりという新たな共同体の構築で解決しようとしている側面もみられる。[3]

本章においては、マウルづくりの背景および意味をみるとともに、そのマウルづくりの多様な主体による韓国の地域学習の展開や発展について考察しながら、その中で生成される地域学習とはどういうものなのか、日本の地域学習にいかなる示唆を有しているのかを明らかにしたい。

一　韓国におけるマウルづくりの始まりと発展

マウルづくりという用語が全国的に広まったのは二〇〇〇年前後[4]で、地域運動として始まったマウルづくりが国や自治体の行政施策として位置づくのは、二〇〇五年以降である。

1・マウルづくりの展開

マウルづくり運動は、当初、地域運動から出発したものであった。一九八七年の民主化宣言をきっかけに様々な領域において市民参加が始まったが、それは経済や環境、教育、交通など多様な領域にまたがるものであり、九〇年代に入ると全国規模の市民団体が組織されるに至った。九一年の地方自治制度の復活や九五年の自治体首長の選出、そして、九九年の洞事務所の住民自治センターへの転換[5]は、住民による直接的な参加ニーズと草の根民主主義に対する関心を高めたのである。住民自治センターの登場は、それまでのようなトップダウンではなくボトムアップへの変化を促すものである。住民による行政参加や活発な市民運動は、そのままマウルづくり運動を本格化させる[6]。

全国各地でみられる市民によるマウルづくり運動の中で特に注目を浴びたのは、一九九四年からのソンミ山《サン》マウルの取組みである。ソウル市に位置するソンミ山マウルは、共同育児を求めた人々による共同育児協同組合から出発したが、ソウル市がソンミ山に配水池を建設するということから山を守る運動が本格化し、地元住民と共同育児で入ってきた新住民が力を合わせて住民連帯をつくり、山の造成を断念させる。その後も大学が山に小中学校をつくる計画を発表したために山を守る運動が進められたが、多様なコミュニティ活動をはじめ、放課後学校やソンミ山学校という一二年制の未認可学校まで作るなど、「ソンミ山マウル」と呼ばれるマウル共同体となった[7]。

2・国および自治体によるマウルづくり

このような地域からのマウルづくりは、やがて中央政府や地方政府によっても進められることとなる。国によるマウルづくりは、二〇〇五年に国が直接政策アジェンダとして提起し、〇七年度からマウルづくりを支援するモデル事業などの政策が具体化する[8]。例えば、〇七年から当時の行政自治部が「住みやすい地域づくり事業」を、農林部は「住みよい農村づくり」などを始めた。二〇一四年現在、国によるマウル共同体支援事業として「生活文化共同体づくり」「マウル美術プロジェクト」（文化体育観光部）、「マウル企業」（安全行政部）などが進められている（部は日本の省庁にあたる）。

地方自治制度の復活により「住民」の概念が重要視されるとともに、住民が地域の計画や政策に直接影響を及ぼすことができるようになり、住民主体の地域づくりが「マウルづくり」という名のもとに、推進されるようになってきた。地方自治体も国の政策から脱して独自にマウルづくりを進めるようになった。(9)

地方自治体においても、二〇〇四年に光州《クアンジュ》広域市が「光州広域市北区美しいマウルづくり条例」を制定してから、「安山市よいマウルづくり条例」(二〇〇七年)、「群山《クンサン》市住みよいマウルづくり支援に関する条例」(二〇〇七年)、「全羅北道《チョルラプクド》マウルづくり支援条例」(二〇〇九年)などが引き続き制定され、それぞれの自治体がマウルづくり支援センターを設置・運営している。(10) 中でも、その一例であるソウル市のマウル共同体づくり(11)は、ボトムアップの住民運動を反映しつつ、市がイニシアチブをとって推進しているものとして注目されている。

3・ソウル市におけるマウル共同体施策の確立

ソウル市は、市民運動家出身の朴元淳《パクウオンスン》が二〇一一年一〇月に市長となり、「マウル共同体の回復」を市政の中心に置いた。一二年一月にはそれを推進するマウル共同体担当官を新設した。二月にはソウル市におけるマウル共同体基礎調査を行い、それをもとに九月に中長期計画「マウル共同体基本計画」(五年間)を発表する。その具体的な内容は、①住民が主導するマウル計画の樹立支援、②共同体事業を牽引するマウル活動家の養成、③身近な場所における住民のコミュニティ空間の構築、④住民が主導するコミュニティ活動の支援、⑤マウル経済の活性化支援である。

このような計画の法的根拠となったのは、二〇一二年三月に制定された「ソウル特別市マウル共同体づくり支援等に関する条例」である。条例では、第一条に「住民自治の実現と民主主義の発展に寄与するために住民が主導するマウル共同体づくりを支援するために必要な事項を規定する」という目的を定めている。第二条においては、マウルを「住民が日常生活を営みながら経済・文化・環境等を共有する空間的・社会的範囲」をさすと規定し、マウル共同体は、「住民個人の自由と権利が尊重され相互対等な関係の中でマウルに関することを住民が決定し推進する住民自治共同体」を意味するものとしている。条例からは、マウルを「空間的・社会的範囲」のものであることを定義しつつ、マウル共同体が住民自治のそれであることを明記していることが分かる。

この条例が制定された同年九月には、中間支援組織として「ソウル市マウル共同体総合支援センター」が発足する。センターは、設立の際に地域の住民運動や市民運動の人々と議論するプロセスを経るなど、ボトムアップの住民運動を反映したものであった。

センターでは、①マウル別の状況に合わせた支援、②マウル活動関連教育と活動家養成、③ボトムアップ方式が実現される官民ガバナンスの構築、④マウルの成功モデルの発掘という四つの役割を据えている。中でもウリマウル（我がまち）プロジェクトは、マウルに関心のある三人以上の人が集まりアジェンダの樹立の段階から支援するものである。マウルに関心のある人々がその対象となり、マウル共同体の形成に向けて、ライフサイクル別、青年・女性といった対象別、住居形態による支援などを行うことを目的に、二〇一七年まで九七五か所のマウル共同体づくりを造成する計画である。

マウル共同体づくり事業は、住居環境および公共施設の改善という環境造成から、マウル文化芸術および歴史保全、マウル共同体と関連した研究・調査、マウル学校運営まで多様な事業を含み、その範囲は幅広い。住民自らの問題提起および地域課題の解決だけでなく、共同体を担う人々の養成までを視野に入れた事業を展開し、支援を行っている。このように、急激な都市化で失われつつある人々のつながりを取り戻し、共同体を回復させるとともに、住民が参加するマウル単位の行政ですべての市民が充足されるようなソウルづくりを目指しているのである。[12]

住民の活動家を養成するためのプログラムを作ると同時に、例えばソウル市の蘆原《ノウォン》区では、二〇一二年に「マウル共同体づくり支援等に関する条例」を制定して、マウルに関する住民の理解と関心を高めるためにマウル学校を運営している。しかしこの事業は必ずしもマウルづくりの中に平生教育を中心として位置付けているとはいえない側面がある。

韓国で二〇〇〇年以降に活発に行われているマウルづくりは、このような自治体行政による流れとともに、他方で平生学習からのアプローチによる平生学習マウルづくりが存在している。今まで韓国におけるマウルづくりの背景およびソウル市のマウルづくりの施策をみてきたが、それが平生学習と結びついたときに、どのようなマウルづくりとして展開するのか、その具体的な事例から検討することとしたい。

二　平生学習から地域を創造する——京畿道ゴールデン・トライアングル事業から

韓国の平生教育において、地域中心の平生学習体制は一九九九年の平生学習法制定を起点とし、二〇〇一年以降の平生学習都市事業の影響もあって整備が進んでいる。生活圏域における地域平生学習への関心は近年になって高まりをみせている。[13] 二〇一三年九月に発表された「第三次平生教育振興基本計画」(二〇一三〜一七年)においても、四大領域の一つに「地域社会の学習力量強化」が位置づけられ、推進課題の一つに「地域学習共同体の拡大支援」が据えられている。より地域に密着した地域平生学習は国の政策においても重要性が増しており、自治体においても同様である。

1・京畿道平生教育振興院によるゴールデン・トライアングル事業

ソウル近郊に位置する京畿道《キョンギド》は傘下の三一自治体中二四が平生学習都市の指定を受けており、全体的に平生学習に対する関心が高い。この京畿道地域の平生教育を総括するための組織として、二〇一二年に京畿道平生教育振興院が設立され、同年からゴールデン・トライアングルという平生学習マウル共同体づくり事業を推進している⑭。

ゴールデン・トライアングル事業は、「学習型社会的仕事」の創出と「学習マウル」の造成という二つの事業を柱としている。それは、マウルの住民が持っている知識や経験などを活用して他の住民を教えるマウル講師を養成するとともに、養成されたマウル講師がマウルの住民たちを教える事業で、「マウル中心の学習生態系」を作ることを通して学習共同体を形成することを目的とするものである⑮。

つまり、それまで潜在していた住民のもつ知識や経験を発掘し、住民講師として養成することで、それを「仕事」として提供する。さらに、学習が循環するシステムを創出すると同時に、住民講師を活用し他の住民たちに様々な学習プログラムを提供することで学習福祉を実現するという、「仕事—学習福祉—文化」のトライアングルを創造しようとするものである。そうすることによって、地域に平生学習の生態系を造成し、それを通して平生学習マウルづくりを試みている。地域住民が有する専門性を表現する場や住民の知識や経験の交流を通した「文化」という柱と、住民講師や学習コーディネーターの養成や配置という平生学習型仕事の創出という「仕事」という柱と、自生的な住民の学習要求からの学習プログラムの生成とそれによる学習福祉の転換という「学習福祉」の柱とが、循環していく中で、学習共同体や学習マウルが創られる。

この事業は、二〇一二年から三年間進行するもので、真の地域づくりを目指すために、振興院と基礎自治体、そして地域の専門機関とが連携して、平生学習マウルを創っていくことが図られている。応募の段階から自治体と地域の専門機関が一緒に公募に応じることで実質的な地域づくりを具現化するものであり、地域のリーダーや地域機関、行政の合意形成を踏まえた上で、学習マウルづくりが推進され、官主導から市民主導のまちづくりになることが意図されているのである。⑯

このような京畿道の事業の最も大きな特色の一つは、「学習型仕事」であるといえる。平生学習型仕事は、「地域住民が平生学習を通して社会・経済的価値を創出する地域社会基盤の創造的仕事」と定義されているが、⑰この平生学習型仕事によって、どのように地域が変わっていくのか、いくつかの具体的事例をみてみよう。

2・学習マウルづくりの多様な展開

二〇一四年現在、一六の市郡に五三の学習マウルの形成が試みられている。まず、文化芸術を通した学習マウルプロジェクトを進めている城南市の事例を挙げることができる。

人口一〇〇万都市の城南《ソンナム》市は、旧都心と新都心との間の地域格差を解消するとともに、個人化や都市化が進んでいる中で暮らしの質を高める答えがマウル共同体活性化事業にあると判断し、担当部署として自治行政課幸福マウルチームを設置して地域諸団体と一緒に推進してきた。その事業を京畿道平生学習振興院の学習マウル事業と連携させ、教育支援課平生学習チームとともに、文化芸術を媒介とした学習マウル形成に力を入れている[18]。

住民の生活改善や文化へのニーズに対して、住民が主導するマウルリーダーやマウルコーディネーターの育成を媒介に、住民自らがマウルのための活動に積極的にかかわるようにしているのである。つまり、文化芸術を地域学習の中心に据え、コミュニティ講師を養成する一方、学習コーディネーターやマウルリーダーをも育て、その三つが住民と協力しながら学習マウルを創ることが図られている。さらに、文化芸術を中心としたコミュニティ・ビジネスへの発展をも視野に入れ、養成した講師たちなどに安定した仕事を提供するという意味で、社会的価値と雇用が同時に実現されるモデルが構想されているといえる。

三年間をかけて推進されるマウルづくりでは、一年次にはマウル講師やマウルデザイナー、マウルリーダーの養成を通した仕事の創出と基盤整備を行い、それぞれ養成するための学習プログラムが組まれた。マウル共同体事業を住民と協力しながら、全般的な活動のマネジャーの役割を担うマウルデザイナーは、マウルづくり企画課程、住民ニーズ調査の課題発表などをする。マウルリーダーを養成するためのリーダーアカデミーでは、リーダーの力量を高めるための意志疎通方法やコミュニティ組織などを、マウル講師養成アカデミーでは、コミュニティプログラムの理解や講義開発課程などを学ぶ。また、二年次にはコミュニティ・ビジネスとマウルリーダーやデザイナーの育成を拡大し関連機関とのネットワークを強化し、三年次にはコミュニティ・ビジネスの持続可能性を整備して持続的な仕事の創出を図り、地域連携のネットワーク事業を構築することが目指されている[19]。

マウルデザイナーは、住民の学習ニーズをもとに必要な学習プログラムを設計実施するとともに、コミュニティ・ビジネスであるマウル企業をつくるまでの役割を担っている。二〇一三年現在、城南市の三つの学習マウルに二人ずつ配置されている。マウル講師は、自分の専門を活かし地域住民に様々な学習プログラムを提供している[20]。

このような城南市の事例では、女性や若い文化芸術家たちに仕事を提供するという「人的資源」を探して「社会的価値と自己実現、社会的仕事提供を同時に追求する戦略」を用いながら[21]、学習マウルの形成が試みられている。

一方で、環境問題という地域のアジェンダから出発し、地域の女性たちを住民講師に養成、配置したことで地域を変えた例として、高陽《コヤン》市の事例がある[22]。

高陽市は、市が高陽女性人力開発センターなどと一緒に京畿道平生学習振興院の事業に応募した。高学歴女性が多いにもかかわらず経済的活動があまり活発ではないという地域的特性を活かして、市の五大計画の一つであった「環境に易しい緑の平和都市」の構築計画において自然親和教育[23]の実施を目標としていたこともあり、それに合わせてマウルづくりを行うこととなった。

初年度の二〇一二年度には、それまで養成していた体験教育指導士（農村体験指導士と都市農業指導士）から一〇人を選抜して「自然親和平生学習指導士」としての教育を行った。また、団地別に「自然親和平生学習プログラム」を開設した。二年次には、住民講師の新規養成プログラムを実施し、学習マウルの中で自然体験教育指導士を希望する人を対象に住民講師の養成教育が実施された。就業支援の仕事を創る一方で、同じく団地別に「自然親和平生学習プログラム」を開設した。最後の三年目には都市型農園の造成を通して収益を得るということも考えられている。

つまり、結婚のために経歴が途絶えてしまった地域の女性たちを住民講師として養成し、都市農業プログラムという、環境に特化した学習プログラムを実施しているのである。また、自然親和平生学習プログラムを実施し、その上に農作物の販売をおこない、城南市と同じようにコミュニティ・ビジネスとして、マウル企業の法人登録を準備している。

文化芸術を媒介とした城南市の事例とは対照的に環境をテーマとしているが、地域の人的資源でありながら活躍の場のなかった女性たちを住民講師として養成し、活躍する場を提供するとともに、それが仕事だけに留まらず、収益を創出するモデルへと発展している点が注目される。

それ以外にも、体験文化観光をテーマにして学習マウルを目指した事例や、小さな図書館を拠点としたマウルづくりを試みる事例など、各地域の地域的特性に基づきながら、多様なマウルづくりが繰り広げられている。

3・「学習型仕事」の創出を通じて地域を変えていく

このような京畿道のゴールデン・トライアングル事業は、それまで受動的であった学習者を能動的学習者へと変えるとともに、学習者に留まらず教授者へと役割の逆転を図ることで雇用を創出する一方で、経済的な収益までをも視野に入れた学習モデルを描いているところに特徴があり、今までの学習パラダイムをも転換させるものである。

京畿道の事業を通して、学習プログラムの受講者数は、二〇一二年の五三一七人から一三年には二万九九五一人へと増加した。学習型仕事においても、住民講師と学習コーディネーターがそれぞれ二〇一二年には一一六人と二二人から二〇一三年には二四〇人と六五人へと増えている(24)。事前に設計された学習プログラムを受けることから、住民自らの経験や知識といった専門性を活かしながら地域のニーズに基いた学習プログラムを企画・実施することで、より多くの人々が学習プログラムを享受することができる。さらに、新たな雇用を生み出しながら、学習の循環を創り出している。持続可能な地域づくりの推進において平生学習が中心軸として据えられているのである。まさに、重層的かつ多面的な学びがそこにはある。

「学習型仕事」という新しい概念を創出しながら、地域の人的資源を発掘し、そこから新しい地域づくりを目指す京畿道の事例は、現在も進行中である。いかにして住民主導的なマウルづくりとして定着していくのかが課題であり、今後の展開を注目する必要がある。

三　韓国における地域学習の創造

京畿道の事例のみならず、近年のマウルづくりの展開は、韓国における「地域学習」の創造であるといえよう。それは、新しい平生学習のパラダイム転換の現われでもある。

1・新たな平生学習のパラダイム転換

韓国では、本格的な平生教育体制の整備が日本より遅れたものの、より活発に展開している。一九九〇年代半ばの教育改革から始まった動きは、一九九九年の平生教育法の制定を受け、平生教育体制の整備へと発展している。そこでの重要な柱の一つは、地域平生教育の構築であった。平生教育法や行政体制が国や地方自治体によって整備され、二〇〇二年からの平生学習都市政策をはじめとする諸政策が推進された。国の政策を受けながら、地方自治体における平生教育のハード面が整備・強化されるという平生教育制度の整備の「第一段階」を経て、「第二段階」として、より生活圏に密着したマウルにおける地域平生学習の展開がめざされている。韓国平生教育はさらに新たな局面にさしかかっているといえよう。

また、制度の整備に加え、制度に後押しされながら住民の平生教育の環境を醸成し、様々な学習機会を提供する専門職員の平生教育士などの努力や、平生教育を権利として享受するという住民たちの認識変化によって「公的平生教育」の確立がなされてきた。一九八〇年代や九〇年代に民主化運動に関わっていた人たちが民主化の後、地域に入り地域課題や社会問題に対応しながら、識字などの独自の平生教育活動に取り組み展開していくという民間の平生教育も充実しつつある。マウルづくりは現在では、広く民間によっても取り組まれているのである。

制度としての韓国平生教育がより深い内実を伴い、平生学習が人々の文化、地域の文化として定着し始めている。同時に、それまで固定していた学習者—教授者の役割転換を図るという学習の構図を変える試みも含んでおり、それは新たな知識の循環を生み出すものでもあった。

京畿道のゴールデン・トライアングル事業においては、住民の知識や経験が住民講師やマウルリーダー、学習コーディネーターとして力量を発揮できるようになっていたが、そこには今まで平生学習職員が担っていた役割を住民が担い、住民のニーズを反映した学習プログラムを運営し、自らが講師として教えるという学びの循環がみられる。このような挑戦は、道内の水原《スウォン》市平生学習館の「誰でも学校」[25]でもみられる。

役割転換による学びの循環のみならず、それが雇用やマウル企業という地域の経済（社会的経済）までつながっているところは、まさに新しいパラダイムの転換とみてよいであろう。

2・「ローカルな知」の可能性

京畿道のゴールデン・トライアングル事業は、外部からではなく、内部の地域住民が直接平生学習に関わることによって、地域に目を向けさせるものである。つまり、住民が講師となり、地域のニーズから学習が生まれるということは、地域に向き合う学び、地域を捉え直す学びとなり、それは「地域の伝統と特性を継承発展させ[26]」るものであり、さらに、地域に根ざした「ローカルな知」としての可能性を秘めるものである。「ローカルな知」とは、「時間的、空間的に限定された文脈のなかでのみ意味を持つ、「そのときその場の特定の事情の知識」であり、人々の生きる状況に依存してのみ意味を持ちうる知[27]」であるが、そのように地域で生まれた「知」は、「地域学」へと発展していく可能性を有している。

急激な近代化によってそれまでの地域や共同体が弱体化した韓国において、日本と同様、グローバル化の進展のなかで、地域に目を向けるという関心の高まりが顕著にみられるのである。

おわりに

韓国のマウルづくりは様々な主体によって取り組まれ、多層的かつ多面的に展開している。中でも、本章で取り上げたゴールデン・トライアングル事業は、新たな地域学習の創造の過程を現している。韓国のマウルづくりにおいては、日本の社会教育の展開と異なり、社会的経済を平生学習の中に位置づけていることが特徴といえる。マウル講師を雇用へとつなげ、ひいてはマウル企業まで発展させるという、雇用や経済に対する視点が、マウルを創造する平生学習に据えられていることは、新たな構想として評価してよいであろう。

また、住民の中で「循環する知」を生み出しているという、「知の循環」にも目を向ける必要がある。韓国ならではの「知の循環型社会」の創造ということができよう。地域住民の中での知識や経験が住民間に循環し、それが地域にも循環するということは、日本のまちづくりを考える上で参考になると思われる。マウルという生活圏により密着した地域を単位とするマウルづくりにおいては、実に多様な学びが創造され、それが循環している様子がみてとれる。

韓国では、マウルに注目することで持続可能な地域づくりを図ろうとしているが、日本と韓国は、後期近代社会における格差や共同体の弱体化、地域基盤の崩壊などの諸問題を共有している。そして、そういった問題に対する答えを「地域」から見出そうとする取組みが、日本と韓国それぞれでみられ、地域学習が日韓の社会教育を通じた連帯を導き出す可能性をも秘めている。

韓国における地域学習は、新しい平生学習の動きを示してくれるものであると同時に、社会教育を通じた日本と韓国のさらなる交流の可能性も示しているといえよう。

（1） また、現在の「マウル」（마을）と一九七〇年からの「セマウル」（新しいまち）運動の違いであるが、「セマウル運動が自助・自立精神に基づいたマウルづくり事業として主に農村地域を中心とした（漸次都市部にも広がっ

ていったが）近代化運動（地域開発運動）として始まったものであったが、現在のマウル運動は主に都市を中心とした共同体運動である」といえよう。金侖貞「韓国における自治と共同」『東アジア社会教育研究』第一八号、東京・沖縄・東アジア社会教育研究会、二〇一三年、四五頁。

（2）格差社会とリスク社会に対する代案としてマウル共同体に注目しなければならないという主張が多様な領域から提起されていると、梁炳賛は指摘する。梁炳賛「韓国の生涯学習と地域づくりのローカルガバナンスの新しい動向」『北海道大学・公州大学ジョイントシンポジウム　グローカル社会における生涯学習・福祉・労働』二〇一三年二月。

（3）本章の「はじめに」および第一節は、金侖貞「韓国における自治と共同」（『東アジア社会教育研究』第一八号、東京・沖縄・東アジア社会教育研究会、二〇一三年）の一部（三八～四三頁）を修正加筆したものである。

（4）이윤석「성북구　장수마을의　마을학교와　동네목수」『우리、마을만들기』나무도시（イ・ユンソク「城北区チャンスマウルのマウル学校とまち大工」『私たち、マウルづくり』ナムトシ）、二〇一二年　二六一頁。

（5）行政の末端行政機関であった洞事務所の余った空間を、学習機関である住民自治センターに転換することがこの時期行われた。住民自治センターは住民から選ばれた住民自治委員によって運営されるというところにも特徴があり、まさに住民自治の実現を目的としているといえよう。

（6）김은희「마을만들기는　운동이다」『우리、마을만들기』나무도시（キム・ウンヒ「マウルづくりは運動である」『私たち、マウルづくり』ナムトシ）、二〇一二年、二〇頁。

（7）詳しくは、유창복『우린　마을에서　논다』도서출판　또　하나의　문화（ユ・チャンボク『私たちはマウルで遊ぶ』、図書出版もう一つの文化、二〇一〇年）を参照。

（8）박재길「도시만들기　속의　마을만들기로」『우리、마을만들기』나무도시（パク・ジェギル「都市づくりの中でのマウルづくりへ」『私たち、マウルづくり』ナムトシ）、二〇一二年、八一頁。

（9）梁炳賛、前掲論文。また、詳しくは、양병찬「지자체　마을만들기　사업에서「마을학교」의　평생교육적

의미――서울시 마을공동체만들기 사업을 중심으로」（梁炳賛「自治体マウルづくり事業における「マウル学校」の平生教育的意味――ソウルマウル共同体づくり事業を中心に」『韓国平生教育』第二巻第一号）、二〇一四年、三～六頁。

(10) 장옥연「마을만들기 속에서의 계획、과정적 가치가 필요하다」『우리、마을만들기』나무도시（チャン・オクヨン「マウルづくりの中での計画、過程的価値が必要である」『私たち、マウルづくり』ナムトシ）、二〇一二年、九九頁。

(11) ソウル市のマウル共同体づくり事業に関して、詳しくは、양병찬「지자체 마을만들기 사업에서「마을학교」의 평생교육적 의미――서울시 마을공동체만들기 사업을 중심으로」（梁炳賛「自治体マウルづくり事業における「マウル学校」の平生教育的意味――ソウルマウル共同体づくり事業を中心に」『韓国平生教育』第二巻第一号、二〇一四年、一～二五頁）を参照。

(12) 서울특별시『서울특별시 마을공동체 기본계획』（ソウル特別市『ソウル特別市マウル共同体基本計画』）、二〇一二年、三頁。

(13) 例えば、邑・面・洞という市町村の下の行政単位に幸福学習センターという平生学習施設が指定を受け設置されたのは、二〇一三年以降のことである。

(14) 詳しくは、李聲「京畿道型マウル住民中心の平生学習生態系づくり」『東アジア社会教育研究』第一八号、東京・沖縄・東アジア社会教育研究会、二〇一三年、九六～一〇六頁を参照。

(15) 同、九六～九七頁。

(16) 京畿道平生教育振興院パク・ソンギョンさんへの聞き取り調査（二〇一四年四月二九日）より。

(17) 경기도 평생교육진흥원『경기도 평생학습형 일자리사업 발전전략연구』（京畿道平生教育振興院『京畿道平生学習型仕事事業の発展戦略研究』）二〇一四年、八五頁。

(18) 前掲、李聲、一〇四頁。

(19) 경기도 평생교육진흥원『2012 학습형 사회적 일자리 창출 및 학습마을 활성화 사업 성과보고』(京畿道平生教育振興院『2012 学習型社会的仕事の創出および学習マウル活性化事業成果報告』)二〇一三年、三四~四九頁。

(20) 前掲、李聲、一〇四頁。

(21) 同、一〇五頁。

(22) 前掲、경기도 평생교육진흥원(京畿道平生教育振興院)一一~二一頁、および京畿道平生教育振興院パク・ソンギョンさんへの聞き取り調査(二〇一四年四月二八日)参照。

(23) 自然親和教育とは、自然の中で行われる自然に関する教育のことである。

(24) 京畿道平生教育振興院パク・ソンギョンさんへの聞き取り調査(二〇一四年四月二八日)より。

(25) 水原市平生学習館が二〇一二年から推進している「誰でも学校」は市民誰もが講師になり、講座が開けるという特徴を持っている。詳しくは、鄭盛元「平生学習のパラダイムを変える——『誰でも学校』」『東アジア社会教育研究』第一九号、東京・沖縄・東アジア社会教育研究会、二〇一四年を参照。

(26) 前掲、李聲、一〇六頁。

(27) 前平泰志「〈ローカルな知〉の可能性」『〈ローカルな知〉の可能性——もうひとつの生涯学習を求めて』東洋館出版社、二〇〇八年、一〇頁。

12章　ドイツ・脱原発への市民の学習——リスク認識から地域再生へ

高雄綾子

はじめに

二〇一一年三月の福島の東京電力第一原発事故から三か月後、ドイツ連邦共和国（以下ドイツ）で脱原発政策が議決され、スイス、イタリアがこれに続くことにより、ヨーロッパを牽引するドイツ人の環境意識の高さが世界中に示された。メルケル政権を動かしたのは、事故直後の三月に行われた一連の州議会議員選挙における、脱原発を掲げた九〇年連合／緑の党（Bündnis 90/Grünen）の大躍進である。特に、保守政権が続いていた南西部のバーデン・ヴュルテンベルク州で前年比倍以上の得票率により圧勝したことが、中央の保守政権を驚愕させた。

以前から、環境税やリサイクル制度など「環境先進国ドイツ」を支える基盤として、環境政党である緑の党を生み出した市民の高い環境意識、その意識を育成してきた環境教育などが注目されてきたが、今回の脱原発決定はそれに輪をかけた形となった。この「環境先進国ドイツ」の枠組みでは、環境教育を受けた市民が環境保全的な世論を形成し、政治に厳しい環境法規制の施行を働きかけるという図式が成り立つように見える。確かにドイツでは、環境に関する市民運動や市民団体の政策決定への影響力が強く、一九六〇~七〇年代にかけて台頭してきたエコロジー運動、女性運動、エスニック・地域運動、平和運動などの「新しい社会運動」の一環である反原発運動を皮切りに、チェルノブイリを経て「フクシマ」まで「原子力四〇年戦争」と呼ばれる異議申し立て文化を築いてきた。

しかし、なぜこのような市民の異議申し立て文化が長期にわたり続いたのかと考えるとき、高い環境意識を反映させた「環境先進国ドイツ」という枠組みだけでは、市民の政治参加の多様性を単純化してしまうのではないか。近代国家の間接民主主義は、民意だけでなく圧力団体である経済界の意向や外交の局面にも大きく左右される。実際に「フクシマ」の前年の二〇一〇年、前シュレーダー政権が一度定めた二〇二二年までに原発を全廃するという原子力法に反対した産業界の猛烈なロビー活動を受け、メルケル首相が稼働期間をさらに一二年延長する法改正を行ったときは、これに反対する市民の動きは小規模だった。

つまりドイツの市民はこの「原子力四〇年戦争」の間、一貫して脱原発を志向する環境意識をもって政党政治に参加してきたわけではなかった。そこでは原発をめぐる環境や経済の理論の間を揺れ動きながら、世代を超えてなお存在し続ける別の力学があったと見なせる。やや結論を急げば、それは、不確実性に付随するリスクをコントロールし乗り越えようとする、個人や社会の学習の積み重ねであった。本節は、このようなリスクをめぐる学習プロセスの萌芽を、チェルノブイリ後の地域社会における市民の動きから見いだそうとするものである。

一　脱原発をもたらした市民と社会の動き

1・社会運動と地方政治を土台とする異議申し立て文化

まずドイツの市民運動の政治参加形態の基本を確認しておきたい。地方分権のドイツでは、連邦政府が政策決定できる範囲は限定され、そこでは行政、専門家の関与が支配的で、一般的市民の参加は限られている。これは、労働組合や福祉団体の力が強く、労使対話や社会福祉制度を通じて政策決定に影響を与える度合いが高いこと、また、社会民主党の台頭に伴い、産業界が衝突回避機関として機能するネオ・コーポラティズムが構築されてきたことから、市民団体などの意見をくみ上げるシステムを強化する動機付けが弱かったためと言われている。歴史的背景から大規模な民意の動員を嫌う力も強く、連邦レベルでの国民投票にも消極的である。

システムとしての市民参加が弱いがゆえに、政府と市民団体の間には一定の距離が存在し、周縁にとどまるものというアイデンティティが、特に草の根の環境市民団体には形成されてきた。一九七五年に設立され、四八万人の会員を擁するドイツ最大の環境市民団体であるＢＵＮＤ（Bund für Umwelt und Naturschutz Deutschland e. V., ドイツ自然保護連盟）は、環境市民団体をクライアントとする緑の党の一九八三年の政権入り後も、不偏不党を掲げ、中央との距離を保ってきた。権力の掌握を第一義的な目的としていないため、政局情勢にかかわらず政府を一定の距離から監視する役割を可能とし、この役割から具体的な環境制度を提案、実現している。これは、政府と対等であるがゆえの対立構図から、環境政策のゼロサムに陥りがちなアメリカの環境市民団体とは対照的である。

この背景には、一九六〇年代後半に繰り広げられた、ナチズムの過去について自らの罪を「知らなかった」と言うことで免罪しようとする行為を批判した学生運動がある。彼らはナチスへの盲信を誕生させたのはドイツ人の「権威主義的パーソナリティ」が原因であるとし、当時それがなお、大学教授や専門家、エリート、政府などに対する盲目的な信頼の形で存在し続けていることを問題視した(1)。この意識は権威や専門家を無条件に信頼しない社会文化を生み出している。例えばアメリカ・ドイツ・フランスの市民の環境意識の比較調査によると、ドイツは科学者への不信から先端技術の開発を拒否する割合が最も高い(2)。また「フクシマ」後の若者の脱原発志向の受け皿として、もはや既存政党となった緑の党よりも、グリーンピースやBUNDなどの環境市民団体が好まれている。インフラテスト社会学研究所の調査によると、若者の一七％しか政党に所属して行う活動に魅力を感じておらず、実際に「フクシマ」後に緑の党の党員は増加していない。他方で、グリーンピース・ドイツの活動グループは四〇以上増え、さらにインターネットやSNSによる動員ポテンシャルの高まりによって、突発的なフラッシュ・モブやダイ・イン活動を行う人数が増えているという。BUND青年部のサンダースは「政治的な影響勢力となるかどうかはわからないが、BUNDの二七歳以下のメンバーは四万三〇〇〇人に増え、場合によってはより多くの動員が可能だ」と述べる。

しかし地方選挙での緑の党の大躍進は、政党を通じた異議申し立てが、政治との距離の近い地方レベルではまだ有効であるという実態も示すことになった。中央では制限されている市民参加も、地方レベルでは様々な手法で取り組まれており、地方政治に影響を与えている。ドイツには、社会運動に内在する周縁的アイデンティティと、分権体制における地方レベルの政治参加のローカルな力が、長期にわたる異議申し立て文化の土台となっているという、複雑な市民参加の実態がある。

2・「残余リスク」を排除する社会―文化的リスク認識

ところで、異議申し立てが客観的な認識に基づくものであれば、すなわち、原子力施設の安全性の構造的欠陥が科学的事実であれば、ドイツだけでなく他の原発保有国においても脱原発政策は実現するだろう。しかし「フクシマ」の前後でドイツの原子炉の安全性が何ら変わったわけではない。ドイツで決定的に変わったのは、日本の原発事故を受けてメルケル首相が、「……絶対にありえないものと考えられてきたリスクが、完全にありえないわけではないということを教えてくれた」と述べたように、原発に対する個人や社会のリスク認識だった。この「絶対にあり得ない」リスクは、科学技術の水準をもってしても排除することのできない微小な「残余リスク（Restrisiko）」と呼ばれるものであり、これまで原発保有国がその正当性を論証するための鍵概念だった。ドイツではその解釈方法が変化したのである。

リスク社会学者ウルリヒ・ベック（Urlich Beck）は、高度産業社会における大規模技術自体が、広い影響圏で脅威の源となり得る現代社会を「リスク社会」と呼んだ[3]。自然災害や金融危機などは、それ単体の危機だけでなく、化学物質、インフラ、生活、社会情勢といった本来別個のリスクの相互作用による被害を引き起こし、他の領域に連鎖的に被害を波及させる。また環境・技術社会学者オルトヴィン・レン（Ortwinn Renn）は、このような特徴を持つリスクを「システムリスク」と呼び、純粋に技術的な計算の積み上げによって算定される「技術リスク」や、テロや抑圧、いじめなど社会背景が要因となって起こる

「社会リスク」と区別した[4]。システムリスクは因果関係や影響範囲の特定が不可能なため、残余リスクを厳密には排除できない。原子力施設のリスク管理には、客観的な技術リスク対応のための安全操作マニュアルがあるだけで、災害やテロによる事故は潜在性の低さから度外視される。ドイツでも、事故の発生確率が低いならば、安定的なエネルギーシステムの実装という社会的利益のために微小な残余リスクを受け容れることが、「社会的に適切」だと見なされてきた。しかし「フクシマ」のインパクトは、この社会的な適切さよりも、自分がリスクと見なすものがリスクであるという、残余リスクを主観的に重視するリスク認識をわき上がらせた。

このような個人の主観は「心理―認知的リスク認識[5]」や「個人主観アプローチ」と呼ばれ、客観的な判断に基づく「正統―規範的リスク認識」と異なり、通常の政策決定には反映されることは稀である。しかしチェルノブイリ後、個人の主観がある社会的な統一性を持って出現したことで、「社会―文化的なリスク認識」や「社会構成アプローチ」としての残余リスク忌避が正当性を得ていく。そして「フクシマ」後は、連邦首相府に置かれた有識者による「安全なエネルギー供給のための倫理委員会[6]」の報告書が明確に示したように、行政に対しても、残余リスク回避の政策に正当性を与えた。すなわち、技術的な計算の積み上げでは微小なものとして算定される残余リスクを、倫理の視点から定性的に評価した結果、排除していくものに転換させたのである。

学習が知識や見解だけでなく、感情や規範枠組み、行動可能性などを個人や集団で獲得していくプロセスであるとすれば、この残余リスクを重視するというリスク認識の変化は、まさに、市民や行政の学習の結果と見なすことができる。では、この心理―認知的リスク認識を社会―文化的リスク認識へと転換させていくプロセスでは、どのような学習が行われてきたのか。以下ではこの点を、一九八六年チェルノブイリ事故後の、地域社会におけるリスク対処の学習プロセス研究を歴史的に振り返ることで検証する。

二　チェルノブイリ原子力発電施設事故後の市民測定活動

1・市民社会の三つの反応

一九八六年にはすでに、イタリアのセヴェソのダイオキシン拡散（一九七六年）、インドのボパールのイソシアン酸メチルガス拡散（一九八四年）など地域型の事故や、広範囲の大気汚染物質移動による「森の死」（一九八〇年代初頭）などの越境型の汚染によって、近代産業による環境問題は政治運動の課題となっていた。これに先立つ一九七〇年代半ばには「新しい社会運動」の一環で、「ビュルガーイニシアティーフ（Bürgerinisiativ＝ＢＩ）」と呼ばれる市民／住民による運動体が多く結成され、環境問題にも取り組んでいた。このＢＩとは、個人では対処不可能な状況の改善を目指す団体であるが、当事者とその支持者および賛同者とで構成されるという点で自助組織と区別され、活動が議会外に限られるという点で政党と区別される、社会運動を担う市民組織の総称である。特にドイツでは、核兵器や原子力施設に反対する、いわゆる反核運動を行うＢＩが、他国に比して突出していた。これに対処するために政府は一九七五年から、専門家以外の参加者を含めた「原子力市民対話」を開設する。このような中で起こったチェルノブイリ事故は、相互作用やドミノ倒しというシステムリスクの特徴を初めて広く一般にも突きつけ、それまでのＢＩの活動テーマだった反核を、その範囲外へも広めていく転換点となった。

事故後の市民社会の反応は三種類であった。[7] 第一は、BIの流れをくんだ大規模なデモなどによる抗議であり、各地で大規模な反原発の抗議運動が、政治的なエコロジー運動や平和・反核運動とも合流し組織化された。第二は、食品や生活を放射能汚染から防護するためのイニシアチブであり、放射能汚染を不安視する子を持つ親たちを中心に、食品や環境中の放射線濃度を測定し公開する非中心的・自助的なグループが形成されていった。第三は、再生可能エネルギーのコミュニティレベルでの促進であり、第二の自助の動きが発展した形で、市民が自発的に、草の根の再生可能エネルギー自治を獲得していった。

第一の反応が脱原発を実現する運動として、また第三の反応がエネルギー独占企業に対抗し地域経済を取り戻す実践として、「フクシマ」後も盛り上がりを見せているのに対し、第二の反応は、政治的な帰結にいたらずに生活に戻っていったために、これまでの市民運動研究や教育学研究ではほとんど取り上げられてこなかった。しかし、専門家や権威による客観的なリスク算定に対抗し、市民が専門知識を獲得する過程で、システムリスクの不確実性を乗り越え行動力をつける学習プロセスが展開され、第一や第三の反応を活性化させていったのである。

2・親たちの「市民測定」活動の誕生

四月二六日のチェルノブイリ事故発生後、ただちに専門家や行政による「安全」報道がなされたが、市民の行動の制御に必ずしも直結しなかった。政府は当初、事故に伴う汚染状況を十分に公開せず、「ドイツには危機はない」(四月三〇日)や、「コントロール可能な状況」(五月七日)といった安全報道を続けた。しかし情報が不十分と感じた市民の間では「窓を閉めろ」、「雨に当たるな」などの警告が口コミで広がる。

五月一一日に内務省がようやく発表した汚染状況によれば、ドイツ南部の土壌から半減期八日間のヨウ素一三一が一平米あたり約二万五〇〇〇ベクレル検出され、逆算すると事故由来の放射性物質は五月二日まで降り注いでいたことになる。フォールアウトのまさにそのときに安全報道を行った政府への不信感は一気に高まった。

政府は本当の汚染を隠しているのではないかという市民の疑念は、その後政府が安全を強調するたびにさらに強化されていく。例えばセシウム一三七の土壌汚染値では、西ベルリン市（当時）政府の測定が一平米あたり四〇〇〇ベクレルだったのに対し、ベルリン自由大学の生物科学研究所の測定値は五万ベクレルと一〇倍以上だった。この差について市環境省は「行政機関以外（大学）の測定は誤差が大きく参考にならない」と否定したが、市民は高い汚染の情報を信じる傾向にあった。

各州政府の一貫性のない食品基準値にも非難がわき起こった。連邦およびEC（当時）のセシウム一三七の基準値は、牛乳・乳製品および小児用食品三七〇ベクレル／キロ、その他の食品六〇〇ベクレル／キロであったが、ドイツでは食品の安全規制は州政府管轄のため、州ごとに様々な基準が設けられた。牛乳一リットル当たりのヨウ素一三一の基準値は、西ベルリン市・ザールラント州・ブレーメン市州で一〇〇ベクレル、ハンブルク市州で五〇ベクレル、ヘッセン州で二〇ベクレル。またセシウム一三七の基準値は、ヘッセン州および西ベルリン市で一〇〇ベクレルと設定された。しかも、各基準値は州の汚染の度合いを反映したものではなく、各州議会の政治勢力に左右されていた。もっとも厳しいヨウ素一三一の基準値を設定したヘッセン州では、前年にドイツで初めて社会民主党と緑の党の連立政権が樹立しており、環境・エネルギー相に緑の党のヨシュカ・フィッシャー（Joshka Fischer）が就任していた。ところが、原発推

表1　チェルノブイリ事故後に誕生した主なドイツの独立系市民測定グループの例⑨

市民測定グループ	都市	州
独立系放射線測定所/放射線テレックス	ベルリン	ベルリン
放射線ルーペ	ベルリン	ベルリン
汚染されていない食品を求める消費者の会	キール	シュレスヴィヒ・ホルシュタイン
人間自然研究所	フェルデン	ニーダーザクセン
放射線測定技術協会	ミュンスター	ニーダーザクセン
残余リスクに対抗するエムスラント親の会	リンゲン	ニーダーザクセン
ガンマ測定所	ケルン	ノルトライン・ヴェストファーレン
残余リスクに対抗する親のイニシアチブ	ヴィースバーデン	ヘッセン
ミュンヘン環境研究所	ミュンヘン	バイエルン
土壌と植物	ケーニヒスドルフ	バイエルン
MGA フリュステンフェルトブルック	カウフボイレン	バイエルン

進派のボスと言われたフランツ・ヨーゼフ・シュトラウス（Franz Josef Strauß）を首相とする保守の牙城のバイエルン州では、独自基準は設けられなかった。この一貫性のない基準値に加え、連邦健康省は、「一リットルあたり五〇〇ベクレルのミルクを毎日摂取しても基準値には達しない」などの統計上の一般論しか述べず、子どもや妊婦などの脆弱性の高いグループの追加リスクをできるだけ回避したい気持ちは高まる一方だった。しかし健康相リタ・ズースムート（Rita Süssmuth）は、「内務省放射線防護委員会が出すデータを信じずに何を信じるのか？」と市民が不安を持つ事への無理解をあらわにした⑧。

不十分な情報、一貫性のない対策、それに対する不安への無理解に直面した市民は、政治勢力から独立した測定データへのニーズを高めていく。西ベルリンの医師エリス・フーバー（Ellis Huber）と科学ジャーナリストのトーマス・デルゼー（Thomas Dersee）による小冊子『チェルノブイリ、健康被害の評価』が五月一三日に出版されると、三か月で四万二〇〇〇部を売り上げた。この小冊子で、市場に流通している食品の六割で産地や製造年月日の偽装が行われていたとの報告がなされたことから、市民自らが食品の放射能汚染を測定する動きが一気に広がり、全国で四〇を超える市民グループが立ち上がる（表1）。その中心は、都市部に住む小さな子どもを持つ母親たちと、物理や生物、医学の専門知識を持つインテリたちだった。専門家であるデルゼーも、チャリティーコンサートを開催して測定器購入のための寄付を集め、事故から七か月後に市民測定所を開設した。

3・西ベルリン市での事例——母親たちと専門家による市民測定活動「放射線ルーペ」

二〇一一年七月に筆者が行った聞き取りと収集資料をもとに、「放射線ルーペ」の活動を紹介する。一九八六年の初夏、西ベルリン市で、市民グループ「核の脅威に対抗する母と父協会（Mütter und Väter gegen atomare Bedrohung e. V.）」の集会が開かれた。ここで、一児の母で音楽家のエリザベート・ウミエルスキー（Elisabeth Umierski）は、引退した物理学者ヨアヒム・ヴェルニッケ（Joachim Wernicke）が食品測定を始めようとしている事を知る。ヴェルニッケは行政の食品測定の現状に満足できず、民間の自然科学の研究所の測定器を業務時間外に借りて独自に測定していたが、食品ごとに一キロの検体を集めるのに苦労しており、母親たちへの協力を呼びかけていた。その趣旨に賛同したウミエルスキーたち数名の母親が参加し、一〇月に市民測定所が誕生した。

ウミエルスキーによれば、母親たちは毎週月曜日、市内に数店舗を持つチェーン店のスーパーで食品を

表2　ベルリン市州の市民測定活動「放射線ルーペ」で検出された基準値越え食品の例

1986年	
11月24日	ヘーゼルナッツ（256），ブルーベリージャム（146），ミラノ産サラミ（110）
12月 8日	黒海産紅茶（128〜828），ノロジカ肉（235），トルコ産ヘーゼルナッツ（649）
1987年	
1月26日	ベビーフード（182）
2月 2日	パスタ（107）
2月 9日	牛乳（187〜305），クリーム（211〜293），ヘーゼルナッツ（211〜293），バラの実（77）
3月 2日	フランス産ハーブティー（4485（セージ））
3月23日	チーズ（132），スパゲティ（118）

『放射線リスト』から抜粋（1986年10月〜1987年7月，単位はすべてベクレル/キロ）

二〇〜三〇検体購入していた。一般の食卓を反映するこの「マーケットバスケット方式」を回顧し、当時はよく買い占め客のように見られたものだと苦笑する。測定結果は『放射線リスト』(Strahlenliste) と題した小冊子に掲載され、会員への郵送のほか、ベルリン中心街の教会前で配布された。市内の自然食品店や薬局、自転車店などで店頭に置いてくれたところもあったが、一般の大手スーパーなど流通サイドは測定には積極的ではなかった。

この冊子にはメーカーも購入店も実名で記載されている。これによると、ベルリン市内の食品の汚染はほとんどが一〇ベクレル/キロ以下であったが、一定程度、ベルリン市州のセシウム一三七基準値一〇〇ベクレル/キロを超えるものが検出された（表2）。基準値越え食品が市内のスーパーで普通に流通していたことの明確な記録となっている。

冊子では、測定結果だけでなく、母親たちにその都度必要だと思われる注意や警告、提案が行われている。

生鮮食品だけでなく、加工・保存食品、海外製品の汚染も高い傾向にあることも市民に知らされた。二年目からは加工・保存食品を重点的に測定し、ベルリン近郊産の小麦粉の検体の募集を呼びかけもしている。測定以外に、エネルギー問題を根本から見直し資源や環境を大事にするライフスタイルを提案し、イベントや勉強会の告知も行っていた。

一九八七年四月には、測定所を反原発運動に政治的に利用しようとするメンバーと分離して、政治的に中立な立場に特化し、名前も「自ら測る親たち協会」(Eltern selber messen e. V.) と変更。小冊子のタイトルも『放射線ルーペ』(Strahlenlupe) とし、放射能汚染に加え、化学物質(硝酸塩)の測定結果も含め、自分と家族が食品リスクを自主的に管理・軽減できるようになることを目指した。『放射線ルーペ』には、主に保存・加工食品の測定結果が、製造所固有番号と賞味期限と共に掲載された。放射線濃度が一〇ベクレル/キロ以下、硝酸塩が一〇mg/キロ以下の商品には、識別しやすいようにりんごのマークがつけられた。これには一部のメーカーから「風評被害だ」と苦情も来たが、「消費者の権利としての測定を毅然と主張することで、じきに消えていった」とウミエルスキーはふり返る。

三年目には、淡水魚、野生の獣肉、野生のキノコを例外として、生鮮食品の汚染は落ち着きはじめるが、加工・保存食品には汚染が残り続ける。『放射線ルーペ』の一九八八年のクリスマス特集には、クリスマスケーキやお菓子に二九ベクレル/キロ、ヘーゼルナッツチョコのプラリネに六九ベクレル/キロの汚染が報告されている。栗やナッツ、ドライフルーツは放射性物質を取り込みやすい上に、保存が利き、他の食品の加工によく使われるため、これらを原料とする食品の汚染が長く続くことになる。しかし、行政の測定は相変わらず生鮮品に特化し、「汚染は検出されないほど低くなった」と安全宣言を出すに至っていた。

当時、行政も測定結果の一覧を地方紙に定期的に公開しており、汚染の統計的な把握としては機能していた。しかしこれらは出荷前のサンプル検査のために、流通品それ自体の値を示すものではなかった。市民測定所の測定結果からは、アルゼンチン産と標記された牛肉からセシウム一三七が検出されるという、産地偽装が疑われる事態など、複雑な流通過程で原因が特定できない汚染の実態も明らかにされている。市民測定所は、汚染の推移に応じて市民の食卓に寄り添う測定対象を選定し、まさに「今日、どこで、何を買うべきか」というニーズに焦点を合わせることで、多くの市民の支持を集め、公的な測定を補完、監視する位置づけになった。結果的には、汚染の収束にあわせて市民測定活動は四年あまりで徐々に縮小していくが、西ベルリン市行政の測定はその後も続き、サンプル数も増え、地元紙に毎日結果が掲載されるようになる。

三　汚染リスクからの地域再生の学習プロセス

ここで紹介した事例以外の市民測定活動も、様々なバリエーションがあるが、市民の日常の食生活の視点から行われた地域社会ベースの活動であった。共通しているのは、科学的な知識を市民が獲得し運用していく認知的能力と、仲間同士や専門家、行政などと対話し実践を積み重ねるコミュニケーション力、不確実なリスクに対処するための行動力などが生み出され、その後の第一や第三の反応を活性化させていった点である。以下、順を追って見ていきたい。

1・地域社会での「信頼」の構築と「知識の所有」への挑戦

事故後、専門家や政府機関などの権威への「信頼」の上に成り立つ正統―規範的リスク認識は崩壊していた。代わりに、我が身に降りかかるリスクを回避したいという主観的な心理―認知的リスク認識が優先され、これが社会的な統一性を持った社会―文化的リスク認識に発展したところで、市民測定活動は展開された。理論社会学者ニクラス・ルーマン（Niklas Luhmann）は「システム外部の不確実性が、システム内部の確実性によって置き換えられる際、信頼が学習プロセスの中心的な源泉となる」と述べている[10]。この場合の「信頼」とは、合理的な計算によるものではなく、不確実で十分な情報のない状態から、合理的な熟考を導き出し意思決定するための、個人の意識的結びつきであるという。これに倣えば、まず市民測定活動は、専門家や政府への不信というシステム外部の不確実性に対し、信頼を源泉とする個人の意識的結びつきによって、システム内部の確実性を確保しようとする学習プロセスだったと位置づけられる。

さらに市民測定活動は、汚染を測定する知識や技術が一部の専門家や政府に独占されているという「知識の所有」の支配や非対称性に対して、そのあり方を信頼の視点から問うものだった。環境史家ヨアヒム・ラートカウ（Joachim Radkau）は、たとえその問題提起が市民から発する場合でも、環境問題の議論においては素人の知識は軽視される傾向にあると述べている[11]。実質的には政治的な勢力関係や交渉の結果に左右されているにもかかわらず、あたかも科学的客観性が担保されているように振る舞い、市民の参加を排除した食品安全行政は、権威主義的パーソナリティに基づくものである。これに反し市民測定活動における専門家と母親の協働は、人々のリスク認識の多様性に配慮した専門知識の応用的な活用であり、市民参加の経路が限られているドイツで、科学や知識の民主的で公平な分配を目指すものであった。地域社会で知識の所有の非対称性に挑む学習プロセスは、環境汚染を自律的にコントロールし、地域社会でのくらしを再生しようとする市民同士の存在を明らかにしたのである。

2・「方向性の知」の獲得によるエンパワメント

従来、正統―規範的リスク認識を重視するリスクコミュニケーションでは、これを受け入れない者は知識が欠けており、正しい知識を授与するべきという「欠如モデル」が主流だった。しかし事故を機に信頼という主観的コンセプトが注目されるにつれて、計量心理学の分野から、市民のリスク認識を一定の合理性を持つものとして評価する動きが起こる。その端緒として「多様な主体間の行動や状況の複雑な相互作用を考慮して、ある程度不確実性に対処できるようになるための学習は、日常知識でも学術的知識でも、社会の行動領域を規定する「方向性の知（Orientierungswissen）とも言えるものを生み出す」という知見が導かれた(12)。方向性の知とは、不完全で不確実な状況においても無力感に陥らず、そこから問題解決に向けて最大限の有効な情報を引き出し、方向感覚のように次の行動指針を自ら作り出すことのできる能力である。この知見は、無知を前提とする欠如モデルでは説明できなかった、システムリスクの複雑性に対処する能力が、市民の間にはぐくまれることを示唆している。

教育学者ゲルハルト・デ・ハーン（Gerhard de Haan）によれば、この方向性の知は、不安や信頼といった、コミュニケーションプロセスに参加する多様な個人の主観が幅広く配慮された学習環境で、はじめて獲得されるという(13)。地域社会での日常生活における個人のリスク認識は多様だが、小さな子どもを持つ母親や妊婦など脆弱性の高いグループはリスクを高く認識する傾向がある。しかしこのようなグループは通常、政策の意思決定に関与する割合が低く、疎外された状況から方向感覚を失い、再び高いリスク認識に至る悪循環に置かれている[14]。

市民測定活動では、この疎外状況にある人々が、様々な主体とかかわりながら不確実性に対処しようと活動するなかで、方向性の知を獲得し、次第に専門知識と同等の価値体系を構築していく様子が見られている。たとえば、行政としてもっとも厳しい基準値を設定したヘッセン州では市民の満足度が高く、市民測定活動の必要性が高くなかったのに対し、行政の測定が満足いくものではないと認知された西ベルリン市では、市民測定活動が活発化した。その結果皮肉にも、西ベルリン市では行政の測定も長く続き、毎日発表される充実したものとなったが、ヘッセン州では、翌年の保守政権への交代後、行政の測定が月二回に減少し、基準値は二〇ベクレル／キロから、EC基準値すら上回る六三〇ベクレル／キロに緩められ、地域のリスクコントロールは実質的に頓挫した。方向性の知は、行政からの援助とそれを受ける市民という関係ではなく、不満足な抑圧された状況で市民が共同でリスクに対応していくプロセスのなかではぐくまれ、政治的エンパワメントにつながっていった。その結果として、行政も包摂した地域のリスクコントロールの取り組みが活発化したのである。

3・中心と周縁、政治と生活をつなぐリスク認識

最後に、第一、第三の活動にも共有されるリスク認識の存在について言及したい。市民測定活動は、原発立地地域の住民以外の都市部の住民、特に子を持つ親たちに、我が身に降りかかるリスクへの不安を可

視化し共有することの正当性を与え、これにより、地方の反原発運動に参加する動機を形成した。それまで地方の原子力施設立地地域における反対運動に参加する都市住民は、物理や医学などの自然科学の知識を持ち、左派系の社会運動に従事してきた若者たちが主だった[15]。しかしチェルノブイリ後は運動に無縁だった普通の市民も、ハンブルクやブレーメン、ベルリンから、高レベル核廃棄物処分予定地のゴアレーベンに、ミュンヘンやフランクフルト、ボンから、使用済み核燃料再処理施設建設計画のあるヴァッカースドルフに、大挙して押し寄せるようになったのである。社会運動研究では「不安」や「不満」が運動発生の要素とされている[16]。子どもや家族の健康に被害が及ぶかもしれないことへの不安は、原子力施設立地を地域に押しつけられた当事者の不満と連続して共鳴することで、地域性や当事者性を超えた普遍性を反核運動に付与していった。それは同時に、常に中央から離れて配備される原子力施設立地地方の周縁性の犠牲の上に都市発展が成り立っている実態を、都市住民に自覚させる役割を担った。

子を持つ親としてのリスク認識の共有は、周縁の市民による再生可能エネルギー自治への動きも大きく加速させる。事故後、バーデン・ヴュルテンベルク州にある人口約二万五〇〇〇人の村シェーナウでは「原子力のない未来のための親たちの会」が設立され、反原発だけでなく、エネルギーの消費者である自らがエネルギー消費を抑制し、川下である消費から川上である生産の変革を進める活動を開始した。この団体の設立者のウルスラ・スラーデク（Ursula Sladek）が、チェルノブイリ以前は「政治に興味がなく自分の家庭を守ることに専心する、典型的なドイツの主婦だった」と語るように、元来、母親たちにとって政治と生活は別のものだった[17]。しかし原発事故によって家庭を守る行為のリスクと不確実性を社会的に押しつけられた母親たちは、それまでの政治的「控えめさ」に対する激しい自責の念にかられ、生活に政治を取り戻すことを余儀なくされる。シェーナウの「親の会」は、保守的な政治土壌の村の中で、再生可能エネルギーの選択の可能性を切り拓いていった。市民出資の再生可能エネルギー会社「シェーナウ電力有限会社（Elektrizitätswerke Schönau）」となって、村が契約していた地域の独占電力会社から電力網を買い取り、市民自治のエネルギー供給を展開したのである。周縁の小さな村だったシェーナウの電力会社は、全国的に有名になり、二〇一三年にはドイツ環境賞を受賞している。このように、普通の主婦の生活のための政治的ビジョンが、地域レベルの政治を徐々に変えていくさまは、ベルリンの市民測定活動のウミエルスキーたちが、測定活動の政治化で中立性が損なわれることを避けながらも、活動自体は市の測定行政に影響を与え続けたことと同様である。

中心と周縁、政治と生活をつなげグリーンな地域をつくり出す動きは、地産地消やオーガニックを促進する運動も活発化させた。市民測定活動を大学として行っていた北西部ニーダーザクセン州オルデンブルク大学物理学部は、一二年後の一九九八年に再びセシウム汚染を測定し、おおむね地域農産物の汚染の低下を確認したが、広域から輸入されたブルーベリージャムではEU基準値六〇〇ベクレル／キロを超える汚染を検出した。本来EUに輸入できないはずの基準値越え食品の流通は、多少割高であっても地元産を明記した食品を求める市民の要求を増加させた。また特に汚染の度合いの高かった南部のバイエルン州では、現在でも、秋の郷土料理に使われるイノシシをはじめとする野生の猛禽類の測定が義務化され、伝統食の汚染に対する市民のリスクコントロールが続いており、州都ミュンヘンの市民測定所である環境研究所が測定値を公表し続けている。測定が日常化したドイツでは、放射能だけでなく幅広く安全な食品を認証・公表する体制が充実し、「商品テスト」という、商品の値段や性能だけでなく環境負荷や安全性などを比較する雑誌で、食品特集が多く組まれるようになった。特に遺伝子組み換え食品への消費者の反対は根強い。地元産、非遺伝子組み換え、オーガニックという選択基準が確立されたことで、生産者の側にも、地域社会で環境に優しい農業を行う意識が定着している。現在ドイツはＥＵで最もオーガニック食品の消費量が多い国となっている。

普通の市民が持つ主観的な心理—認知的リスク認識が、政治的な異議申し立てである反対運動から、オルタナティブな行動のビジョンを提起するエネルギー自治運動、そして地産地消やオーガニック運動まで、幅広い行動領域で共有された社会—文化的リスク認識となっている。このように明確な政治的目的を掲げずとも、広い意味での政治的意思表明を伴う集合行為が地域社会に表出している点が、ドイツ反核運動の大きな特徴である。不安を乗り越えようとする社会—文化的リスク認識が発展したところで展開された市民測定活動は、中心と周縁、政治と生活を直接間接に結びつける役割を果たしたと言える。

おわりに——リスク認識から地域再生へ

「フクシマ」後にドイツに起きた残余リスクを排除する流れは、社会的に適切とされる正統—規範的リスク認識だけでなく、主観的な要素の強い心理—認知的リスク認識や、その集合である社会—文化的リスク認識を重視した結果であり、ドイツ以外の原発保有国には未だ見られないリスク対処の学習の成果だった。その源流として本章で検証した市民測定活動では、不確実なリスクの不安を超えて合理的に行動するための、信頼に基づく意識的なつながりによる学習プロセスが展開されていた。そこで生み出された方向性の知が、これまでリスク議論から疎外されてきた母親たちを含む市民をエンパワメントし、汚染リスクからの地域社会の環境再生の取り組みを活発化していく。多様な行動領域において各地で共有されてきたリスク認識が、「フクシマ」後、地方政治からの脱原発へのうねりとなり、メルケル首相を動かした。

このような、社会運動、市民のリスク認識、メディア、政治、行政、司法、そして科学的知識の相互作用のなかでの学習プロセスは、環境教育で育成される環境意識という図式では説明できない、ダイナミックな行動力を伴う持続性をもたらしている。その主役は、社会運動を率いるカリスマ的指導者でも、情報や知識を圧倒的に多く持つ専門家でもなく、リスクに晒された普通の市民であった。このことは、「フクシマ」を経験した私たち日本人に、主観と客観のなかで揺れ動く個人の感情を、地域社会の集合行為につなげていく力学が、国のシステムをも動かし得ることを教えてくれる。日本の市民測定活動でも、地域社会レベルで行政に先行して行動することによる地方政治への影響が見て取れるが、これが食品測定にとどまらず、地域社会での脱原発へ向けた様々な取り組みとつながり、全国展開する可能性は十分に考えられる。ドイツの第一から第三の運動のつながりのメカニズムをより詳細に解明し、地域からの変革の道筋を共有していく足がかりとして、第二の活動の学習プロセスをとらえることを提案し、本章を結びたい。

市民の学習プロセスでは感情が重要な役割を果たしていた。実際にはドイツでも、個人の感情が公的・専門的な意思決定に反映されることは少ない。確かに自らが制御不能なリスクに晒される状態のなかで、「社会的な適切さ」を求められるとき、無力さから個人の感情に蓋をしがちである。また復興という一大目標を掲げられたなかでは、個人よりもコミュニティを優先させる意識が働くことも避けられない。しかし感情を直視し適切に扱うことによって、個人のなかに主観的に安全と制御可能性の感覚を作り上げなければ、地域再生に向けて市民の方向性の知をはぐくむことはできない。個人のリスク認識を適切に扱うことの必要性は、援助・被援助といった視点からではなく、市民の方向性の知に基づく地域再生への行動力を目指す視点から導かれるのである。そして、ドイツの多様な行動領域でリスク認識が共有されたように、政治目的を掲げずとも、大きな意味で政治性を持った集合行為につながるような、共通するリスク認識の存在が見られる可能性がある。地域課題は多様性を持つが、リスク認識は普遍性を有している。それらを掘り起こしつなげていくことが、専門家の関与や専門知識に求められることではないだろうか。

西ベルリン市の当時の市民測定所の一つであった放射線テレックスのデルゼーは、日本の市民測定活動に大学教員や専門家の関与が少ない点を指摘し、専門知識と日常知識を融合させた取り組みの欠如を懸念している。不確実性のなか試行錯誤しながら市民が生み出してきた方向性の知を、参加と信頼を源泉とする学習の成果として専門家の間でも共有し、地域社会のリスクコントロールプロセスに反映させること、そしてそれを、全国的に普遍的なリスク認識として可視化することで、地域からの再生への道筋を照らす光を生み出すことができるだろう。

(1) 井関正久『ドイツを変えた六八年運動』白水社、二〇〇五年。
(2) Renn, O. "The Changing Character of Regulation: A Comparison of Europe and the United States. A Comment." In *Risk Analysis* 406, 2001.
(3) ウルリヒ・ベック（東廉／伊藤美登里訳）『危険社会』法政大学出版局、一九九八年。
(4) Renn, O. "Wissen und Moral: Stadien der Risikowahrnehmung." In *Aus Politik und Zeitegschichte*

(Bundeszentrale für politische Bildung) 61, no. 46–47, 2011, pp. 3–7.

(5) Bechmann, G. "Einleitung: Risiko-ein neues Forschungsfeld?" In Bechmann G. (Hrsg.), *Risiko und Gesellschaft. Grundlagen und Ergebnisse interdisziplinärer Risikoforschung,* Opladen: Westdeutscher Verlag, 1993, pp. VII–XXIX.

(6) 電力業界や原子力産業の代表ではなく、政界、経済界、教会、労働組合の代表など一七人をメンバーとする。テプファー元連邦環境相（ＣＤＵ）とクライナー学術振興会会長が議長を務め、リスク社会学のベックやレン、環境政策研究センター所長シュレーズ、元教育大臣のドナニュイのほか、教会の中央委員会委員長、ドイツユネスコ委員会の委員長、持続可能性の審議会の委員等がいる（唯一化学メーカーＢＡＳＦ社長のハンブレヒトが例外的存在）。

(7) 佐藤温子「チェルノブイリ原発事故後のドイツ社会」若尾祐司・本田宏編『反核から脱原発へ』昭和堂、二〇一二年、二〇一〜二〇二頁。

(8) Dersee, T. "Zwischen staatlicher Unfähigkeit, Engagement und 'Hysterie.'" In *Strahlentelex,* no. 397, 2003, pp. 3–8.

(9) 福本榮雄「市民測定のすすめ　放射能汚染はこれからどうなるのか　ドイツの体験から」ベルリン@対話工房 http://www.taiwakobo.de/allgemeines/publikationen/messstellen.htm（アクセス日二〇一四年七月一日）。

(10) Luhmann, N. *Vertrauen: Ein Mechanismus der Reduktion sozialer Komplixität.* Stuttgart: Enke, 1989.

(11) ヨアヒム・ラートカウ著（海老根剛・森田直子訳）『自然と権力』みすず書房、二〇一二年、三八五頁。

(12) Evers, A., and H. Nowotony. *Über den Umgang mit Unsicherheit. Die Entdeckung der Gestaltbarkeit von Gesellschaft.* Frankfurt: Suhrkamp, 1987.

(13) Lars, G. und de Haan, G. "Tschernobyl oder der Umgang mit Risiken in Lernprozessen." In Mez, L., Lars, G. und de Haan, L., "*Atomkraft als Risiko-Analysen und Konsequenzen nach Tschernobyl,* Frankfurt am Main: Peter Lang

GmbH. 2010. pp. 169–185.

（14） Slovic P. "Trust, emotion, sex politics and science; surveying the risk assessment battlefield." In *Risk Analysis* 19, 1999.

（15） 青木聡子『ドイツにおける原子力施設反対運動の展開』ミネルヴァ書房　二〇一三年。

（16） 長谷川公一「環境問題と社会運動」飯島伸子編『環境社会学』有斐閣　一九九三年。

（17） 青木前掲書。

執筆者紹介（執筆順）

佐藤一子（さとう・かつこ）［編者／まえがき、序章、各部解説］　東京大学名誉教授（博士・教育学）。東京大学教育学部卒業、同大学院博士課程修了。埼玉大学教育学部助教授、同教授、東京大学大学院教育学研究科教授、法政大学キャリアデザイン学部教授を務める。主要著書に『文化協同の時代』（青木書店、一九八九年）、『子どもの文化権と文化的参加』（共編著、第一書林、一九九五年）、『生涯学習と社会参加』（東京大学出版会、一九九八年）、『世界の社会教育施設と公民館』（共編著、エイデル研究所、二〇〇一年）、『NPOの教育力』（編著、東京大学出版会、二〇〇四年）、『現代社会教育学』（東洋館出版社、二〇〇六年）、『イタリア学習社会の歴史像』（東京大学出版会、二〇一〇年）、ほか。

宮﨑隆志（みやざき・たかし）［1章］　北海道大学大学院教育学研究院教授。主要著書・論文に「コミュニティ・エンパワメントとしての生活困窮者支援」『貧困研究』（第一三号、二〇一四年）、『協働の子育てと学童保育』（編著、かもがわ出版、二〇一〇年）、ほか。

安藤聡彦（あんどう・としひこ）［2章］　埼玉大学教育学部教授。主要著書に『希望への社会教育』（共著東洋館出版社、二〇一三年）、『三・一一を契機に子どもの教育を問う』（共著、創風社、二〇一三年）、ほか。

石井山竜平（いしいやま・りゅうへい）［3章］　東北大学大学院教育学研究科准教授。主要著書に『東日本大震災と社会教育』（編著、国土社、二〇一二年）、『日本の社会教育・生涯学習』（分担執筆、大学教育出版、二〇一三年）、『希望への社会教育』（共著、東洋館出版社、二〇一三年）、ほか。

岡　幸江（おか・さちえ）［4章］　九州大学大学院人間環境学研究院准教授。主要著書に『希望への社会教育』（共著、東洋館出版社、二〇一三年）、『NPOと社会教育』（分担執筆、東洋館出版社、二〇〇七年）、ほか。

大高研道（おおたか・けんどう）［5章］　聖学院大学政治経済学部教授。主要著書に『闘う社会的企業』（共編著　勁草書房、二〇一三年）、『新自由主義下の地域・農業・農協』（分担執筆、筑波書房、二〇一四年）、ほか。

森本　扶（もりもと・たすく）〔6章〕法政大学キャリアデザイン学部非常勤講師。主要論文に「福祉・教育・文化の統一に関わる概念と方法論の検討」『日本社会教育学会紀要』（第四七号、二〇一一年）、「児童福祉法立案時の児童厚生施設観に関する一考察」『都留文科大学研究紀要』（第七五集、二〇一〇年）ほか。

辻　浩（つじ・ゆたか）〔7章〕日本社会事業大学社会福祉学部教授。主要著書に『住民参加型福祉と生涯学習』（ミネルヴァ書房、二〇〇三年）、『現代の貧困と社会教育』（編著、国土社、二〇〇九年）、『自治の力を育む社会教育計画』（編著、国土社、二〇一四年）、ほか。

新藤浩伸（しんどう・ひろのぶ）〔8章〕東京大学大学院教育学研究科講師。主要著書に『公会堂と民衆の近代』（東京大学出版会、二〇一四年）、『表現・文化活動の社会教育学』（分担執筆、学文社、二〇〇七年）、ほか。

村田和子（むらた・かずこ）〔9章〕和歌山大学地域連携・生涯学習センター教授。主要著書に『「家庭・学校・地域の連携」支援』（東洋館出版社、二〇一一年）、『「大学と地域の連携」に関する考察』（和歌山大学地域連携・生涯学習センター、二〇一三年）、ほか。

大橋知穂（おおはし・ちほ）〔10章〕国際協力機構（JICA）ノンフォーマル教育推進プロジェクト専門家。主要著書・論文に『ノンフォーマル教育の可能性』（分担執筆、新評論、二〇一三年）、「アジアのノンフォーマル教育の概況と今後の課題・日本の社会教育・生涯学習の役割と連携の可能性について」『東京大学大学院教育学研究科紀要』第四五巻、二〇〇五年、ほか。

金侖貞（きむ・ゆんじょん）〔11章〕首都大学東京人文科学研究科准教授。主要著書に『多文化共生教育とアイデンティティ』（明石書店、二〇〇七年）、『東アジアの学校教育』（共著、二〇一四年、三恵社）、ほか。

高雄綾子（たかお・あやこ）〔12章〕フェリス女学院大学国際交流学部専任講師。主要著書・論文に「公教育制度におけるESDの意義の考察」『環境教育』（第四四号、二〇一〇年）、『環境教育と開発教育』（分担執筆、筑波書房、二〇一四年）、ほか。

ま　行

や　行

ら　行

わ　行

な　行

は　行

た　行

さ　行

事項索引

あ　行

か　行

人名索引

地域学習の創造

地域再生への学びを拓く

2015 年 2 月 20 日　初　版

[検印廃止]

編　者　佐《さ》藤《とう》一《かつ》子《こ》

発行所　一般財団法人　東京大学出版会

代表者　古田元夫

153-0041 東京都目黒区駒場 4-5-29
http://www.utp.or.jp/
電話 03-6407-1069　Fax 03-6407-1991
振替 00160-6-59964

印刷所　株式会社三陽社
製本所　誠製本株式会社

ISBN 978-4-13-051327-2　Printed in Japan